CAMBRIDGE LIBRARY COLLECTION

Books of enduring scholarly value

Spiritualism and Esoteric Knowledge

Magic, superstition, the occult sciences and esoteric knowledge appear regularly
in the history of ideas alongside more established academic disciplines such as
philosophy, natural history and theology. Particularly fascinating are periods of
rapid scientific advances such as the Renaissance or the nineteenth century which
also see a burgeoning of interest in the paranormal among the educated elite.
This series provides primary texts and secondary sources for social historians
and cultural anthropologists working in these areas, and all who wish for a wider
understanding of the diverse intellectual and spiritual movements that formed a
backdrop to the academic and political achievements of their day. It ranges from
works on Babylonian and Jewish magic in the ancient world, through studies
of sixteenth-century topics such as Cornelius Agrippa and the rapid spread of
Rosicrucianism, to nineteenth-century publications by Sir Walter Scott and
Sir Arthur Conan Doyle. Subjects include astrology, mesmerism, spiritualism,
theosophy, clairvoyance, and ghost-seeing, as described both by their adherents and
by sceptics.

Das Altjüdische Zauberwesen

Lajos (Ludwig) Blau (1861–1936) was a professor at the Landesrabbinerschule
(Hungarian rabbinical seminary) in Budapest. His published work covers biblical
studies, Masoretic studies and the Talmud, but his interests in Jewish history also
extended to archaeology and folklore. This book, originally published in Strassburg in
1898 but reissued here in its second edition (Berlin, 1914), was the first comprehensive
study of Jewish magic from the biblical period to the early middle ages, and is still
regarded as an authoritative guide. Blau discusses who practised magic, its beneficial
and destructive purposes, and magical techniques and objects including herbs,
amulets, spells, the tetragram, and the evil eye, as well as methods for counteracting
their effects. He supports his arguments by extensive references to early sources. The
material he presents is essential for an understanding of the medieval Kabbalah, and is
also relevant to comparative work on ancient Egyptian magic.

T0371560

Cambridge University Press has long been a pioneer in the reissuing of out-of-print titles from its own backlist, producing digital reprints of books that are still sought after by scholars and students but could not be reprinted economically using traditional technology. The Cambridge Library Collection extends this activity to a wider range of books which are still of importance to researchers and professionals, either for the source material they contain, or as landmarks in the history of their academic discipline.

Drawing from the world-renowned collections in the Cambridge University Library, and guided by the advice of experts in each subject area, Cambridge University Press is using state-of-the-art scanning machines in its own Printing House to capture the content of each book selected for inclusion. The files are processed to give a consistently clear, crisp image, and the books finished to the high quality standard for which the Press is recognised around the world. The latest print-on-demand technology ensures that the books will remain available indefinitely, and that orders for single or multiple copies can quickly be supplied.

The Cambridge Library Collection will bring back to life books of enduring scholarly value (including out-of-copyright works originally issued by other publishers) across a wide range of disciplines in the humanities and social sciences and in science and technology.

Das Altjüdische Zauberwesen

Lajos Blau

CAMBRIDGE
UNIVERSITY PRESS

CAMBRIDGE UNIVERSITY PRESS

Cambridge, New York, Melbourne, Madrid, Cape Town,
Singapore, São Paolo, Delhi, Tokyo, Mexico City

Published in the United States of America by Cambridge University Press, New York

www.cambridge.org
Information on this title: www.cambridge.org/9781108025546

© in this compilation Cambridge University Press 2011

This edition first published
This digitally printed version 2011

ISBN 978-1-108-02554-6 Paperback

DAS ALTJÜDISCHE

ZAUBERWESEN

VON

DR. LUDWIG BLAU,

PROFESSOR AN DER LANDES-RABBINERSCHULE ZU BUDAPEST.

II. AUFLAGE.

BERLIN

VERLAG VON LOUIS LAMM.

1914.

Anast. Druck v. A. Dannenberg, Berlin N. 39.

Inhalt.

Vorwort.

Die in den letzten Jahren in Menge zum Vorschein gekommenen Zauberpapyri haben die Aufmerksamkeit in erhöhtem Masse auf die antike Magie gelenkt und so darf ich hoffen, dass die folgende, durchweg aus den Originalquellen geschöpfte Darstellung des altjüdischen Zauberwesens als eine zeitgemässe freundliche Aufnahme finden wird. Das altjüdische Zauberwesen bildet an sich einen interessanten Abschnitt in der Geschichte des menschlichen Glaubens und Denkens, bietet aber zugleich den besten Beleg für die Zähigkeit magischer Vorstellungen. Diese wurzeln so tief in der menschlichen Natur, dass sie der jüdische Monotheismus trotz seiner weltgeschichtlichen Triumphe aus dem eigenen Volke nicht gänzlich auszurotten vermochte.

Bei dem engen Zusammenhange zwischen Glauben und Zauberei liegt nichts Auffallendes in der Thatsache, dass der Gott Israels, namentlich der vierbuchstabige Gottesname und seine Variationen, in den Zauberpapyri und auf den Abraxasgemmen einen so hervorragenden Platz einnehmen. Mit dem wachsenden Einfluss der jüdischen Religion auf die alte Welt wuchs auch das Ansehen des fremden Gottes bei den heidnischen Völkern und ihren Zauberern. Den weisen Salomo verehren die Zauberer bis auf den heutigen Tag als ihren König und Urahn. In wie weit jedoch andere Elemente des jüdischen Zaubers in die heidnische Magie eingedrungen sind oder auf dieselbe eingewirkt haben, lässt sich bei dem heutigen Stande dieser Studien nicht genau bestimmen. Einige Beispiele findet man in unserer Darstellung. Im Allgemeinen hat in diesem Punkte das Heidenthum einen unvergleichlich grösseren Einfluss auf das Judenthum ausgeübt, als das Judenthum auf das Heidenthum. Die Originalität des jüdischen Volkes liegt ausschliesslich in der erhabenen Erkenntniss des einig-einzigen Gottes.

Mit „altjüdisch" bezeichne ich das Zeitalter der jüdischen Tradition, also beiläufig das erste halbe Jahrtausend unserer Zeitrechnung. Den jüdischen Zauber des Mittelalters, wie er sich namentlich in der Kabbala und ihrer Litteratur breit macht, habe ich wohl nicht berücksichtigt, aber einen Schlüssel zu seinem Verständniss an die Hand gegeben, denn die Kabbala ist nicht nur ein Kind der Philosophie, sondern auch der Magie.

Der erste, der sich mit unserem Thema beschäftigt hat, ist S a l o m o i b n A d r e t, die grösste rabbinische Autoritat Spaniens in der zweiten Halfte des 13. Jahrhunderts. In seinen rabbinischen Gutachten ist Nr. 413 (Editio Bologna 1519) der Frage gewidmet, ob man sich magischer Heilmittel bedienen dürfe. Er behandelt die Frage, wie gelegentlich andere Decisoren und Commentatoren des Talmuds, vom halachischen (religionsgesetzlichen) Standpunkt. Der medicinische Gesichtspunkt waltet vor bei D r. G i d e o n B r e c h e r, der in seinem Werke: „Das Transcendentale, Magie und magische Heilarten im Talmud (Wien 1850) das einschlägige Material gesammelt hat. Er schöpft fast ausschliesslich aus dem babylonischen Talmud, ohne ihn auszuschöpfen, und beschränkt sich auf eine trockene Registrierung der Thatsachen. Den theologischen Standpunkt vertritt der als Talmu-

dist und als Theologe gleich ausgezeichnete Seminar-
rabbiner Dr. D. Joël in seiner Schrift: „Der Aberglaube und die Stellung des Judenthums zu demselben",
die im Jahresbericht des jüdisch-theologischen Seminars
„Fraenkel'scher Stiftung" erschienen ist (Breslau 1881
I. einziges Heft). Wie schon der Titel zeigt, kommen
in dieser Schrift alle Arten des Aberglaubens und
nicht blos die Magie zur Sprache. Die anscheinend
oder thatsächlich superstitiösen Hauptstellen der Quel-
lenschriften des Judenthums werden in chronologischer
Reihenfolge vorgeführt und besprochen. Vollständig-
keit ist gar nicht beabsichtigt.

Ich war in erster Reihe bestrebt, den vorhandenen Stoff vollständig zu sammeln und in möglichster
Kürze vorzulegen. Die classischen Stellen sind in
den Anmerkungen im Original gegeben, um den Leser
mit den Quellen vertraut zu machen und zugleich die
Controle zu erleichtern. Der Text ist aber auch ohne
Noten lesbar. Ich glaube Spuren magischer Vorstellungen
auch in anscheinend ganz unschuldigen Aeusserungen
nachgewiesen zu haben (vgl. besonders S. 33 ff. und
146 ff.). Hier bietet sich der Forschung noch ein
weites Feld. Soweit meine Kenntnisse und meine
litterarischen Mittel reichten, machte ich auch ge-
schichtlich-vergleichende Studien. Ich bin mir in diesem
Punkte der Mangelhaftigkeit meiner Arbeit bewusst
und bedauere sehr, dass mir keine Hilfsmittel über
die aegyptische Magie zur Verfügung standen. Eine
Vergleichung des jüdischen und aegyptischen Zauberwesens, die auf Grund der vorliegenden Arbeit ange-
stellt werden kann, wäre eine lohnende Aufgabe für
einen Aegyptologen.

Ich war ferner bestrebt, den gesammelten Stoff

übersichtlich zu ordnen und zu beleuchten. Um Wieder
holungen zu vermeiden, verwendete ich die einzelnen
Angaben in der Regel nur Ein Mal als Beleg; in eini
gen, verhältnissmassig wenigen Fällen jedoch war ich
in Ermangelung anderweitiger Daten gezwungen, auf
schon angeführte Angaben zurückzugreifen, um die
Existenz mancher in Frage stehender magischen Vor
stellung zu beweisen.

BUDAPEST, im August 1898.

Ludwig Blau

I.

Aberglaube, Zauberwesen und Dämonenglaube.

Nach der Demokratisirung der staatlichen Regierungs-
form und der schönen Literatur ist in der Gegenwart auch
die Wissenschaft mehr denn je demokratisch geworden;
nicht nur die Statistik, die Sociologie, die Volkswirthschaft,
die Ethnographie und andere Disciplinen, sondern auch die
Religionswissenschaft zieht die grossen Massen in den Bereich ihrer Betrachtungen. Nachdem man sich lange Zeit
hindurch blos um die Geschichte der Theologie, d h. um
die Geschichte der Religion der gelehrten Vertreter derselben gekümmert hat, ist man nunmehr zur Ueberzeugung
gelangt, dass zu einer wirklichen Geschichte der Religion
auch die Kenntniss der volksthümlichen, religiösen Anschauungen, Sitten und Gebräuche gehört. Der „kleine Mann"
ist auch auf diesem Gebiete in den Vordergrund des Interesses
getreten: sein Aberglaube hat nach unverdienter Zurücksetzung
im Reiche des Wissens die Gleichberechtigung erhalten.
Und mit Recht. Denn der Aberglaube ist älter als
der Glaube, wie die Verehrung von Götzen älter, als die
Anbetung Gottes. Der Aberglaube ist der Vorgänger des
Glaubens, aber der Glaube ist nicht sein Erbe, da jener nicht
zu den Todten gehört. S t u b e n v o l l entrollt in seiner
im vorigen Jahre erschienenen Schrift: „Religion und Aberglaube" ein düsteres Bild von den religiösen Anschauungen
der europäischen Völker. An der Hand von Beispielen, die aus
den letzten Jahren gesammelt sind, wird gezeigt, dass die Religion von Aberglauben überfluthet wird. Der Aberglaube ist
wohl zurückgedrängt, aber nicht verdrängt worden. Er hatte
immer und überall seine Heimstätte, er kennt keinen Unterschied der Race, der Erdstriche, der Zeiten; er ist, wenn ich
so sagen darf, menschlich: sein Gebiet ist unbeschränkt

1

2

Der Aberglaube ist mannigfaltig, der Glaube einfach:
der Unwahrheiten gibt es viele, Wahrheit nur eine und
man kann in diesem Betrachte die Religion eher eine
n e g a t i v e, als eine p o s i t i v e nennen. Freilich ist
es nicht leicht zu sagen, wenn man sämmtliche Erscheinungen, welche das Verhältniss des Menschen zu einer höheren,
übernatürlichen Macht gezeugt hat, in Augenschein nimmt,
wo der Glaube aufhört, und wo der Aberglaube beginnt?
Diese Grenze ist, soweit die geschichtliche Kenntniss reicht,
in verschiedenen Epochen verschieden bestimmt worden;
das Gebiet des Aberglaubens war bald ein weiteres, bald
ein engeres. Man hat daher den Aberglauben auch dahin
definirt, dass er nichts Anderes sei, als der Glaube einer
überwundenen religiösen Anschauung. Es ist nun allerdings
richtig, dass das überwundene Heidenthum als Aberglaube
angesehen wird, unrichtig ist jedoch die Meinung, j e d e
überwundene Religionsstufe sei Aberglaube. Dies ist ohne
Weiteres klar. Der wahre Kern dieser Definition ist blos,
dass von A b e r g l a u b e n nur in Fragen des G l a u b e n s
die Rede sein kann, falsche Meinungen über andere Fragen
sind Irrthümer, aber kein Aberglaube. Dem Glauben und
Aberglauben „ist gemeinsam das Grundmerkmal der Beziehung auf ein Uebersinnliches,“ der Unterschied beider
liegt aber darin, dass im Aberglauben, so im Zauber, durch
sinnliche Mittel übersinnliche Wirkungen erzielt werden
sollen. „Das Uebersinnliche wird zum dienenden Mittel und
das Sinnliche zum massgebenden Zweck, eben damit wird
die Idee des Uebersinnlichen des ihr wesentlichen, sittlichen
Charakters entkleidet und verfällt den unsittlichen Ten-
denzen menschlicher Leidenschaft“.[1]

Wir müssen jedoch die Frage nach der bestimmten
und genauen Umgrenzung des Aberglaubens nicht weiter verfolgen, da uns hier von den mannigfachen Erscheinungen des
Wahnglaubens nur diejenigen interessiren, welche unter dem
Namen der Zauberei jedem bekannt sind. Jeder weiss, was Leben
ist, wenn er auch den Begriff nicht definiren kann. Wir glauben

[1] Pfleiderer, Theorie des Aberglaubens, Berlin 1872, p 1 ff., wo
diese Definition — offenbar mit Rücksicht auf das Neue Testament —
begründet wird.

gegen die Wahrheit nicht zu verstossen, wenn wir behaupten, dass jede Zauberei Aberglaube ist, aber nicht jeder Aberglaube Zauberei. R i e s s äussert sich über das Verhältniss beider zu einander folgendermassen: „Im Worte schon liegt, dass der Aberglaube etwas ruhendes, mediales ist, eine Gesinnung keine Thätigkeit. Aber wie die Religion sich nicht begnügen kann, an Götter zu glauben, sondern sich praktisch in ihren Cultus umsetzt, so wird der Aberglaube im Zauber, der gewissermassen seine Kultübung bildet, praktisch. Durch ihn macht sich der Abergläubische, die ihn bedrohenden und bestimmenden Mächte geneigt, oder ruft die schützenden herbei, den Einfluss jener zu brechen".[1]

Das charakteristischeste Merkmal des Zauberns ist also irgend eine Handlung, durch welche in übernatürlicher Weise eine That bewerkstelligt werden soll. Wie wir noch sehen werden, hat auch die jüdische Tradition als das Kriterium des Verbrechens der Zauberei die That betrachtet. vermittelst welcher irgend eine physische Veränderung (מעשה) hervorgebracht wird. Blendwerk, „Täuschung des Auges," ist also noch keine Zauberei. Das ganze weite Gebiet der Mantik, über welche in der Bibel, wie im Talmud und Midrasch ein überreiches Material vorliegt, gehört nach jüdischen Begriffen nicht zur Zauberei im engeren Sinne, (כשפים), wenn auch die angewandten Mittel und die angerufenen, vermeintlichen höheren Mächte in beiden oft dieselben sein mögen. Zum Verständniss des altjüdischen Zauberwesens ist also die Behandlung der mannigfachen Formen der Wahrsagerei nicht nothwendig, weshalb wir sie im Rahmen unserer Aufgabe nur gelegentlich zu streifen haben werden.[2]

---

[1] P a u l y s Real-Encyclopädie der classischen Alterthumswissenschaft. Neue Bearbeitung herausgegeben von Georg W i s s o w a, Band I p. 33. Wir werden dieses Werk in der Folge kurz als P.-W. citiren. Nach Pfleiderer l. c. S. 8 sind die zwei Grundformen des Aberglaubens Zauberei und Mantik. Mit diesen beiden ware demnach der Begriff des Aberglaubens erschöpft.

[2] Burger, Protestantische Real-Encyclopädie² XVII 417, fasst unter den Begriff der Zauberei „alles aussergewöhnliche Können auf dem Gebiete des Thuns und Wissens" zusammen. Allerdings bediene

Das Wesen der Zauberei ist, wie gesagt, die angebliche Kunst, durch sinnliche Mittel übersinnliche Wirkungen hervorzubringen. In den Erscheinungen der Magie fanden Manche eine Reihe der tiefsinnigsten Ahnungen über das Wesen des Menschen und sein Verhältniss zu dem Leben der Natur und der übersinnlichen Welt. Nach der Schelling-schen Naturphilosophie wäre die Magie etwas durchaus Edles, ja so ziemlich die höchste Spitze des geistigen Lebens des Alterthums, und die eigentliche Zauberei ist nur eine später entartete Form dieser höheren Disciplin.[1])

Die Occultisten der Gegenwart, welche von den Indianern mit dem Tabakrauchen auch den Spiritismus angenommen haben, huldigen zwar ähnlichen Anschauungen, eine nüchterne Auffassung wird jedoch dieser Afterwissenschaft kein Vertrauen entgegen bringen und lediglich bestrebt sein, Ursprung, Bestand und Wachsthum der Zauberei, welche bei jedem Volke ein naturwüchsiges, einheimisches Produkt ist und sowohl bei Naturvölkern, als auch bei den civilisirten Nationen bis auf den heutigen Tag in mehr oder minder hohem Masse angetroffen wird, zu begreifen und zu erklären. Ein competenter Forscher, E. B. Tylor, Verfasser der „Urgeschichte der Menschheit" und der „Anfänge der Cultur" äussert sich hierüber in seinem letzteren Werke Seite 115 ff. mit den folgenden Worten:

„Der Hauptschlüssel zum Verständniss der schwarzen Kunst (Zauberei) besteht darin, dass wir sie als beruhend auf der Ideenassociation betrachten, einer Fähigkeit, welche die Grundlage für die menschliche Vernunft, aber auch in nicht geringem Grade für die menschliche Unvernunft bildet. Der Mensch, der auf einer noch unentwickelten geistigen Stufe gelernt hat, in Gedanken jene Dinge zu verbinden,

---

sich die Wahrsagekunst zur Erlangung von wunderbaren Offenbarungen über das Zukünftige mancher Zaubermittel, wie Beschwörungen und dgl., sie hängt also mit dem Zauberwesen zusammen, identisch mit ihr ist sie jedoch nicht.

[1]) Pauly, Real-Encyclopädie IV 1377. Von der Schelling'schen Naturphilosophie heisst es l. c. 1387, dass sie „in Vielen sehr tief im Element des Zaubers steckt, der auch die ihm entwachsene Religion in seinen Kreis hinabzuziehen sucht".

von denen ihm die Erfahrung gezeigt hat, dass sie wirklich in Zusammenhang stehen, ist weiter gegangen und hat irrthümlich diese Verrichtung umgekehrt und den Schluss gezogen, dass eine Verbindung in Gedanken nothwendig einen ähnlichen Zusammenhang in der Wirklichkeit bedinge. So hat er denn versucht mit Hilfe von Vorgängen, von denen wir jetzt einsehen, dass sie nur eine ideelle Bedeutung haben, Ereignisse zu entdecken, vorauszusagen und hervorzurufen. Durch eine ungeheure Menge von Zeugnissen aus dem wilden, barbarischen und civilisirten Leben sind wir in den Stand gesetzt, magische Künste, welche daraus entstanden sind. dass man einen ideellen Zusammenhang für einen reellen hielt, aus der niederen Cultur, in der wir sie finden, zu verfolgen. Dahin gehören die Kunstgriffe, durch welche man auf entfernte Personen einen Einfluss üben kann, indem man auf etwas mit ihnen in nahem Zusammenhange Stehendes wirkt — ihr Vermögen, Kleider, welche sie getragen haben, und namentlich abgeschnittene Stücke des Haares und der Nägel. Nicht nur hoch und niedrig stehende Wilde wie die Australier und Polynesier, und Barbaren, wie die Völker Guineas, leben in Todesfurcht vor dieser tückischen Kraft — nicht nur die Parsen haben ihr heiliges Ritual, welches ihnen vorschreibt, ihre abgeschnittenen Haare und Nägel zu vergraben, damit Dämonen und Zauberer kein Unheil damit anrichten können, sondern die Furcht, man dürfe solche Späne und Schnitzel nicht umherliegen lassen, damit ihrem früheren Besitzer nicht ein Leid dadurch geschehe, ist noch keineswegs im Munde des europäischen Volkes ausgestorben. „Der einfache Gedanke, zwei Gegenstände mit einer Schnur zu verbinden, und dann anzunehmen, dass diese Vereinigung einen Zusammenhang herstelle oder einen gegenseitigen Einfluss herbeiführe, ist in verschiedener Weise in der Welt verarbeitet worden. In Australien befestigt der eingeborne Doctor ein Ende eines Strickes an das schmerzende Glied des Patienten und behauptet dann durch Saugen an dem anderen Ende zur Erleichterung desselben Blut zu saugen. „Die Zahl der magischen Künste, bei denen der Zusammenhang nur auf Analogie oder Symbolismus beruht, ist endlos im ganzen Verlaufe der Civilisation."

Wir müssen es uns versagen aus Tylors lehrreichem
Werke weitere Beispiele anzuführen, so sehr sie auch das
Verständniss des von uns zu behandelnden jüdischen Zauberwesens erleichtern würde. Die Vorstellungen von der Gefährlichkeit der verstreuten Nägel ist auf parsischen Einfluss zurückgeführt worden[1]), die Möglichkeit ist aber nicht
ausgeschlossen, dass man es mit einem allgemein verbreiteten
zauberischen Aberglauben zu thun habe. Der Verwendung
von Menschen- und Thierhaaren, sowie der Vorstellung, dass
durch Verbindung Uebertragung von Krankheiten, Entzauberung
und dgl. bewerkstelligt werden könne, werden wir ebenfalls
noch begegnen. Fest steht die Thatsache, dass die Zauberei
einen wesentlichen Bestandtheil des wilden Lebens bildet
und dass sie sich theils als Ueberbleibsel, theils als fremde
Einwirkung auch im Schosse des monotheistischen Volkes
der Juden eine Stätte erobern konnte.

Was nun das Wesen, die Ziele und die Mittel der
Zauberei, sowie die Personen, welche dieselbe betreiben,
betrifft, beschränken wir uns trotz obiger Erkenntniss hauptsächlich auf Anführung von Analogien aus dem Alterthum,
dessen jüdischen Zauber wir darzustellen haben, obgleich
nicht unbedeutende Reste der Magie und Superstition auf
verschiedenem Wege sich auch in das Zauberwesen der
Gegenwart herüber gerettet haben, wie von verschiedenen
Seiten nachgewiesen worden. Es genügt ein Blick in eine
beliebige Darstellung der abergläubischen Anschauungen
irgend eines lebenden Culturvolkes, um sich hiervon zu
überzeugen. Die Grundlinien scheinen bei allen Völkern
dieselben zu sein. Da die Wirksamkeit des Zaubers von
der stricten Einhaltung gegebener Vorschriften abhängig gemacht wird, sind diese Praktiken naturgemäss nicht nur
zähe, sondern auch unveränderlich. Sogar bei den Zauberformeln, in welchen gewisse Mächte angerufen werden, bleibt
der äussere Rahmen derselbe, nur werden statt der wirkungs-
vollen Namen den veränderten religiosen Anschauungen
entsprechend, andere eingesetzt, wie Beispiele aus dem
Mittelalter und der Neuzeit zeigen[2]).

[1]) Schorr. Hechaluz VII.
[2]) Siehe Gaster, The sword of Moses, London 1896, p. 5.

Dies führt uns zur Betrachtung einer zweiten Seite der Magie. Wenn auch einerseits anerkannt werden muss, dass Ideenassociation und Symbolismus schöpferische Kräfte der Zauberei sind, so kann andererseits nicht geleugnet werden, dass dem Glauben an Geister, der den Naturmenschen, der, wie noch heute die Kinder, die ganze Natur als beseelt sich vorstellt, charakterisirt, im Zauberwesen eine hervorragende, wenn nicht die hervorragendste Stelle zukommt. Nach christlicher Ansicht — und diese ist bei einer Behandlung des altjüdischen Zaubers nicht ausser Acht zu lassen — beruht aller Zauber auf dämonischer Hilfe.[1])

Diese Geister will der Zauberer durch seine geheimnissvollen Mittel in seine Gewalt bringen und zur Ausführung seines Willens zwingen. Die Vorstellung vom Ursprunge, von der Natur und Macht dieser unüberwindlichen Wesen, die sich der Mensch dienstbar machen kann und will, war und ist bei den einzelnen Völkern eine verschiedene, dies ändert aber am Wesen der Sache nicht viel: Dämonen- und Zauberglaube sind von einander unzertrennlich. Im Zauber werden die Geister herbei gerufen, im Gegenzauber werden sie abgewehrt; das zeigt eben den Meister dass er auch diejenigen Geister los werden kann, die ein Anderer gerufen. Die Dämonen bilden gleichsam Mittelwesen zwischen Menschheit und Gottheit.

Alle Völker glaubten und glauben bis auf den heutigen Tag an die Existenz dieses Zwischenreiches, sie unterscheiden sich lediglich nur in der mehr oder minder reichen Ausstattung desselben. „Das Heidenvolk hat mit einer so grossen Anzahl Dämonen, Göttern und Halbgöttern zu thun, dass es in beständiger Furcht vor der Macht derselben schwebt. Es gibt in seinem Lande keinen Weiler, der nicht wenigstens einen Baum, eine geheime Stätte besässe, welche als Sitz böser Geister gelten. Mit der Nacht verdoppelt sich aber der Schrecken des Heiden und es kann ihn sodann

---

[1]) Justinus M., Dialogus cum Tryphone 69, Apologie I. 14, II. 5; Eusebius, Historia Ecclesiastica II. 13; Minucius Felix, Octavius 26 Tertullian, Apol. 22; Pauly IV. 1413.

nur die dringendste Nothwendigkeit bewegen, seine Woh
nung nach Sonnenuntergang zu verlassen. Muss dieses geschehen, so schreitet er mit äusserster Vorsicht von dannen.
Er beachtet das geringste Geräusch; er murmelt Beschwörungen vor sich her, die er immerfort wiederholt; er hält
Amulete in der Hand, betet ununterbrochen und führt sogar einen Feuerbrand mit sich, um seine unsichtbaren
Feinde abzuwehren. Hört er den geringsten Laut, das
Rauschen eines Blattes, die Stimme eines Thieres, so hält
er sich sogleich für verloren; er bildet sich ein, dass ein
Dämon ihn verfolge, und um seinen Schrecken zu be-
meistern, fängt er an zu singen, oder in lauter Weise zu
sprechen; er beschleunigt seinen Schritt und athmet erst
dann wieder auf, wenn er endlich einen, seiner Ansicht
nach, sicheren Ort erreicht hat."[1]) Diese Beschreibung des
heutigen Hindus passt nach Lenormant[2]) auf's genaueste auf
die alten Chaldäer, die sich gegen die Dämonen, von denen
sie sich jeden Augenblick umgeben wähnten, vermittelst der
heiligen Magie zu schützen suchten. Die Dämonen der
Akkader und Assyrer waren in fünf Hauptclassen eingetheilt
und bildeten eine hierarchische Rangstufe. Sieben böse
Geister, welche aufs genaueste den Widerpart der sieben,
mit der Leitung des Weltalls bekleideten Planetengottheiten
bildeten, konnten sogar „die Ordnung des Laufs der Planeten
stören, Sonnen- und Mondfinsternisse verursachen."[3]) Ihre
Zahl war eine unübersehbare und es gab ein besonderes
Werk „über die bösen Geister."

Die Staatsreligion der Aegypter war mit der Magie nicht
in dem Masse verknüpft, wie bei den Chaldaeo-Babyloniern,
aber eine Unzahl von guten und bösen Dämonen lebte auch in
ihrer Phantasie. Neben Set, dem nie völlig besiegten bösen
Dämon „stehen zahlreiche Dämonen „die Feinde," „die Bösen",
welche dem Einzelnen nachstellen, sein Leben, seine Wohl-
fahrt bedrohen. Vor allem kommt es darauf an, die richtigen Opfer zu bringen, die Formeln und Handlungen zu

---

[1]) J. Roberts, Oriental illustrations of Scriptures S. 452.
[2]) Die Magie der Chaldäer p. 42.
[3]) Ib. p. 24 f.

brauchen und zu üben, welche die Herzen der Götter gnädig
stimmen und das Uebel abwenden . . . Die ganze Natur ist
voll von göttlichen Wesen. Da sind heilige Bäume, Steine
Geräthe, in denen sie wohnen." Die Hauptaufgabe der Ge-
heimlehre, wie der Zauberkunst ist, die Herrschaft über die
feindlichen Mächte zu gewinnen.[1]) Dass die Dämonen in
Aegypten auch in hellenistischer Zeit eine bedeutende Rolle
spielten, ersieht man aus den an's Licht gezogen magischen
Papyri.[2]) Die classischen Völker waren von dem Glauben
an böse Geister nicht weniger angesteckt als andere Völker.
Auch Philosophen glaubten an Dämonen, Stoiker und Platoniker hatten eine sehr ausgebildete Dämonenlehre, welche
„in den gläubigen Kreisen der gebildeten Welt eine Art
von dogmatischer Geltung gewonnen hatte. Plutarch sagt:
Diejenigen, die entdeckt haben, dass ein Geschlecht von
Dämonen zwischen Menschen und Göttern in der Mitte steht
und beide miteinander verbindet und im Zusammhange erhält, (mag nun diese Lehre aus der Schule Zoroasters, von
Orpheus, aus Aegypten oder Phrygien stammen) haben
mehr oder grössere Schwierigkeiten gelöst als Plato durch
die Theorie von der Materie".[3])

Bevor wir nun zur Charakteristik des volksthümlichen
jüdischen Dämonen- und Zauberwesens übergehen, wollen
wir noch eine Aeusserung Maury's über die Religion der
uncivilisirten Völker anführen, um für die Beurtheilung der
jüdischen Anschauungen auch von dieser Seite einen Mass-
stab an die Hand zu geben: „Die Religion des wilden, oder
noch im hohen Grade uncivilisirten Menschen ist ein aber-
gläubischer Naturdienst, ein zusammenhangsloser Fetischis-
mus, in welchem alle Erscheinungen der Natur, alle Wesen
der Schöpfung zu Gegenständen der Anbetung werden. Der
Mensch denkt sich überall persönliche Wesen nach seinem

---

[1]) So charakterisirt Meyer, Geschichte des Alterthums 1. § 59,
die Volksreligion im alten Aegypten

[2]) Siehe Wessely, Griechische Zauberpapyrus von Paris und London (Wien 1888) und Neue Griechische Zauberpapyri (Wien 1893) im
Register s v. δαίμων.

[3]) Friedländer, Sittengeschichte Roms [6] III 517 mit Berufung auf
Zeller Philosophie der Griechen III[2] 1, 157 f.

Ebenbilde, die er mit den Gegenständen selber vermengt, bald von ihnen absondert". „Die Aufgabe der Magie bestand Anfangs vornehmlich in der Beschwörung der Geister, von denen die wilden Völkerschaften bei weitem mehr Unheil erwarteten, als Wohlthaten erhofften . . . Da der Cultus bei diesen Völkern fast ausschliesslich auf Beschwörung von Geistern und Verehrung von Amuleten beschränkt war, so hatten ihre Priester, gleich Zauberern, nur den Beruf, sich mit den gefürchteten Dämonen in Verbindung zu setzen."[1])

Eine Vorbedingung für den Glauben an die Macht des Zaubers bildet, wie man sieht, der Glaube an die Existenz von übermenschlichen und untergöttlichen Wesen, und ein solcher war bei den alten Juden in reichem Masse vorhanden. Man kannte nicht nur „dienstthuende" und Verderben bringende" Engel, sondern mehrere Gattungen von bösen Wesen, die Geister, Gespenster, Schädlinge, Teufel genannt werden.[2]) Der Engel kann sich — wenigstens nach älterer Anschauung — kein Mensch bedienen, da sie, wie schon ihr hebräischer Name zeigt, Abgesandte Gottes sind, weshalb wir diese hier mit Schweigen übergehen können[3]). Die Zahl der bösen Geister, der Mazzikin ist

---

[1]) La Magie et l'Astrologie dans l'antiquite et au moyen age p. 7. ff.; Lenormant, Magie p. 80 f.

[2]) Man findet oft die Namen: רוחות, מלאכי חבלה, מלאכי השרת und zwar שדים, מזיקין, ר׳ רעה, ר׳ הטומאה und רוח הקדש. Im Neuen Testament findet man oft πνεῦμα ἀκάθαρτον == רוח טומאה; πνεῦμα πονηρόν == רוח רעה und πνεῦμα δαίμονος == רוח שד.

[3]) Siehe Brecher, Das Transcendentale, Magie und magische Heilarten im Talmud Capitel 1 und 2.; Kohut, Ueber jüdische Angelologie und Dämonologie in ihrer Abhängigkeit vom Parsismus, besonders p. 17 ff. Schorr Hechaluz VII. 20; Grätz, Geschichte der Juden, II. Band, 2 Hälfte 14. Note, besonders p. 416 ff.; F. C. Conybeare Demopology of the New-Testament in Jewish Quarterly Rewiew Band VIII und IX; Steinschneider, Monatsschrift für Wissenschaft und Wissenschaft des Judenthums 42, 166. Wichtig ist die Thatsache, dass die Talmudisten sich des babylonischen Ursprungs der Engelnamen bewusst waren: שמות המלאכים עלו עמהן מבבל (j. R. H. 56d 10 v, u.). Ihre Zahl ist unbeschränkt, bei der Offenbarung sind auf Einmal 1,200.000 vom Himmel heruntergestiegen (Sabb. 88a; Pesikta 124 b). מלאכי חבלה werden erwähnt Berachoth 51a; Kethub. 104 a; B. K. 60a und (משחית) Sanhedrin 106 b. u.; j. Schebuoth 37a 10 v unten und sonst.

eine so ungeheuere, dass kein Mensch vor ihnen Bestand
hätte, wenn sein Auge sie sehen dürfte; sie umringen jeden
einzelnen, jeder soll sogar zur Linken 1000 und zur Rechten
100.000 von ihnen haben; das Gedränge in den Schulen,
die Müdigkeit der Kniee, die Abnützung der Kleider der
Rabbinen sei auf ihre Rechnung zu setzen[1]). Die Teufel,
S c h e d i m, sind nicht minder zahlreich; Jochanan (gestorben 279 in Tiberias) sagte: 300 Gattungen Teufel
waren in Schichin, was aber ein weiblicher Teufel sei,
weiss ich nicht[2]). Die bösen Geister hat Gott am Freitag
geschaffen[3]); daher wurde, wie wir glauben, Freitag für
einen Unglückstag gehalten, und nicht weil Jesus an diesem
Tage hingerichtet worden, was in altjüdischen Kreisen weder
bekannt noch beachtet worden ist. In den Jahren, wo Adam
mit dem Banne belegt war, zeugte er Geister, Teufel und
Lilithe, sagt Jirmija b. Eleasar[4]). In drei Beziehungen gleichen
die Teufel den Engeln: sie haben Flügel, schweben von
einem Ende der Welt zum anderen Ende und wissen, was
geschehen wird; in anderen drei Beziehungen hingegen gleichen sie den Menschen: sie essen und trinken, pflanzen sich
fort und sterben[5]). Da sie die Zukunft kannten, wurden sie
um dieselbe befragt, was aber gefährlich war; andere, über
Oel und Eier gesetzte, durften gefragt werden, waren aber
Lügner[6]). Sie konnten verschiedene Gestalten annehmen,
gewöhnlich erschienen sie als Menschen, hatten jedoch
Hühnerfüsse und keinen Schatten[7]). Ihr Haupt war Aschmedai,

---

[1]) Berachoth 6ª : תניא אבא בנימין אומר אלמלא נתנה רשות לעין
לראות אין כל בריה יכולה לעמוד מפני המזיקין . . . אינהו נפישי מינן . .
כל חד וחד מינן אלפא משמאליה ורבבתא מימיניה וכו׳. Vgl. Ev. Marc. 5, 9.

[2]) Gittin 68 a.

[3]) Aboth V 6; Sifre II 355; Pesachim 54 a u.

[4]) Erubin 18b: כל אותן השנים שהיה אדם הראשון בנדוי היה הוליד
רוחין ושידין ולילין. Die »Lilith« kennt schon die Bibel; über Ahriman
bar Lilith, Baba Bathra 73 a b, vgl. Joel, Aberglaube, 81 f.

[5]) Chagiga 16 b. ת״ר וכו׳ יש להם כנפים וטסין מסוף העולם ועד סופ׳
ויודעין מה שעתיד להיות וכו׳ אוכלין ושותין פרים ורבים ומתים.

[6]) Sanhedrin 101a. Dies glaubten auch Griechen und Römer.
Friedländer III 562: Die Dämonen als ehemalige Diener Gottes kannten
seine Absichten.

[7]) Siehe Karethot 5 b; Gittin 68b; Joma 75 a; Jebamoth 122 a

einer hiess Josef, mit dem die Amoräer Josef, Rabba und Papa, ein
anderer Jonathan, mit dem Chanina freundschaftlich verkehrte[1]).
Rabba erzählte, er habe Hurmiz, die Tochter der Lilith, gesehen[2]). Der König Salomo, dessen Weisheit die Zauberer
geerbt zu haben vorgaben, hatte auch nach dem Talmud alle
Teufel in seiner Gewalt, so lange er nicht gesündigt hatte[3])
Oefters als die Schedim werden die Mazzikin, die schädlichen
Geister genannt. Sie hielten sich gewöhnlich in Ruinen[4]) und
an unreinen Orten auf[5]) Wer sich vor dem Hahnenschrei
auf dem Weg macht, verschuldet sein Leben[6]). Jedoch
erscheinen sie nur dann, wenn jemand allein ist oder an
Orten, wo sie zu Hause sind, mitunter auch zweien; sie
sind aber lichtscheu und werden durch eine Fackel oder
noch gründlicher durch Mondschein verscheucht[7]). An dem
Tage, wo Moses die Aufstellung des Tabernakels beendigt
hatte, wurden die Mazzikin verscheucht[8]); wer das Gebot
des Hüttenfestes erfüllt, den schützt Gott vor den schädlichen

---

In der Nacht durfte man seinem Nächsten nicht die Hand reichen aus
Furcht vor einem Dämon (Megilla 3a; Sanh. 44a.)

[1]) Erubin 43a u; Pesachim 110a; Karethot 5b; Jebamoth 122a:
Gittin 66a (vgl. Jool, Aberglaube 82 n. 2.): über קטב מרירי ib. p. 100 n 1:
über רוח פסקונית, Sanh. 44b, p. 112 ff. יוסף war ein sehr häufiger
Name, ebenso wie Simeon, wie aus Tosefta Kidduschin II 2 (337[9]):
על מנת שאני יוסף ונמצא יוסף ושמעון hervorgeht; daher auch das Beispiel
von den zwei יוסף בן שמעון Tos. B. B. IX 13 (414, 18). Vgl. auch die
Vorladung des Teufels, Chullin 105b.

[2]) Baba Bathra 73a u und Sanhedrin 39a. Wer allein in einem
Hause schläft, wird von der Lilith besessen, Sabbath 151b.

[3]) Pesikta Buber 45b: עד שלא חטא שלמה היה רודה בשידה ושידות;
Megilla 22b; Gittin 63b, über אשמדאי cf. Rappoport, Erech Millin 242 ff.

[4]) Berachoth 3a u; Lenormant, Magie p. 34: „Dass sich die Dämonen in der Wüste aufhielten, wurde übrigens nicht nur in Chaldäa
und Mesopotamien, sondern auch in Syrien allgemein für thatsächlich
erachtet." „Hausen gewöhnlich in öden, verlassenen und verwilderten
Gegenden". Vgl. hiezu Kidduschin 39b unt. und auch J. Q R. IX 457
über dieselbe Anschauung des Neuen Testaments: Matth. XII 44, Luk.
VIII 29.

[5]) Ib. 62a und sonst.
[6]) Baraitha Joma 21a 2.
[7]) Berachoth 3b und 43b 18.
[8]) Pesikta 6b.

Geistern[1]), womit der **Agadist** seinen Hörern sicherlich Muth
zusprechen wollte, sich in der Hütte, wo man auch schlief, nicht
zu fürchten. Am Pesachabend haben die Dämonen keine Macht,
weil dieser Exodus 12, 42, „die behütete Nacht" genannt
wird, weshalb man ohne Furcht vor Beschädigung von Seite
der Dämonen vier Glas Wein trinken darf, während sonst
eine gerade Zahl gefährlich ist[2]).

Ebenso oft wie von Mazzikin und Schedim, wenn nicht
noch öfters, wird auch von dem bösen Geist „Ruach raah"
gesprochen. Wenn jemand seine Nothdurft nicht verrichtet,
wird er vom bösen Geist ergriffen.[3]) Der böse Geist verleitet den Menschen zur Sünde.[4]) Wie von Heiden und
Räubern, kann man auch von einem bösen Geist verfolgt
werden, was nicht minder gefährlich ist.[5]) Es wird auch der
Geist des Aussatzes, der Herzkrankheit, der Starrsucht er-

---

[1]) Ib. 187a.

[2]) Pesachim 109b—110ab. In Palästina achtete man auf die זוגות
nicht, wie der Talmud ausdrücklich sagt, Rappoport Erech Millin 227,
wo ק' פסחים ein Druckfehler ist. Demnach scheint die Baraitha ib.
110a 4: השותה כפלים דמו בראשו babylonischen Ursprungs zu sein
und wir hätten in dieser, sowie auch in anderen mystischen Baraithas,
einen Beleg für die bekannte Erscheinung, dass die Mystik vor Pseudepi-
graphie nicht zurückschreckt.

[3]) Sabbath 82a. Chisda und Rabina, zwei babylonische Amoräer,
controversiren: חד אמר רוח רעה שולטת בו וח"א רוח זוהמא, welch letzterer
nach Raschi, der oft rationalistische Erklärungen gibt, den bösen Geruch
des Athems bedeutet. Die Aussprüche über die Nothdurft gehören zum
weitaus grössten Theile den Babyloniern an. wo die Lehre über diesen
Gegenstand unzweifelhaft unter persischem Einfluss ausgebildet worden ist.

[4]) Baraitha Erubin 41b 22: ג' דברים מעבירין את האדם על דעתו ועל
דעת קונו, אלו הן כותים [מינים l.] ורוח רעה ודקדוקי עניות. Bei dem oft citirten
Spruch: אין אדם עובר עבירה אלא אם כן נכנס בו רוח שטות (Sota 3a 8 S.
b. Lakisch) denken die Wenigsten an einen Dämon. Besonders instructiv
Jalkut I Nr. 2 aus Pirke di R. Eliezer: משל למה הדבר דומה לאדם שיש
בו רוח רעה כל מעשים שהוא עושה וכל מה שמדבר אינו מדעתו אלא מדעת
רוח רעה שיש בו. In Judas fährt der Satan hinein und verleitet ihn zum
Verrath (Ev. Joh. XIII 2. 27; andere Beispiele bei Conybeare Jewish
Quarterly Review VIII 282).

[5]) Taanith 22b: ת"ר ואחד יחיד שנרדף מפני נכרים או מפני לסטים
שנכנס בו רוח שידה ורץ, was von Raschi erklärt wird: ומפני רוח רעה
והולך. Ebenso darf man den Sabbath entweihen aus Furcht vor נכרים,
לסטים, רוח רעה nach Mischna Sabbath II 5.

wähnt,[1]) woraus man sieht, dass manche Talmudlehrer, wie
die Chaldäer, Aegypter und Christen alle Krankheiten der
Besessenheit zugeschrieben haben. „Nach chaldäischem
Glauben sind alle Krankheiten ein Werk der Dämonen."[2])
„Das Austreiben von Dämonen, welche die Krankheiten verursachen sollten, war in Aegypten uralt; Ulpian sagt,
Solche, die besprechen und „um ein gewöhnliches Wort der
Betrüger zu gebrauchen exorcisiren" seien nicht für Aerzte
zu halten, obwohl Manche rühmend versichern, dass ihnen
dergleichen geholfen habe."[3]) Nach Josephus Ant. J. VIII.
2, 5 haben sich auch Juden auf den Exorcismus verstanden,
wie jedoch bekannt, werden solche Curen am häufigsten im
Neuen Testament erwähnt, besonders im Evangelium Matth.,
worauf man sich jedoch in der Regel nicht beruft.[4]) Die
Geister hatten auch ihren Fürsten, dem ein Talmudlehrer
begegnete.[5])

Die angeführten Beispiele, welche blos einen kleinen
Bruchtheil der talmudischen Dämonologie darstellen, genügen
vollauf, um einen Einblick in diese Lehre zu gewähren und
den Zusammenhang zwischen der Geisterwelt und dem Zauberwesen aufzuzeigen. Wie sich S c h e d i m, M a z z i k i n
und die mannigfaltigen R u c h o t h von einander unterscheiden, ist nicht leicht zu sagen; nur soviel scheint mir
sicher, dass R u c h o t h ursprünglich die Seelen Abgeschie-
dener bedeutet hatte, während S c h e d i m eine eigene
Gattung von Wesen bilden, welche, wie wir schon
oben gesehen, zur Hälfte Menschen und zur Hälfte Engel
sind; nach einer Tradition hat sie Gott am Freitag
geschaffen, nach der andern Adam gezeugt, was ebenfalls

---

[1]) Kethuboth 61b 8: Gittin 67b רוחא דקרדייקוס (= καρδιακός);
Pesachim 111b und Chullin 105b רוח צרדה (siehe Levy Neuhebräisches
Wörterbuch IV 217b und 275b).

[2]) Lenormant, Magie p. 37.

[3]) Friedländer S. G[6] I 362.

[4]) Vgl. z. B. Matth. 4, 23. 24; c. 8; 9, 29. 30; 11, 15 und oft.
Blinde, Lahme, Aussätzige. Besessene und kurz alle Krankheiten und
Gebrechen werden geheilt u. Todte lebendig gemacht (siehe auch oben
p. 10 n. 2.).

[5]) Schekalim 9a. col. a; Taanith 20b unten מלתא דשיבתא.

schon angeführt worden. Mazzikin scheint beide nach ihren schädlichen Wirkungen zu benennen.

Der Zauberer setzt nun die Geister in Bewegung. damit sie sein Vorhaben ausführen. Instructiv ist über diesen Punkt die folgende Deutung: Die aegyptischen Zauberer waren natürlich der Meinung, Mose bewirke seine Wunderzeichen durch Zauberwerk und sie thaten desgleichen (Exodus 7, 11. 22). Nun heisst es aber an der ersten Schriftstelle, die Aegypter bewirkten dies בלהטיהם und an der zweiten בלטיהם, woraus zu schliessen ist, dass sie verschiedene Mittel in Anwendung brachten. Das erste Wunder vollführten sie mit Hilfe von verderblichen Engeln, das zweite, mit Hilfe von Dämonen.[1]) Der babylonische Amora Abaji (gest. 338) stellt die Behauptung auf, wenn der Zauberer eines Geräthes bedarf, arbeitet er mit einem Sched, wo nicht, mit Zauberei[2]). Derselbe, der von seiner Pflegemutter eine Menge magischer Mittel gegen allerlei Krankheiten mittheilt, hält gewisse Arten des Zaubers für erlaubt, andere für unverfänglich[3])

---

[1]) Exodus rabba c. 9 Nr. 11 (Folio 41b Wilna): בלטיהם אלו מעשה שדים, בלהטיהם אלו מעשה כשפים וכו' לפי שמעשה כשפים על ידי מלאכי חבלה נעשים; vgl. Tanchuma Stettin p. 199, wo die Begründung lautet: לפי שאין השד יכול לעשות פחות מכשעורה: b. Sanhedrin 67b dasselbe ohne Begründung. Eine Vergleichung der Stellen ergibt dass der Urheber dieser Unterscheidung Jochanan ist, wie es im Tanchuma heisst: an den anderen zwei Stellen ist blos der Tradent Chijja bar Abba genannt. Hingegen scheint die Begründung des Tanchuma „weil ein Sched ein kleineres Ding als ein Gerstenkorn nicht erschaffen kann" falsch zu sein. Ueber die Frage, ob es möglich sei irgend etwas zu erschaffen, heisst es Genesis r. c. 39 Nr. 14 (161b): אם מתכנסין כל באי העולם לברוא; ib. c. 84 Nr. 4 (313a); Schir rabba c. 1 Nr. 3; Tanchuma לך לך Ende 12 (p. 56) Aboth d. R. Nathan c. 12 1. Vers. (p. 53); ähnlich Sifre II 32; Pesikta r. Friedmann p. 181a; j Sanh. VII Ende; b. Sanh. 67a; die Autorennamen variiren, Gen. r. ist nach Pes. zu lesen: אמר ר' אלעזר [בשם רבי יוסי] בר זמרא. S. Bacher, Agada pal. Amoräer I, 114 2. Demnach können Menschen einem leblosen Wesen keinen Geist einhauchen. Sicherlich mit Hinblick auf Num. 16. 22 und 27. 16. Der Zauberer bewirkt blos — so dachten die Alten — dass schon vorhandene Wesen sich auf einem Platze sammeln (Sanh. 67b der Amora R Papa).

[2]) Sanh. l. c. דקפיד אמנא שד דלא קפיד אמנא כשפים.

[3]) Ib. הלכות כשפים כהלכות שבת, יש בהן בסקילה ויש מהן פטרי אבל אסור ויש מדן מותר לכתדיללד.

Aus den letzten zwei Aeusserungen, sowie aus Pesachim 110 b, wo in Bezug auf das Trinken von mehreren Bechern in g e r a d e r Zahl zwischen Dämonen und Zauberei unterschieden wird, geht deutlich hervor, dass nicht jeder Zauber als unter Mithilfe von Dämonen ausgeführt gedacht wurde. Ob auch die Palästinenser diesen Unterschied gemacht haben, kann ich nicht entscheiden. Die Analogie aus dem Neuen Testamente und den Kirchenvätern spricht für die Annahme, dass die Palästinenser in jedem Zauber die Wirksamkeit von Dämonen sahen. Es sei dem, wie ihm wolle, soviel ist sicher, dass Zauberwirkungen auch ohne Dazwischenkunft von Dämonen denkbar sind, entweder nach der oben angeführten Erklärung Tylors durch die Verwechslung von ideellen und reellen Beziehungen, also auf Grund von Ideenassociation und Symbolismus, oder nach der verbreiteten Annahme, dass über die ganze Natur ein Netz von sympathischen und antipathischen Beziehungen ausgebreitet ist. Wohl heisst dies auch soviel, dass die leblosen Dinge beseelt sind und sich gegenseitig anziehen oder abstossen, es wird jedoch damit nicht gesagt, dass selbständige, individuelle Dämonen in Wirksamkeit treten mussen. Mit diesen Erörterungen gewinnen wir, wie es uns scheint, eine Grundlage für das Verständniss der Erscheinungen des altjüdischen Zauberwesens, zu dessen Darstellung wir nunmehr übergehen wollen.

II.

Die Verbreitung der Zauberei bei den Juden.

1. Die Verbreitung der Zauberei in biblischer Zeit.

Bevor wir das Mass der Verbreitung der Zauberei bei den Juden in nachbiblischer Zeit bestimmen, werfen wir einen Blick auf die Aeusserungen der heiligen Schrift über dieselbe. Die zwei Haupterscheinungsformen jedes Mysticismus sind Zauberei und Wahrsagerei, Magie und Mantik. Allerlei Wahrsager, Zeichendeuter, Beschwörer und Zauberer sind Deuteronomium 18, 10. 11 genannt, wo diese geheimen Künste als Greuelthaten der Urbewohner den Israeliten ver-

boten werden. Dass hier von Götzendienst die Rede ist, geht
sowol aus dem Zusammenhange als aus dem charakteristischen
Worte „Greuel" klar hervor, was auch ein Vergleich mit
II. Könige 21, 6 und II. Chronik 33, 6 bestätigt, wo vorher und nachher von der abgöttischen Verehrung der Ge-
stirne des Himmels und der Götzenbilder berichtet wird.
Etymologie und Bedeutung der einzelnen Namen ist jedoch
nicht genau ermittelt[1]); blos מְכַשֵּׁף wird seit uralter Zeit ein-
stimmig für Zauberei erklärt, in welchem Sinne das Wort
auch im Neuhebräischen gebraucht wird. Wenn auch die
Etymologie etwas dunkel ist (Gesenius, Thesaurus unter כשף
und Fleischer bei Levy, Neuhebräisches Wörterbuch II 459),
so lässt sich doch die Bedeutung des Wortes als Zauberei
aus den Bibelstellen, in welchen es angetroffen wird, mit
Sicherheit bestimmen. Der Zauberer, der mit geheimnissvollen Mächten in Verbindung stand und über dieselben nach
Belieben verfügte, war eine gefürchtete und verhasste Per-
sönlichkeit. Daher sagt Jesaia 47, 9—15 von Babel, seine
Wahrsagerei und Zauberei werde ihm nicht helfen in der
Noth. Aus dem Zusammenhange ersieht man deutlich, dass
der Prophet unter חבריך die Wahrsager meint, welche im
Voraus die Unglückstage verkünden und hierdurch der dro-
henden Gefahr vorbeugen, und unter כְּשָׁפַיִךְ die Zauberer,
welche das hereingebrochene Unglück abwenden.[2]) Auch
Micha 5, 11 bedeutet כשפים die Macht, welche der Zauber
verleiht, denn es heisst daselbst: Gott werde vernichten Ross
und Streitwagen, niederreissen Städte und Festungen, aus-
rotten Zauberei aus deinen Händen. Die Jeremias 27, 9 erwähnten „Zauberer" dürften auch als solche genannt sein,

---

[1]) S. Lenormant, Die Magie der Chaldäer p. 506 und 514.
Die Tannaiten erklären קסם mit Rhabdomantie (aus קסם = nh. Span)
מנחש mit Omen, מעונן mit Gaukler (aus עין) oder mit Zeitwähler (aus
עונה = nh. Zeit), חבר חבר mit Schlangenbeschwörer, בעל אוב mit Python
ידעוני der einen Knochen des ידוע genannten Thieres in den Mund nimmt
und es zum Sprechen veranlasst (Sifre Deut. sect. 171, 172; Tosifta
Sanhedrin X 6. 7 p. 430 Zuckermandel; Sifra 90b, 91a (vgl. 91c unt.),
93d 10 Weiss; b. Sanh. 65ab).

[2]) Die ganze Stelle wird in ein helleres Licht gerückt, wenn man
an die Vertreter der Magie und Mantik denkt.

welche die feindliche Macht abwehren. Die Gefährlichkeit der
Zauberer zeigt sich auch Exodus 7, 11, wo sie einen unschuldigen Stab in eine Schlange verwandeln, die jedoch von
Ahrons Stab, welcher durch Gottes Kraft eine Schlange geworden, verschlungen wird die aegyptischen Zauberer sind
gegen Gott ohnmächtig. Bemerkenswerth ist auch, dass Daniel
2, 2. Nebuchadnezar die Zauberer und Chaldäer rufen lässt;
da es sich aber um einen Traum handelt, sprechen blos die
„Chaldäer" (Vers 4), weil die Oneiromantie nicht in das
Gebiet des Zaubers gehört.

Die Allgewalt der Zauberei, welche gegen den Feind
so willkommene und schätzbare Dienste leistete, konnte aber
auch missbraucht werden, indem sie der Zauberer gegen die
eigenen Volksgenossen in Anwendung brachte. Er konnte sich
seiner Kunst besonders gegen Schwache, von denen keine
Wiedervergeltung zu befürchten stand, bedienen. Hieraus
wäre es verständlich, dass Maleachi 5, 3 und Exodus 22,
17—23 die Zauberer und Bedrücker der Fremden, Taglöhner,
Wittwen und Waisen nebeneinander zu stehen kommen.

Wie zu allen Zeiten und bei allen Völkern ist auch in
Israel und zwar in erster Reihe von Frauen hauptsächlich
der Liebeszauber geübt worden, der zwischen erlaubter
und verbotener Liebe natürlich keinen Unterschied machte.
Maleachi nennt 3, 5 unmittelbar nebeneinander Zauberer und
Ehebrecher; Jehu spricht zu Jehoram II. Könige 9, 22 von
den Buhlereien und vielen Zaubereien seiner Mutter Isabel;
Ninive wird Nachum 3, 4 mit einer schönen Buhlerin und
Zauberin verglichen „die Völker verkaufte durch ihre Buhlereien und Geschlechter durch ihre Zaubereien". Wie es scheint,
trieb die Buhlerin zugleich auch Zauberei. Das Gesetz, Ex.
22, 17, welches auf Zauberei die Todesstrafe setzt, spricht von
der „Zauberin" und nicht vom Zauberer, was schon die Tradition richtig dahin interpretirt, dass zumeist Frauen Zauber
treiben (Baraitha Sanhedrin 67a) Wenn man den engen Zusammenhang, in welchem Zauberei und geschlechtliche Verbrechen
mit einander standen, vor Augen hält, wird man es psychologisch
begreifen, warum an der zuletzt beregten Schriftstelle vor dem
Verbot der Zauberei, von der Verführung einer Jungfrau und
nach derselben von dem Verbrechen der Viehschande ge-

sprochen wird. Der Talmud, der Bileam für einen Zauberer
hält, behauptet (Sanhedrin 105 b oben), er habe mit seiner
Eselin wie mit seinem Weibe Umgang gepflogen Ueber die
Mittel und Wege, mit welchen die Zauberkünste ausgeführt
worden, finden sich in der Schrift leise Andeutungen, welche
hier nicht weiter verfolgt werden sollen und wir möchten
nur noch auf Ezechiel 13, 17—23 verweisen, wo der gefährlichen Künste der Zaubereien Erwähnung geschieht.[1])

2. Die Verbreitung der Zauberei im talmudischen Zeitalter.

Wie wenig das geschriebene Wort gegen die herrschenden Anschauungen der Zeit auszurichten vermag, kann nichts
so gut beweisen, wie die Geschichte des Zauberwesens bei
den Juden. Der Pentateuch (Ex. 22, 18; Lev. 20, 27;
Deut. 18, 10—13) verbietet bei Todesstrafe jede Art von
Wahrsagerei, Orakel, Beschwörung, Zauberei etc.; die Juden
haben nach dem babylonischen Exil die Götzendienerei
vollständig überwunden und die Lehre Mosis als Lebens-
norm heilig gehalten; dennoch konnten sie sich von dem
Wahne des Dämonen-, Geister- und Gespensterglaubens,
womit im Grunde genommen jeder Mysticismus und Occul-
tismus zusammenhängt, nicht befreien, ja sie haben bei
aller Hochachtung und Heilighaltung des geoffenbarten Gesetzes gegen dessen klaren Wortlaut und gegen die Vorschrift der aus ihm fliessenden mündlichen Lehre Zauberkünste geübt. Wie weit diese in den ersten Jahrhunderten
unserer Zeitrechnung verbreitet waren, beweist schon die

----

[1]) Ueber die Zauberei in der Bibel vgl. Winor, Biblisches Real-
wörterbuch³, Protestantische Real-Encyclopädie², Riehm., Hamburger
u. A. s. v.; ferner Stade, Geschichte des Volkes Israel I 505 und Sellin,
Beiträge zur israelitischen und jüdischen Religionsgeschichte 1 181 ff.
Ueber alle Arten der Magie und Wahrsagekunst in der Bibel findet man
in Lenormants gleichnamigem Werke an vielen Stellen interessante Aus-
künfte, jedoch sind, wie mir scheint, die Akten über die einschlägigen
Fragen noch nicht geschlossen, denn Vieles ist noch gar zu dunkel.
Wir wollten nur einen für unsere folgenden Studien wichtigen Punkt
behandeln. Ueber die Stellung, welche die heilige Schrift dem Aberglauben gegenüber einnimmt, hat ausführlich gehandelt D. Joel in
seiner in der Vorrede erwähnten Arbeit, wo nachzuweisen versucht wird,
dass den Zauberkünsten gar keine reale Macht zuerkannt wurde.

2*

übermässig reiche Zahl der Aussprüche der Tradition über diesen Gegenstand, von denen wir zunächst diejenigen anführen, welche Zauberei im Allgemeinen erwähnen.

Das Gesetz die Zauberei mit dem Tode zu bestrafen, hält die Tradition natürlich aufrecht, aber sie beschränkt seine Geltung: gemeint sei nur der wirkliche Zauberer, der vermittelst seiner geheimen Künste etwas hervorbringt, aber nicht der Gaukler, der die Leute blendet.[1])

Die Meinungen gehen jedoch auseinander darüber, welche Todesstrafe über dieses Verbrechen verhängt wird: Ismael meint, die des Schwertes, Akiba, Jose Hagolili und Jehuda ben Bethera meinen, die der Steinigung.[2]) Verboten ist ferner nur die thatsächliche Ausübung dieser Kunst, aber nicht ihre Erlernung, um sie zu verstehen und um über sie urtheilen zu können.[3]) Der grösste palästinische Amora Jochanan (gestorben 279), stellte sogar die These auf, zu den unerlässlichen Eigenschaften eines Synhedrial-Mitgliedes gehöre auch die Kenntniss der Zauberei[4]). Welch weite Kenntnisse des Zauberwesens mancher Tanna besessen hat, ersieht man aus Akiba's nachstehender Aussage: 300 (nach manchen 3000) Halachoth deutete Rabbi Eliezer über das Gesetz: „Eine Zauberin lasse nicht am Leben" (Exodus 22, 17), ich lernte aber blos zwei von ihm[5]). Man durfte auch von Heiden lernen, obgleich das judische Gesetz, welches von den Noahsöhnen nur die Beobachtung von 7 Geboten forderte, ihnen die Zauberei verbot[6]). Ob man je-

---

[1]) Mischna Sanhedrin 67 a; Sifre II 170 p. 107 a Friedmann; Tosifta Sanhedrin XI 5 p. 431 25 Zuckermandel; Sifra 90 b, 91 a, 91 c unt, 93 d 10 Weiss; b. Sanh. 65 a b: העושה מעשה חייב, האוחז את העינים פטור.

[2]) Mechilta zu 22, 18 p. 94 b Friedmann; vgl. Mischna l. c.

[3]) Sifre II 170; Baraitha Sabbath 75 a; Rosch Haschana 24 b; Aboda Zara 18 a; 43 b; Sanh. 68 a לא תלמד לעשות אבל אתה למד להבין ולהורית, was sich auf alle Arten der Götzendienerei, aber auch auf die Praktiken der Zauberei bezieht.

[4]) Sanhedrin 17 a unten: אין מושיבין בסנהדרי אלא בעלי קומה ובעלי חכמה ובעלי מראה ובעלי זקנה ובעלי כישפים ויודעים בשבעים לשון. Die polemische Spitze dieses Ausspruches gegen Jesus und seine Bekenner ist unverkennbar.

[5]) Tosifta Sanhedrin XI 5, p. 431 24. Zuckerm.

[6]) Tosifta Aboda Zara VIII 6, p. 473 26; b. Sanh. 68 a unten.

doch von einem Magier etwas lernen dürfe, ist strittig. Rab,
der 219 die Schule zu Sura gegründet hat und in Babylonien die palästinische Tradition zur Geltung brachte, erklärte
den Magier für einen Götzendiener, von dem man nichts lernen dürfe, Samuel hingegen beurtheilte seine Landsleute mil-
der und meinte, die Magie sei blos Zauberei[1]).

Diese gesetzlichen Bestimmungen wollen die Bethäti-
gung des Zaubers verhindern, stellen aber die Kraft desselben nicht in Abrede. Alle Völker des Alterthums haben
Zauberei getrieben und es wäre ein Wunder, wenn die Juden an diese Kunst nicht geglaubt hätten[2]). Thatsächlich
kümmerte sich das Volk nicht allzu viel um die Ansichten
der Gelehrten und war, wenn auch nicht in dem Masse,
wie Babylonier und Aegypter, Griechen und Römer, deren
ganzes öffentliches und privates Leben unter der Herrschaft
des Aberglaubens stand[3]), der Zauberei ergeben. Die Mischna

---

[1]) Sabbath 75 a oben: הלומד דבר אחד מן המגוש חייב מיתה, מגושתא
רב ושמואל חד אמר חרשי וחד אמר גדופי. Das aramäische Aequivalent für
כשף ist חרש. Andere Stellen über den Magus s. bei Kohut Aruch I
113. Die Babylonier suchten im Allgemeinen die verkehrsstörenden
Gesetze gegen Götzendienst und Götzendiener zu mildern, wie man sich
aus den Interpretationen des babyl. Talmuds zum Mischnatraktat Aboda
Zara überzeugen kann.

[2]) Joel l. c. 7 ff., 30 ff., 50 ff, kann sich mit der von ihm selbst
constatirten Thatsache, dass man sich dem Einflusse der Umgebung nicht
entziehen könne. nur schwer befreunden und er versucht nicht ohne
Geschick manches hinweg zu interpretiren. Allein schon Plinius erklärt
die Magie verdiene seine besondere Aufmerksamkeit, weil sie, die trü-
gerischeste aller Künste, in der ganzen Welt noch so lange Zeit hindurch in Blüthe gestanden hat. Der Verfasser des Lekach Tob, Tobia
ben Eliezer, erklärt die Kunst der Aegypter für reine Gaukelei (Exodus
p. 36 f. Buber).

[3]) Pauly IV 1383 „das ganze Griechenthum eine lebendige Magie
. . . . Mysterien und Mythologie in engster Verbindung mit der grie-
chischen Magie . . . . . [da] in einer Fülle von religiösen Lebensformen
der Griechen jones Streben sich äussert, durch subjectives Thun die
Ordnung des Schicksals und der Götter wie die Gesetzmässigkeit der
Natur zu bewältigen, als die Mythen nur die im Spiegel der religiösen
Phantasie reflektirten Typen des Volkslebens sind, diese aber von
Elementen des Zaubers durch und durch inficirt erscheinen." Bei den
Griechen war die Magie legitim, bei den Juden trotz des Bestandes
illegitim.

Sota IX 13 seufzt, dass Buhlerei und Zauberei Alles vernichtet haben, zwei Verbrechen, welche, wie wir schon oben
gesehen haben, eng mit einander verknüpft sind; nach der
Tosifta Sota XIV 3 (320$_{13}$) kam Gottes Zorn über die Welt
und die göttliche Majestät entfernte sich von Israel, seitdem
sich die „Besprecher" vermehrt haben[1]). „Kein Mann wird
vor euch bestehen können" heisst es Deuteronomium 7, 24.
Hiezu bemerkt Sifre II 52 (85 b u): Hieraus wissen wir nur,
dass kein Mann, kein Volk oder Geschlecht im Stande sein
wird, euch Widerstand zu leisten, woher wissen wir aber, dass
auch keine Frau mit ihren Zaubereien dies wird thun können?
Zu Deut. 4, 35 „Der Ewige ist Gott, es gibt keinen ausser
ihm" bemerkt der Amora Chanina, Sanh. 67 b, auch nicht
zu Zauberhandlungen und liess, an seiner Ansicht festhal-
tend, das Weib, welches von unter seinem Stuhle Erde
nahm, ruhig gewähren. Er scheint der einzige gewesen zu
sein, der die Meinung hegte, gegen Gottes Willen könne
kein Zauber schaden, denn Jochanan sagt an derselben
Stelle, die Zauberer leugnen die „himmlische Familie", indem sie Menschen, denen zu leben bestimmt war, tödten[2]).
Der Talmud kann den Muth Chaninas nur so begreifen,
dass er sich auf die Kraft seiner vielen Verdienste stützte.
Oefter als aus Liebe und Hass wurde die Zauberei zu Heilungszwecken verwendet, worüber später ausführlich zu
sprechen sein wird. Die Krankheitsursache wurde im Allgemeinen im Behextsein oder Besessensein gesucht, das
Heilverfahren bestand dieser Aetiologie entsprechend, gleichviel ob bewusst oder unbewusst, in zauberbrechenden oder
geistaustreibenden Mitteln. Als allgemeiner Grundsatz galt

---

[1]) Mischna: הזנות והכשפים כילו את הכל; Tosifta: משרבו לוחשי. Jochanan ben
לחישות בדין בא חרון אף לעולם ונסתלקה שכינה מישראל
Zakkai meint. wie ich glaube, eine gewisse Art des Gottesurtheils; der
Commentar מנחת בכורים denkt an Rechtsanwälte.

[2]) אטר ר' יוחנן למה נקרא שמן כשפים שמכחישין פמליא של מעלה,
wozu Raschi bemerkt: נוטרייקון כהש פטליא של מעלה שעל מי שנגזר לחיים
ממיתין. Chanina sagt auch: „Alles hänge vom Himmel ab mit Ausnahme
der Erkrankungen durch Kälte und Hitze, vor denen man sich nach
Prov. 22, 5 selbst hüten soll« (Ab. Z. 3 b uunten), vgl. hierzu j. Sabbath
14 c u. von 100 Menschen sterben 99 durch Kälte oder Hitze.

in diesem Pnnkt: was zur Heilung dient, ist wegen Aberglauben nicht verboten.[1]) Das Vieh darf man sogar von Götzen-
dienern heilen lassen[2]).

Mehr als die Palästinenser waren die Babylonier vom
Glauben an Zauberei angesteckt. Der babylonische Talmud
allein liefert viel mehr Material als die umfangreichere palä-
stinensische Litteratur, zu welcher Mischna, Jeruschalmi und die
zahlreichen Midraschwerke gehören. Lehrreich ist in dieser
Beziehung ein Vergleich der zwei Talmude zu den Abschnitten
der Mischna Sabbath VI. und XIV., Pesachim X., Gittin VI.,
Sanhedrin VII.; während der Babli Sabbath 66 b—67 b;
109 b—110 b; Pesachim 109 b—113 b; Gittin 68 a—70 a und
Sanhedrin 67a—68a die reichste Ausbeute liefert, findet sich
an den entsprechenden Stellen des Jeruschalmi verhältniss-
mässig wenig. Von der Vorliebe der Babylonier für diese
geheime Kunst zeugt schon der Umstand, dass hauptsächlich
sie die palästinensischen Traditionen über diese Materie erhalten haben. Dies geht schon aus unseren Quellenangaben
hervor, und wird sich auch bei der Besprechung der einzelnen Arten des Zaubers zeigen, weshalb hier blos auf
zwei allgemeine Aeusserungen hingewiesen werden soll.
Berachoth 6b: der Prophet Elia flehte auch deshalb zu Gott
damit man nicht sage, seine Wunderthat sei Zauberei (Huna);
Sabbath 10b 19 (Beza 16a) . jetzt da wir vor Zauber fürchten
(Papa).[3])

3. Die zaubernden Personen.

Wie zu allen Zeiten und bei allen Völkern,[4]) war auch
bei den Juden das Zaubern vorzüglich das Geschäft der
Frauen. Die Baraitha Sanhedrin 67a sagt, Exodus 22, 18

---

[1]) Sabbath 67 a und Chullin 77 b: כל דבר שיש בו משום רפואה אין
בו משום דרכי האמורי.

[2]) Mischna Aboda Z. II 2: סתרפין מהו רפוי מטון ולא רפוי נפשות.

[3]) Vgl. noch Sabb. 109 b Zeile 8 von unten; Baba Mezia 23 a
(= j. Ab. Z. 40 a 16 v. u. und sonst).

[4]) „Thatsächlich wurde die böse Zauberei in Chaldäa, wie in
Thessalien und andern Ländern des Alterthums, hauptsächlich von Frauen
betrieben, weshalb auch eine lange Reihe von assyrischen Beschwörungen gegen das Unwesen dieser Zauberinnen und Hexen gerichtet war".
Lenormant, Magie p. 70.

werde bei der Verhängung der Todesstrafe deshalb die
Zauberin und nicht der Zauberer genannt, weil die meisten
Frauen der Zauberei ergeben sind.[1]) Simeon ben Schetach
hat in Askalon an Einem Tage 80 Zauberinnen aufhängen
lassen.[2]) Da man nach jüdischem Gesetz an einem Tage
nicht einmal zwei Todesstrafen aussprechen, viel weniger
vollziehen darf, wird dieses Verfahren mit den ausserordent-
lichen Umständen motivirt, was für die ausserordentliche
Verbreitung des Zauberwesens spricht. Wird diese Erzählung
für eine Sage erklärt, ist der Beweis für die Denkweise
der Alten umso kräftiger. Simon ben Jochai (um 150) meint,
die Zauberkünste haben in den letzten Generationen bei den
Töchtern Israels zugenommen ;[3]) ja er steht nicht an zu erklären, „die Frömmste der Frauen sei eine Zauberin".[4])
Jose sagt, Berachoth 53a unten : „Israels Töchter räuchern
dem Zauber" ;[5]) „wer viel Weiber nimmt, vermehrt die Zauberei," heisst es Aboth II 7, was auf die Gepflogenheit der
Weiber, sich die Liebe des Mannes gegen die Gefährtinnen
durch Zauber zu sichern, hindeutet."[6]) Man sieht also auch
hier den Zusammenhang zwischen Liebe und Zauberwerken.
Der schön geformte Spruch des Sirach 42, 9. 10 über das
fragwürdige Glück, welches eine Tochter dem Vater bedeute,
wird Sanh. 100b 21 mit nachstehendem Zusatz citirt: „wenn

---

[1]) תיר מכשפה אחד האיש ואחד האשה אם כן מה ת"ל מכשפה מפני
מפני שרוב הנשים כשפניות 10: Sanh. 25d .j vgl. שרוב נשים מצייות בכשפים.

[2]) Mischna Sanhedrin 45b: אמר ר' אליעזר והלא שמעון בן שטח תלה
נשים באשקלון? אמרו לו והלא שמונים נשים תלה ואין דנין שנים ביום אח"

[3]) Erubin 64b: לא ישנו אלא בדורות הראשונים, שאין בנות ישראל
פרוצות בכשפים, אבל בדורות האחרונים שבנות ישראל פרוצות בכשפים מעבירין.

[4]) Soferim XV, 10 (Müller p. XXVIII): הכשרה שבנשים בעלת
כשפים. In der Mechilta zu Ex. 14, 7 p. 27a Friedm., wo sich der Anfang
von S. b. J. Kraftsprüchen befindet, wird ursprünglich auch dieser Satz
enthalten gewesen sein, der auch dann die allgemeine Auffassung charakterisirt, wenn er, wie die übrigen, für eine Uebertreibung genommen
wird. Müller p. 212 will dieses harte Urtheil auf die römischen und
christlichen Frauen des zweiten Jahrhunderts beziehen, wogegen schon
der Ausdruck הכשרה שבנשים, sowie die anderen hierhergehörigen Ur-
theile über die jüdischen Weiber laut protestiren.

[5]) מפני שבנות ישראל מקטרות לכשפים.

[6]) מרבה נשים מרבה כשפים.

die Tochter alt wird, vielleicht wird sie Zauber ausüben,"[1])
woraus man sieht. dass auch bei den Juden die alten Weiber
für Hexen galten. Wie es scheint, sind besonders allein-
stehende Frauen, Jungfrauen und Wittwen, der Zauberei
verdächtigt worden[2]); eine solche Wittwe war Johanna, die
Tochter des Retibi, welche die Geburt der Frauen mittelt
Zauber zu verhindern trachtete.[3]) Die Hundswuth sei nach
Rab (Joma 83b unt.) nichts Anderes als das Spiel der Zauberweiber mit dem Hunde, während Samuel dies dem bösen
Dämon zuschreibt. Sogar die Töchter des Schulhauptes Nachman
sind bei Zauberei ertappt worden, mit deren Hilfe sie die
Hand in den siedenden Topf steckten, ohne verletzt zu wer-
den, was man Anfangs ihrer Frömmigkeit zugeschrieben hatte.[4])
Sanhedrin 67b werden Frauen drei Mal als Zauberer genannt.
Wenn eine Frau bestraft wurde, witterte man auch bei hoch-
gestellten Frauen in erster Reihe Buhlerei oder Zauberei,
welche, wie wir schon bemerkt haben, mit einander in
Verbindung standen.[5]) Wie an der soeben erwähnten Stelle

---

[1]) הזקינה, שמא תעשה כשפים. Wie die Bibel (Genesis 4, 1: 35. 17;
I. Sam. 1, 11: Psalm 127, 3: Job 3. 3), schätzt auch die Tradition die
männlichen Kinder höher als die weiblichen, was sich fast bis zur Ge-
ringschätzung der letzteren steigert. Vgl. z. B. Ende Kidduschin אי
אפשר לעולם בלא זכרים ובלא נקבות אשרי מי שבניו זכרים ואוי לו למי שבניו
נקבות „Wehe dem der Töchter hat . Aehnlich dachten die Römer (Friedländer, Sittengeschichte Roms I 464).
[2]) Sota 22 a : תיר בתולה צוילנית ואלמנה שובבית וקטן שלא כלו לו
חדשיו הרי אלו מבלי עולם, was Raschi so interpretirt, dass die viel betende
Jungfrau und die die Nachbaren oft besuchende Wittwe nur heucheln. um
ohne Verdacht Buhlerei und Zauberei treiben zu können. Der Ausdruck
„sie richten die Welt zu Grunde" macht diese Erklärung plausibel,
ebenso die Zusammenstellung mit dem „Minderjährigen, der zu früh zur
Welt gekommen", welcher zur Zauberei geeignet ist. Der Talmud meint,
es sei von einem Schüler die Rede, der gegen seine Lehrer verstösst und
vor der Zeit stirbt, was zu gekünstelt scheint. Dem Wesen nach ist
Raschi's Interpretation richtig, die Motivirung jedoch, die Jungfrau und
Wittwe wollen die Leute hinters Licht führen, ist zu rationalistisch.
[3]) ib. יוחני בת רטיבי, Der Name יוחני erinnert an יוחנא, der nach
Menachoth 85a mit ממרא zusammen das Haupt der aegyptischen Zauberer war. Es ist an das Nestelknüpfen zu denken.
[4]) Gittin 45a בהשן קידרא בכשפין vgl. Kohut Aruch l 37.
[5]) Sifre II 26 p. 70b 1: שלא יהיו בני המלך אומרים דומה שנמצא
בה. דבר מאוף או דבר כישוף

von einer Königin, wird Sabbath 81 b u. von einer römischen Matrone gesprochen, welche ein Schiff „band", das
sich erst in Bewegung setzte, als der Zauber von Einem
„gelöst" wurde. Eine Matrone war es auch, welche Jochanan unter dem Siegel des Geheimnisses ein zauberkräftiges
Heilmittel gegen Zahnweh empfahl, das er in seiner Predigt
sofort verkündete.[1]) Die meisten Hausmittel, welche natürlich Zaubermittel sind, theilt Abaji im Namen seiner Pflegemutter mit[2]); auch von der Mutter des Achdaboi wird
ein Mal eine solche Arznei mitgetheilt.[3])

Als solche, die zu erlaubten Zwecken sich gelegentlich
einer gewissen, von uns mit Recht als Zauber anzusprechen-
den Kunst bedienten, werden die folgenden Talmudlehrer
genannt. Eliezer ben Hyrkanos, der auf Verlangen
Akiba's mittelst eines Spruches bewirkte, dass ein ganzes
Feld sich mit Gurken füllte und in Folge eines andern
Spruches die Gurken sich auf einen Platz sammelten.[4]) Josua
ben Chanania, der einen Ketzer (Min) vermittelst eines
Zaubers an die Thüre des Bades bannte.[5]) Rab hat durch
irgend welche Praktik herausgebracht, an welcher Krankheit
die Todten eines ganzen Friedhofes gestorben sind.[6]) Cha-

---

[1]) Aboda Zara 28 a. Von einer buhlerischen Matrone, gegen die
sich Chanina bar Papa wie Josef gegen Potifars Weib benahm, wird
Kidduschin 39 b u. erzählt, sie habe mittelst eines Gegenzaubers Ch.
b. P. geheilt.

[2]) Kidduschin 31 b, wo alle mit אמרה לי אם „meine Pflegemutter
sagte mir" eingeführten Stellen verzeichnet sind.

[3]) Sabbath 109 b unten. — Die Oberin der Zauberweiber wird
erwähnt Pesachim 110 a unt. ; s. noch ib. 111 b.

[4]) Sanhedrin 68 a: נטיעת קשואין mit עקירת קשואין. Dass dieses
Wunder auch Zauberer bewirkt haben, beweist die Mischna ib. 67 a, wo
Akiba als Beispiel für מכשף „Zauberer" שנים לוקטין קשואין anführt.
Vielleicht ist Chagiga 14 b, wo von den vier Gelehrten gesprochen wird,
die in den Garten (Pardes) eingingen, unter denen sich auch Akiba
befand und wo es heisst, Elischa ben Abuja (אחר) habe die Pflanzungen
beschnitten (קיצץ בנטיעות), mit נטיעת קשואין in Zusammenhang zu bringen. Gnostizismus und Magie fallen nicht weit von einander (s. jedoch
weiter unten IV 4).

[5]) j. Sanh. 25 d 21, woselbst auch noch Anderes von demselben
erzählt wird.

[6]) Baba Mezia 107 b 3: דרב סליק לבי קברא עבד מאי דעבד wozu

n i n a   b a r   P a p a an der Seite 26 n. 1 genannten Stelle.
C h a n i n a und O s c h a j a, denen während der Beschäftigung mit der Schöpfungshalacha (הלכות יצירה oder ספר
wöchentlich ein schmackhaftes Kalb erschaffen worden, das
sie verzehrten. J a n n a i und Z e e r a, die sich des Gegenzaubers bedienten, worüber noch zu sprechen sein wird;[1])
Chisda und Rabba, Sohn des Rab Huna, die das von einer
Matrona gebannte Schiff wieder in Bewegung brachten.[2])

Diese Daten, welche zum weitaus überwiegenden Theile
aus p a l ä s t i n e n s i s c h e n Quellen fliessen, wenn sie auch mitunter nur im babylonischen Talmud allein erhalten sind,
reden eine deutliche Sprache und bezeugen, dass auch im
heiligen Lande in echt jüdischen Kreisen, welche von den
Anschauungen der antiken Welt weniger beeinflusst waren,
als die Diaspora, an die übernatürliche Kraft des Zaubers
geglaubt wurde, und dass derselbe trotz des biblischen und
rabbinischen Verbotes geübt worden. Zwar war das öffentliche
und private Leben bei weitem nicht in dem Grade von
diesem Wahnglauben beherrscht, wie bei Babyloniern und
Aegyptern, bei Griechen und Römern — dies verhinderte
der v o r j e d e r b e w u s s t e n Götzendienerei ein wahres
Grauen empfindende Monotheismus — dennoch darf kühn
behauptet werden, dass das gezeichnete Bild blasser ist als
die einst vorhandene Wirklichkeit, denn die Farben sind
zumeist, wenn ich so sagen darf, den Aussprüchen der
Gebildeten und nicht den Anschauungen und Handlungen
des Volkes entnommen, welche eher der hierher gehörige
Theil der altchristlichen Literatur spiegelt, wo das Volk und
der Hellenismus zu Worte kommt. Die Dämonologie war
eine hochentwickelte und der Exorcismus blühte in jüdisch-

Raschi bemerkt: שאלת חלום וי״א נטע ;Aruch hingegen: יודע היה ללחוש
אילנות.

[1]) Sanhedrin 67b, wo Raschi meint, die Schöpfung geschah von
selbst durch die richtige Zusammenfügung der Buchstaben des Gottesnamens: ואין כאן משום מכשפות.

[2]) Sabbath 81b unten. Die beiden Gelehrten sind nach Ausspruch
der Matrone gegen Bezauberung gefeit, weil sie keinen Scherben beim
Anus verwenden; kein Ungeziefer auf ihren Kleidern tödten; von dem
Bündel des Gärtners erst nach Auflösung des Knotens essen.

christlichen Kreisen. Wohl haben die Apostel gegen Magie und Zauberwesen angekämpft, gegen Simon Magus (Acta 8, 9) gegen Bar-Jehu (13, 6. 8) und gegen Andere ; weit, weit mehr noch aber als bei den Vertretern der jüdischen Tradition finden sich bei ihnen und den Kirchenvätern Wunderthaten und Aussprüche, welche als Zauberei angesprochen werden können. Wenn schon manche Talmudlehrer trotz des strengen Festhaltens an dem pentateuchischen Gesetze, der Zauberer solle nicht am Leben belassen werden, den verschiedenen Arten der Magie und Dämonologie einen Einfluss auf ihren Glauben und ihre Denkweise gewährten, ist es nicht zu verwundern, dass die Apostel und Kirchenväter der allgemeinen Zeitströmung vollständig erlegen sind.[1]) Man machte nämlich einen Unterschied zwischen erlaubter und unerlaubter Magie : in und mit dem Namen des Gottes, an den man glaubte, durften übernatürliche Wirkungen hervorgebracht werden. Die Zauberbücher wurden verbrannt (Acta 19, 19), aber sicherlich nur aus dem Grunde, weil sie heidnische Gebräuche, Formeln und Anrufungen vorschrieben, vermittelst welcher man die höheren Mächte in die Gewalt bekommen kann. Manche jüdische Beschwörer wollten, den veränderten Anschauungen entsprechend, die bösen Geister durch den Namen Jesu bannen, dies gelang aber nur den Schweisstüchlein des Paulus, aber nicht den Juden, die der böse Geist nicht respectirte (ib. 19, 11—15).

„Das Wunder ist des Glaubens liebstes Kind" In den Augen der Römer und Griechen aber, welche den „Glauben" nicht besassen, waren die Wunder des Neuen Testaments

---

[1]) Wir verweisen über diese Frage auf die Artikel Exorcismus, Magier, Zauberei in Winer's Biblisches Realwörterbuch [3]; Prot. Real-Encyclopädie [2] s. v. Zauberei; H i l g e n f e l d, Ketzergeschichte an mehreren Stellen (s. Register s. v. Magie); S c h ü r e r, Geschichte des jüdischen Volkes [2] II 640; D e i s s m a n n, Bibelstudien besonders p. 276; ganz besonders C o n y b e a r e, The Demonology of the New Testament (Jewish Quarterly Review Band VIII—IX). Es ist eine Uebertreibung, wenn Conyb. meint: „The truth is that the Pagans, Christians, and Jews of the first five centuries all breathed the same air, and were inspired by the same beliefs about good and evil spirits. There was some difference of names, but nothing more" (l. c. IX 98).

und seiner Anhänger nichts Anderes als Zauberei, was man begreiflich finden wird, wenn man an die nachstehende, von einem christlichen Gelehrten gegebene Definition denkt: „Das Wunder ist legitime Zauberei, die Zauberei ist das illegitime Wunder".[1]) Die Geschichte des Urchristenthums und seiner Anschauungen beschäftigt uns nicht, wir glaubten jedoch diese Bemerkungen voraus schicken zu müssen, um die einschlägigen Aussagen der jüdischen Tradition in's rechte Licht zu rücken.

Jesus galt den Talmudlehrern, welche übrigens keine autochthonen Traditionen über ihn besassen und ihn lediglich aus den unter dem Volke verbreiteten Erzählungen der Evangelien kannten, als Zauberer.[2]) Ein Judenchrist hat im Bade Eliezar, Josua und Akiba mittelst eines Zauberspruches an eine Stelle gebannt, was Josua mit der gleichen Handlung heimzahlte. Derselbe Zauberer hat auch das Meer gespalten und geprahlt, er habe die Wunderthat Moses' verrichtet, Josua beschwor aber den Geist des Meeres, worauf der Zauberer im Wasser ertrank.[3]) Mehrmals wird erwähnt Jakob aus dem Dorfe Sechanja (Sichnin), der mit dem Namen Jesus einen Schlangenbiss heilen wollte, was jedoch Ismael nicht erlaubte und seinen Schwestersohn eher sterben liess.[4]) Den Enkelsohn des Josua ben Levi hat ein

---

[1]) Soldan. Geschichte der Hexenprocesse S. 8. Derselbe Gelehrte meint, der Aberglaube beginne, wo die herrschende Religion aufhöre. Diese Definition ist mehr geistreich als wahr.

[2]) Sanh. 106b und Sota 47b bei Levy Neuhebräisches Wörterbuch II 272: בלעם. על שכישף והסית והדיח את ישראל, mit welchem Namen manchmal Jesus gemeint ist, gilt ebenfalls als Zauberer: sein Name wird mit בלע עם gleich gesetzt, was הסית והדיח entspricht. (Vgl. Levy I 236 sub בלעם). Ueber Ben-Stada werden wir im nächsten Capitel sprechen.

[3]) j. Sanh. 25d.

[4]) Tosifta Chullin II 22 (503 13): מעשה ברבי אלעזר בן דמה שנשכו נחש ובא יעקב איש כפר סמא לרפאותו משום ישוע בן פנטרא ולא הניחו ר' ישמעאל וכו'. Statt סמא itt zu lesen סכניא oder סכנין, wie es ib. 503 26 heisst יעקב איש כפר סכנין Dieselbe Geschichte kommt noch vor j. Sabb. 14d unt. ebenfalls איש כפר סמא: j. A. Z. 40d: b. A. Z. 27b: Koheleth rabba c. 1 (7ab Wilna), wo es בשם פלוני heisst. Jakobus war bei den Judenchristen ein häufiger Name — so hiess ein Bruder Jesus — und es wird ein solcher aus der zweiten Hälfte des dritten Jahr-

Christ ebenfalls mit dem Namen Jesus geheilt, worauf J. b.
L. sich dahin äusserte, der Tod wäre dieser Heilung vorzu-
ziehen gewesen.[1]) Da sich die Judenchristen mit magischen
Heilungen abgaben, wird man es begreiflich finden, dass
ihre Bücher für Zauberbücher erklärt werden.[2]) Mit diesen
„Sifre Minim" dürften christliche S o h r i f t e n und nicht die
b i b l i s c h e n Schriften der Christen gemeint sein. Es
heisst nämlich Tosefta°Sabbath XIII (XIV) 5 : „die Bücher
der Christen stiften Feindschaft zwischen Israel und ihrem
Vater im Himmel".[3])

In der Bezeichnung „Zauberbücher" liegt die schärfste
Verurtheilung, weshalb auch Zeera, ein Feind agadischer
Schriften, diese für Zauberbücher erklärte.[4]) Ueberhaupt galt
Zauberei für die schwerste Sünde und alle Bedrücker Israels
wurden für Zauberer ausgegeben.[5]) Ebenso lassen die Rab-

---

hunderts genannt A. Z. 28 a, während die ib. 17 a und Tosefta Chullin
II 24 genannte im 2. Jahrhundert gelebt hat. יעקב מינאה (Megilla 23 a
und Chullin 84 a), der mit den babyl. Amoräern Johuda und Raba verkehrte, war kein Christ.

[1]) j. Sabb. 13 d 40.

[2]) Tosifta Chullin II 20 (503 11) : ספרי קוסמין [של מינים] וספרוחן.

[3]) ספרי מינים שמטילין איבה וקנאה ותחרות בין ישראל לאביהם שבשמים.
Es handelt sich um die Frage, ob diese Schriften wegen der in ihnen
enthaltenen Gottesnamen am Sabbath aus dem Feuer gerettet werden
dürfen ; ob man an Wochentagen vorerst die Gottesnamen ausradiren
und erst dann das Uebrige verbrennen soll. Vgl. auch b. Sabbath 116 a. Sifre
I 16 (p. 6 a Friedmann), wo von der des Ehebruchs verdächtigten Frau
die Rede ist, heisst es ebenfalls : „Wenn Gott erlaubt hat, dass die
Rolle, welche mit Heiligkeit geschrieben worden, mit Wasser abgewa-
schen werde (Numeri 6, 23), um zwischen Mann und Weib Frieden zu
stiften, um so eher dürfen die Bücher der Minim, welche Feindschaft,
Hass, Neid und Streit stiften, aus der Welt geschafft werden. Ismael
meint, man radire die Gottesnamen und verbrenne das Uebrige : Akiba
hingegen erlaubt, dass sie im Ganzen verbrannt werden, denn sie sind
nicht mit Heiligkeit geschrieben . Raschi meint jedoch Chullin 13 a u. zu
ספריו [של מין] ספרי קוסמין, dass hiermit „Tora, Propheten und Hagio-
graphen" bezeichnet sind. denn so wird auch Gittin 45 b verordnet ספר
תורה שכתבו מין ישרף. Allein an derselben Stelle gibt es Meinungs-
differenzen. Vielleicht bedeutet ספרי מינים, bald biblische und bald
christliche Schriften.

[4]) j. Maaseroth 51 a 10.

[5]) Pharao (Moed Katan 18 a) : Bileam (oft) : Amalek (j. Rosch

binen auch die Gegner Israels sprechen. Haman sagte:
Moses, Josua, David, Salomo haben ihre Wunder- und
Heldenthaten vermittelst Zauber vollbracht.[1]) Besonders lehrreich ist folgende Erzählung. Ein Heide (גוי) sagte einmal zu Jochanan ben Zakkai: Euer Gebahren scheint eine
Art Zauberei zu sein. Ihr nehmet eine rothe Kuh, schlach-
tet, verbrennet, zerstosset sie und nehmet ihre Asche; wenn
dann jemand von euch von einem Todten unrein wird,
sprenget ihr zwei oder drei Tropfen auf ihn und sprechet
zu ihm: Nun bist du rein. Da antwortete J. b. Z.: Ist
nicht jemals ein böser Geist in dich eingefahren? Hast du
nie einen Menschen gesehen, in den ein böser Geist eingefahren war? Ja! Was macht ihr mit ihm? Man nimmt
Kräuterwurzeln, räuchert unter ihm und umlagert ihn mit
Wasser, worauf der Geist entflieht. Jochanan erklärt hierauf,
auch dieser Geist, der mit der Asche der rothen Kuh vertrieben wird, ist ein Geist der Unreinheit. Die Schüler
des J. b. Z. sagen hierauf: Den Heiden hast du mit einem
schwachen Rohr abgewiesen, was wirst du uns antworten?
Der gefeierte Lehrer erklärt dann zum Schluss: Nicht die
Leiche verunreinigt, nicht das Wasser reinigt, sondern Gott
hat ein Gesetz geschaffen und niemand darf es übertreten.[2])

Haschana 59 a 20); ein Herrscher (שלטון Schocher Tob zu Psalm 80
p. 364 ed. Buber).

[1]) Horowitz, Sammlung kleiner Midraschim p. 69: die Trocken-
legung des Meeres, die Niederwerfung Sisra's und seines Heeres, die
Eroberung von Städten und die Niedermetzelung der Feinde (durch
Salomon) war Zauberwerk. Plinius n. h. XXX 1, 11 berichtet: Est et
alia magices factio, a Mose et Janne et Lotape ac Indaeis pendens.
Moses wird auch von Apulejus Apologia c. 90 für einen berühmten
Zauberer gehalten (siehe Reinach, Textes d'auteur grecs et romains
relatifs au judaisme p. 282 und 335). In den Zauberpapyri wird Moses
für einen Zauberer angesehen. Ein Buch heisst: Μωϋσέως ἱερὰ βίβλος
ἀπόκρυφος ἐπικαλουμένη ὀγδόη ἥ ἁγία (Dietrich, Abraxas p. 169;
vgl. ibid. p. 193 17 und die Ausführungen Dietrich's p. 70 f. Moses ist
auch für den Lehrer des Orpheus gehalten worden). Salomo (siehe Josephus, Archäologie VIII 2, 5) ist bis auf den heutigen Tag die Haupt-
person der Zauberer (Dietrich 141 f.).

[2]) Pesikta 40a und Parallelstellen. Der böse Geist heisst רוח
תזזית, von dem auch der tollwüthige Hund nach j. Joma 45 b ob. besessen ist. Die Procedur des Exorcismus erinnert an die von Josephus

Man sieht aus den angeführten Belegen, dass die grauenvolle Macht des Zauberns sowohl Freunden als Feinden zugeschrieben wurde. Die übernatürlichen Wirkungen aber, welche verehrte Personen hervorbrachten, wurden für Wunder angesehen. Dies darf uns jedoch nicht daran hindern, diese Erzählungen zur Charakterisirung der volksthümlichen Anschauungen von der Zauberei heranzuziehen. Es ist nämlich von diesem Gesichtspunkte betrachtet, kein Unterschied zu machen, ob die betreffenden Personen sich des Zaubers bewusst waren, oder in gutem Glauben handelten. Selbstverständlich ist auch keine Rücksicht darauf zu nehmen, ob vorgekommene Fälle erzählt oder Deutungen von Bibelstellen gegeben werden da dies Alles der Charakteristik der allgemeinen Anschauungen keinen Eintrag thut. Die Talmudlehrer brachten die übernatürlichen Wirkungen vermittelst heiliger Namen oder irgend welcher Handlungen hervor, was nach ihrem Glauben keine Sünde war, sie leugneten aber nicht, dass dieselben Handlungen auch vermittelst unheiliger Namen oder verbotener Handlungen bewerkstelligt werden können, wie die schon angeführten Aussagen über Pharao, Amalek, Bileam u. A. beweisen. Man kann also die allermeisten Wunderthaten, welche als von Frommen und Heiligen gewirkt, allgemein erzählt und geglaubt wurden, getrost als die volksthümlichen Anschauungen von der übernatürlichen Kraft des Zaubers in Anspruch nehmen, auch in solchen Fällen, wo die in Anwendung gebrachten, Wunder wirkenden Mittel nicht mitgetheilt werden.

Dieser Umstand darf uns nicht überraschen, da ja der Talmud auch dort, wo er von faktisch ausgeübtem Zauber

---

Arch. VIII 2, 5 beschriebene. Das Wasser ist, wie aus unserer Stelle erhellt, nicht deshalb in Anwendung gekommen, damit der Geist es bei seinem Ausfahren umstürze, sondern als dämonenvertreibendes und zauberbrechendes Mittel, was wir in dem Abschnitt über die Zaubermittel noch sehen werden. — Bei der rothen Kuh wird die siebenfache Anwendung der Siebenzahl gefunden (Pesikta 33b = Pes. r. 58a). Eine Kuh, die an einen Heiden verkauft, am Sabbath nicht arbeiten will und auf die ihr ins Ohr geraunten Worte ihres früheren Eigenthümers hört wird erwähnt Pes. r. 57a 7, wo zugleich der Jude erklärt: ich treibe keino Zauberei etc.

spricht, sich auf die allgemeine Constatirung der Thatsache beschränkt, ohne über den modus procedendi ein Wort zu verlieren was mit der Geheimhaltung dieser gefährlichen Kunst ohnehin nicht vereinbar wäre. Für die Richtigkeit unserer Behauptung können wir einige Legenden anführen, welche unverkennbare Merkmale des Zaubers zeigen und an die theurgische Magie der Neuplatoniker, die auf einen Unterschied zwischen Goëtie und Magie drangen, erinnern.

Choni Hameaggel ist angegangen worden, um Regen zu beten Nachdem sein Gebet nicht von Erfolg begleitet war, „was that er?“ Er zog einen Kreis, stellte sich in die Mitte und sprach: Herr der Welt . . . . . . ich schwore bei deinem grossen Namen, dass ich mich von diesem Orte nicht rühren werde, bis du dich deiner Kinder nicht erbarmst. Da fing's zu tröpfeln an. Als er nicht zufrieden war, kam Sturmregen, womit er ebenfalls unzufrieden war; da kam ein segenvoller Regen. Da dieser aber nicht aufhören wollte, musste ihn Ch. durch ein zweites Gebet vertreiben.[1]) Choni hat dies nicht bloss ein einziges Mal gethan, sondern so oft als Regenmangel eintrat, was im Talmud in der Ausschmückung der Sage ausdrücklich erwähnt wird, worauf aber schon der Beiname „der Kreiszieher“ hinweist.[2]) Die Erzählung ist allerdings streng monotheistisch, der Kreis jedoch, den er zog, der Schwur bei dem grossen Gottesnamen“, sowie die Eigenschaft als Regenmacher deuten auf fremde Vorstellungen. Nach classischem Aberglauben kann auch das Gewitter durch Zauberer hervorgerufen werden.[3]) Wie den Sturm, schrieb man auch plötzliches Unwetter den Zauberern zu.[4]) „Julian der Theurge macht Wot-

---

[1]) Mischna Taanith 19 a.

[2]) Ib. 23 a b und j. Taanith 66 d. wo auch erzählt wird. dass Choni der Kreiszieher, 70 Jahre geschlafen hat.

[3]) PW. I 42 41. Vgl. auch Wuttke, Der deutsche Volksaberglaube der Gegenwart 1. Aufl. § 191.

[4]) PW. I 43 38. „Namentlich der Regenzauber hat wie bei so vielen primitiven Völkern so auch bei den Indogermanen offenbar einen der wichtigsten Bestandtheile des Cultus gebildet«. Meyer, Geschichte des Alterthums II 45. — Die Juden gelten noch heute als besonders kundige Feuer- und Gewitterbanner. Wuttke § 334.

3

ter (Suidas v. Ιουλ.), Sopater Wind, ebenso Proklus, welcher
Athen von einer Dürre befreit".[1]

Der Exorcismus, von dem ein Beispiel oben 31 ange-
führt worden stammt aus Aegypten und wurde hauptsäch-
lich von Judenchristen betrieben. Dass diese Heilmethode
Zauberei sei, ist selbstverständlich, wenn sie auch heute noch
geübt wird. Nun erzählt der Talmud Meila 17b, Simon ben
Jochai „der in Wundern erprobte" habe den Daemon Ben
Temalion aus des Kaisers Tochter ausgetrieben.[2] Derselbe
Lehrer flüchtete einst mit seinem Sohne Eleazar vor den
Römern in eine Höhle, wo ihnen ein Johannisbaum und eine Wasserquelle zu ihrer
Nahrung erschaffen worden. Sie hielten sich
dreizehn Jahre verborgen und lagen dem Studium ob. Als
ihnen der Prophet Elia den Tod des Kaisers verkündete,
verliessen sie ihr Versteck und sahen die Leute pflügen
und säen, worüber sie ungehalten waren und sprachen:
Sie verlassen das ewige Leben (das Studium der Thora)
und beschäftigen sich mit dem zeitlichen. Alles, wohin
sie die Augen warfen. wurde verbrannt. Da er-
tönte eine Stimme (Bath-Kol) und rief ihnen zu: Seid ihr
herausgekommen, um meine Welt zu zerstören etc.[3] Wenn
man schon von dem Johannisbaum und von der Wasser
quelle absehen will, der magische Zug des sengenden
Blickes ist nicht zu verkennen. Mit seinem Blicke verwandelte Simon b. J. einen Menschen in einen Knochenhaufen.[4]

Man hielt Menschen mit zusammengewachsenen Augenbrauen und langen Augenlidern für zauberkräftig. So ist
der tödtliche Blick, den die Sage dem Amoräer Jochanan
zuschreibt, zu erklären.[5]

Jesus ging mit seinem Lehrer Josua ben Perachja,
der freilich ein Jahrhundert vor ihm gelebt hat, nach
Alexandria, dem Sitz der Zauberei, in Verbannung. Als der

[1] Pauly IV 1415.
[2] Siehe über diese Stelle Levi. Halevy und Bacher. Revue des
Etudes Juives VIII 200: X 60: XXXV 285.
[3] Sabbath 33b.
[4] Pesikta 90b.
[5] Vgl. weiter.

Lehrer in die Heimat zurückkehren durfte fand er bei
einer wohlthätigen Frau gastliche Aufnahme. Er lobte sie
mit den Worten: Wie schön ist meine Gastwirthin! Hierauf
soll Jesus erwidert haben: Ihre Augen sind klein, d. h.
ihre Augen werden von ihren Wimpern bedeckt.[1]) Wie
mir scheint, wollte Jesus mit dieser Bemerkung
nicht so sehr die Schönheit der gastfreundlichen Wirthin in
Abrede stellen, als vielmehr andeuten, dass sie der Zauberei
verdächtig sei. Man versteht dann die Frage des Lehrers:
„Mit solchen Dingen beschäftigst du dich? sowie die harte
Strafe, dass er seinen Schüler verstiess.

Pinchas ben Jair. der Schwiegersohn des oben genannten Simon ben Jochai, war als Wundermann berühmt
(siehe Bacher, Agada der Tannaïten II 494—499) Von
seinen Wunderthaten die j. Demai 22a erzählt werden, trägt
eine ganz magischen Charakter. Als Mäuse in der Saat
auf dem Felde grossen Schaden anrichteten, beschwor er sie
und sie versammelten sich auf einen Platz. Da begannen sie
zu piepen und P. b. J. fragte die Ortsbewohner. ob sie
wissen, was die Mäuse sagen? Sie antworteten: Nein
Da sagte er ihnen, die Mäuse sagen, das Getreide sei nicht
verzehntet. Als die Bewohner den Zehnten gaben, hörte der
Schaden auf. Die Erzählung ist jüdisch-monotheistisch und
die Tendenz religiös. Das Wesen erinnert trotzdem an das
Folgende: Römer und Griechen hielten Mäuse vom Felde
ab, indem sie den Samen mit Katzenasche bestreuten, oder
indem sie ihnen ein ausdrücklich bezeichnetes Land als
Eigen anwiesen und sie hierdurch aus dem Acker verbannten
(PW. I 74 und 34).

Mehr als in gelehrten Kreisen war das Zauberwesen
naturgemäss bei den unteren Schichten des Volkes ver-

---

1) Sanh. 106 b (fehlt in den censirten Ausgaben); אמר כמה יפה
אכסניא זו, אמר ליה רבי עיניה טרוטות אמר ליה רשע בכך אתה עוסק יבא.
Ich nehme טרוטות in dem Sinne, wie es vom Aruch s. v. טרטת (vgl
Levy II 188 a) erklärt wird. Das Wort bildet wohl einen Gegensatz zu
יפות, wie z. B. in Nedarim 66 b, das schliesst aber die Anspielung auf
Zauberei nicht aus. da Hässlichkeit und Zauber zusammen gehören. Die
Alten hielten nur alte Weiber für Hexen. Man bedenke ferner, dass
Jesus vom Talmud consequent als Zauberer charakterisirt wird.

breitet. Es ist mir jedoch keine Stelle aus der Tradition
bekannt, wo ein gewerbsmässiger jüdischer Zauberer genannt
wäre. Und doch gab es solche Gaukler im Auslande in grosser
Zahl, wie aus den angeführten Aussagen des N. T. und aus
Josephus (Archäologie VIII 2, 5) ersichtlich ist. Die heidnischen Schriftsteller erwähnen nicht selten jüdische Zauberer und Zauberei.[1]) In der Heimat werden die Zauberer
nicht geduldet worden sein, denn viel weniger als ein Prophet kann ein Zauberer in seiner Heimat zur Geltung
kommen.[2]) Die Menge der unter den verschiedensten Namen
und der Firma der Magier grassirenden Zauberer der classischen Welt wird bei Pauly IV 1394 folgendermassen
charakterisirt: Habsucht, schmutzige Gemeinheit, Laster
und Betrügereien aller Art waren die Züge, wodurch sich
diese Menschenklasse bemerklich machte, welche alle ver-
abscheuten und doch alle brauchten. Wir suchen in der
jüdischen traditionellen Literatur vergeblich die Züge zu
diesem Bilde. Jedes Volk hält ein anderes für zaubertreibend
und zaubergewaltig, wie überhaupt die Magie fremden Ursprungs sein muss, um zu Ansehen zu gelangen. Die Völker
beschuldigen sich gegenseitig der Zauberei, wie anderer
schwerer Verbrechen. Man muss diese allgemeine Erscheinung vor Augen halten, um nicht jede fremde Behauptung
für vollwerthige Münze zu nehmen. Wird hingegen einem
Volke von seinen Gegnern die magische Kunst abgesprochen,
so ist diesem Zeugnisse sicherlich zu trauen. Von diesem
Gesichtspunkte aus wird man die Behauptung des Tryphon,
der in Justin's bekanntem Dialog den jüdischen Standpunkt

---

[1]) Siehe besonders Juvenal VI 542—4 , woraus auf ihre weite
Verbreitung geschlossen werden kann; Suidas s. v. Ἐζεκίας erwähnt
die Zauberei der Leviten. Andere classische Schriftsteller siehe bei Reinach p. 160, 166, 175 211. 253. 282. 336. Ueber Magie und Judenthum
vgl. auch Hilgenfeld, Ketzergeschichte p. 419 n. 707; bei den Ebionäern
war Magie, Astrologie und Wahrsagerei heimisch p. 434: den Karpokra-
tianern sagt Jrenäus allerlei Magie nach p. 398.

[2]) Die Schäfer werden bei manchen Völkern für magisch gehalten
(PW. I 83⁹₀). Vielleicht ist der Ursprung der Antipathie gegen die »Hirten
des Kleinviehes" (Sanh. 57a; A. Z. 11b und 26a) auf einen solchen
Glauben zurückzuführen, da sie mit גוים zusammen genannt werden.

vertritt, dass keine Dämonen existiren,[1]) zu beurtheilen
haben. Es darf hieraus wenigstens soviel gefolgert werden,
dass die r e i n e r e altjüdische Auffassung oder mit Schürer
zu reden, das o f f i c i e l l e Judenthum dem Dämonenwesen
feindlich gegenüber stand. mithin auch der von ihm unzer-
trennlichen Magie abhold war

4. Die Quellen des jüdischen Zauberwesens.

Aegypter, Assyrer, Babylonier, Meder Perser, Syrer,
Griechen und Römer waren abwechselnd die Herren des
heiligen Landes der Heerstrasse aller grossen Eroberer der
alten Welt. Alle diese Völker, zu denen noch die kanaani-
tischen Urbewohner und Nachbaren hinzugerechnet werden
müssen, haben das kleine Volk Israel nicht nur die Schärfe
ihres Schwertes, sondern auch die Schwerkraft ihrer Cultur
fühlen lassen und so scheint es eine Unmöglichkeit. bestimmen zu wollen, wess Geisteskind der Aberglaube ist,
der sich bei den an den Monotheismus trotz der Zeiten Un-
gunst festhaltenden Juden vor mehr denn zwei Jahrtausen-
den von Neuem eingeschlichen und sich immer mehr ausgebreitet hat. Dies scheint schon aus dem Grunde unmöglich,
weil die genannten Völker auch mit einander in engen Beziehungen standen und sich gegenseitig mehr oder minder
beeinflussten und weil die Juden in jener Epoche, welche
wir behandeln, schon eine tausend Jahre alte Vergangenheit
hinter sich hatten, so dass man nicht wissen kann, wie viel
Reste alten Aberglaubens unter der Asche fortglimmten, bis
sie ein günstiger Wind zu hellen Flammen emporlodern
liess. Man wird also thatsächlich darauf verzichten müssen,
auf die Frage nach der Herkunft eines j e d e n Wahnglaubens bei den Juden eine Antwort zu erhalten; im Allgemeinen wird man jedoch mit ziemlicher Sicherheit annehmen dürfen, dass der Hauptantheil den Chaldaeo-Babyloniern. Aegyptern und Emoritern, wie die Urbewohner in
der Mischna oft genannt werden, zufalle, neben denen die
griechisch-römische Welt, welche in diesem Punkte selbst
unter der Einwirkung des Orients stand. nur in zweiter Reihe

[1]) Dialogus cum Tryphone c. 79 p. 305 : Hilgenfeld p. 159.

in Anschlag gebracht werden kann. In Anbetracht der Geistesrichtung der genannten Völker wird man alle Arten der Wahrsagerei auf die Babylonier die Zauberei hauptsächlich auf die Aegypter zurückführen dürfen, wobei es nichts verschlägt, dass möglicherweise der betreffende Zauber bei den Aegyptern nicht genuin ist, denn es handelt sich hier nur um die Frage, wer ihn den Juden vermittelt habe. Massgebend ist hier die jüdische Tradition selbst, welche entschieden das Morgenland für die Heimat der Wahrsagerei und Aegypten für die Heimat der Zauberei hält.

Merkwürdigerweise macht schon der Midrasch einen ähnlichen Unterschied, indem er die folgende Deutung gibt: „Die Weisheit des Salomo übertraf die Weisheit der Söhne des Morgenlandes." (I. Könige 5 10). Worin bestand die Weisheit der Söhne des Morgenlandes? Sie kannten den Planetenlauf und weissagten aus dem Vogelfluge; und alle Weisheit der Aegypter d. h. er durchschaute die List des Pharao, der durch seine Zauberer feststellen liess, welche Arbeiter in demselben Jahre sterben werden und hierauf diese Salomo zum Bau des Heiligthums sandte.[1]) Salomo durchschaute sofort die List des Pharao und schickte alle Arbeiter mit Leichenkleidern zurück. Astrologie und Wahrsagerei ist die Kunst der Babylonier, Zauberei die der Aegypter.

In einer ebenso kernigen, wie treffenden Charakteristik der Länder und Völker der alten Welt heisst es: „Zehn Mass (Kab) Zauberei kam herunter auf diese Welt, neun nahm sich Aegypten und eins die ganze übrige Welt."[2])

---

1) Pesikta Buber 33 b: Pesikta rabbathi Friedmann 59 b. Vgl. die Noten der Herausgeber und Levy Nh. Wb. II 156 b. In Pes. r. wird bei Aegypten das charakteristische Wort כשפים, sowie auch מלשמי gebraucht.

2) Kidduschin 49 b: עשרה קבין כשפים ירדו לעולם, חשעה נמלה מצרים ואחד כל העולם כולו. In derselben Form wird der Reichthum Rom., die Armuth Babel, die Kraft den Persern, die Unzucht Arabien, die Trunksucht Aethiopien, die Schwatzhaftigkeit den Frauen etc. zugeschrieben. Aboth di R. Nathan ed. Schechter 1. Version c. 28 Anf. heisst es in einer ähnlichen Zusammenstellung: ואין לך כשפים בכשפים

Es wird also behauptet, dass Zauberei bei a l l e n Völkern
angetroffen wird, ihr Vaterland sei jedoch Aegypten, was
von richtiger Kenntniss der Sachlage zeugt.¹) Als Moses
seine Wunderzeichen in Aegypten verrichtete, da sagten ihm
Jochana und Mamra (Jannes und Mambres) die Häupter
der aegyptischen Zauberer, „Stroh bringst du nach Afraim?“
worauf er mit dem Sprichwort antwortet: Nach einer Stadt,
die reich ist an Grünzeug, bringe Grünzeug, da findet man
nämlich Käufer.²) Man sieht also, dass Aegypten zur Zeit
der T r a d i t i o n, wie schon die Namen Jannes und Mambres
zeigen, für so reich an Zauberei galt, wie Afraim an Stroh.

Als Ahron das ihn legitimirende Wunderzeichen gab,
„da sagte Pharao: Das ist die Kraft eures Gottes? von
Aegypten stammt ja das Zauberwesen der ganzen Welt“ und
liess vier fünfjährige Kinder holen, die dasselbe Wunder ver

שֶׁל מִצְרִיב : hingegen in der 2. Version c. 48 (p. 132) mehr unserer Baraitha ähnlich : עשרה חלקים של כשפים בעולם ט' במצרים ואחד בכל העולם
(= Esther rabba c. 1 p. 8a Wilna). An den zuletzt genannten zwei
Stellen wird die Unzucht Alexandria vorgeworfen, während Kidduschin
49b und Ab. d. R. N. 1. Version Arabien, womit vielleicht die Drusen
gemeint sind, von denen der Reisende Benjamin von Tudela berichtet.
dass der Vater die eigene Tochter heirathet. Ueber Alexandria im Allgemeinen vgl. Rappoport Erech Millin p. 98 ff., wo die jüdischen Quellen
angeführt werden und zugleich betont wird. dass die Magie von hier
aus sich verbreitet hat. Die Zauberpapyri bestätigen vollauf diese Ansicht und zeigen zugleich die crasseste Verschmelzung jüdischer ägyptischer und hellenistischer Anschauungen.

¹) Lenormant Magie p. 85: Aegypten und Chaldaea sind die
beiden Urquellen der Magie: Friedländer, Darstellungen aus der Sittengeschichte Roms I 362 (Exorcismus aus Aeg.) und III 517 (Dämonologie); Schürer, Geschichte des jüdischen Volkes ² II 691 (aus Origenes
contra Cels. VIII 58)

²) Menachoth 85a : אמרי ליה יוחנא וממרא למשה, תבן אתה מביא
לעפריים? אמר להו אמרי אינשו למתא ירקא, ירקא שקיל ; vgl. Tanchuma Buber
Ex. p. 27 Ueber עפריים s. N e u b a u e r, La Geographie du Talmud p
155: über die erwähnten zwei Zauberer, welche im Targum Jonathan
Exodus 1. 15 ; 7. 11 ; Numeri 22. 22 יניס וממברס genannt werden, siehe
die christlichen Quellen bei Winer ³ I 534 sub Jambres. Da sie zu Numeri
22, 22 Biléams Schüler genannt werden. dürfte von judenchristlichen
Zauberern die Rede sein.

richteten. Pharao spottete über Moses und Ahron, indem er ihnen sagte: Wisset ihr nicht, alle Zauberer seien in meiner Macht? Sofort liess er Kinder aus der s c h o l a holen und sie vollführten dasselbe, ja er rief seine Frau und sie machte es ebenso."[2]) Diese Aeusserungen sind für die Anschauung, welche die Juden zur Zeit des Midrasch über die Aegypter hegten, umso bezeichnender, weil sie der Phantasie des Agadisten entsprossen sind und zur Ausschmückung des pentateuchischen Berichtes gedient haben. Dass die Talmudlehrer die Aegypter genau gekannt haben, beweist die folgende Charakteristik derselben, welche merkwürdigerweise mit einer von einem gegenwartigen Gelehrten gegebenen fast vollkommen übereinstimmt. Jalkut I 182 gegen Ende heisst es : „Es gibt kein Volk, das so beschmutzt wäre von Sünden, hässlichen und ungebührlichen Dingen und so versunken wäre in Zauberei und Unzucht und verdächtig aller bösen Handlungen, wie die Aegypter. Pietschmann[3]) äussert sich folgendermassen : „Eine Reihe von Erzählungen lassen das Sittlichkeitsgefühl der ägyptischen Frauen wie der Aegypter überhaupt in einer sehr wenig günstigen Beleuchtung erscheinen. Sind auch wohl manche dieser Geschichten kein Spiegelbild ägyptischer Denkweise, so lehren doch auch Originalurkunden in grosser Menge uns die Aegypter als ein Volk von ungeläuterter, glutatmender und dementsprechend allerdings auch meistens völlig ungeschminkter Sinnlichkeit und derb realistischer, ja häufig ekelerregender Natürlichkeit in der Auffassungsweise sexueller Vorgänge kennen, dem . . . selbst Laster der widernatürlichsten Art in abscheulichem Masse vertraute Begriffe gewesen sind. „Ein krasser Realismus war der Grundzug des ägyptischen Nationalcharakters so in der Kunst, wie in der Religion

---

[1]) Tanchuma Stettin 1866 p 186 unten : אמר פרעה בך כחו של
אלהיכם[2] מכאן יוצאין כשפים לכל העולם וכו Tanchuma Buber Exodus
Waera Nr. 12 (p. 17 unten) : כל מצריים מלאה כשפים „Ganz Aegypten
sei voll von Zauberei"

[2]) Exodus rabba c. 9 Nr. 6 (Folio 40 b Wilna). Das Wort s c h o l a
zeigt deutlich, dass dem Agadisten die ägyptischen Schulen der hellenistischen Zeit vorschweben.

[3]) PW. I 992, wo auch die Belege aus der classischen Litteratur
gegeben sind.

und die Zauberei ist die praktischeste aller Künste und
Religionen."

Nach Mechilta zu 14 9 (p. 27 b) strauchelte kein
einziger von den Israeliten auf dem Wege, damit die Aegypter
dieselben nicht vermittelst ihrer Zauberkünste in rückwärtige
Bewegung versetzen. Die Aegypter hielten ihre Zauber-
weisheit im Geheimen und erlaubten nicht, dass Zauberbücher ausgeführt werden, daher schmuggelte Ben-Stada
solche auf seinem Leibe eingeritzt über die Grenze.[1]) Als
Hauptsitz der Zauberei galt im 3. Jahrhundert Alexandria:
Zeiri kaufte daselbst einen Esel, der sich aber beim Tränken
in ein Brückenbrett verwandelte, worauf ihm das Geld zu-
rückgegeben wurde. mit der Bemerkung: Wer kauft hier,
(d. h. in dieser Stadt voll Zauberei) etwas, ohne es früher
beim Wasser geprüft zu haben?[2]) Die Thatsache. dass Aegypten
die Urheimath der Zauberei sei, wiederspiegelt auch die in
der Mischna Sanhedrin X 1 verbotene Besprechung der
Wunde mit dem Schriftworte: „Keine Krankheit, die ich
auf Aegypten gelegt, werde ich auf dich legen, denn ich
der Ewige, bin dein Heiler" (Exodus 15, 26). Die Krankheit ist durch Zauberei verursacht. welche vermittelst eines
Spruches, in welchem Aegypten die Urquelle jedes Zaubers,
und das Tetragramm als Gegensätze erscheinen, gebrochen

---

[1]) Tosifta Sabbath XI 15 p. 126₃: המסריט על בשרי ר' אליעזר
מחייב יהכמים פוטרין אמר להן ר' אליעזר והלא בן סטדא לא למד־ אלא בכך ?
Deutlicher ist die Baraitha אמרו לו מפני שוטה אחד נאבד את כל הפקחין
j. Sabbath 13 d 26 : והלא בן סטרא לא חבוא כשפים מסצרום אלא בכך ?
b. Sabb. 104 b : והלא בן סטרא הוציא כשפים מטצרים בסריטא שעל נבי בשרו ?
Wie bekannt, soll Ben-Stada mit dem Stifter des Christenthums identisch
sein. Eliezer ist von den Römern des Christenthums angeklagt worden
(Tos. Chullin II 24 p. 503 19 = b. Aboda Zara 16b), es wäre also verständlich, dass er sich in einer halachischen Frage auf Ben Stada beruft. unbegreiflich wäre aber die milde Zurückweisung Seitens der
Chachamim. Josef flüchtete mit seinem Kinde Jesus vor Herodes nach
Aegypten von wo er auf Gottes Geheiss nach Herodes Tode in's heilige
Land zurückkehrte (Matthäus c. 2). Wenn also in der citirten Mischna
Jesus gemeint ist, darf man in ihr eine Anspielung auf diese Legende
erblicken. Wir werden noch andere Talmudstellen kennen lernen welche
von Jesus' Aufenthalt in Aegypten erzählen.

[2]) Sanhedrin 67 b: מי איכא דזבן מודי הכא ולא כדיק ליה אמיא ?
Wasser bricht Zauber. wie wir noch sehen werden.

wird Wie wir noch sehen werden, ist in solchen Beschwörungen der vierbuchstabige Gottesname in seiner ursprünglichen Aussprache gebraucht worden, es ist also psychologisch verständlich, dass in der Mischna unmittelbar nach
diesem Verbote Abba Saul's Ausspruch erwähnt wird, nach
welchem auch derjenige seinen Antheil an der zukünftigen
Welt verliert, der den Gottesnamen nach seinen Buchstaben
ausspricht.[1]) Das in der Mischna Pesachim III 1 erwähnte
ägyptische Getränk יתום המצרי (nach Kohut. Aruch III 326
= ζύθος == zithum). welches Pesachim 42 b als aus drei
Gersten-, drei Salz- und drei Safrankörnern zusammen-
gebraut erklärt wird ist trotz Berachoth 38 a und Sabb.
156 a, wie schon diese Zusammensetzung zeigt, ursprünglich ein zauberkräftiges Heilmittel.[2]) In dem zauberischen
Heilmittel, welches Kräuter-Becher (כים עקרין Mischna Sabb.
109 b) genannt wurde war nach dem babylonischen Talmud die erste Substanz „Harz eines alexandrinischen
Baumes" (ib. 110a unt.) Das echt magische Gebräu welches
Aboda Zara 38 b erwähnt wird, stammt nach Aussage Jocha-
nans und Rabba bar bar Chana's aus Aegypten Beide geben
sogar das Datum an, wann es aus Aeg. gebracht worden
ist. Wir erinnern nur noch daran, dass auch der Gnostiker
Markos ein Aegypter und Magiker war.[3])

Schon bei Homer gilt Aegypten für die Heimath magischer Gewächse (Pauly IV 1382), wie denn die ägyptische
Heilkunde wüste Zauberei war (Pauly IV 1388). Die Aegypter waren das classische Zaubervolk der Griechen und
Römer; auch die philosophische Magie des Pythagoras war
aegyptisch. In späthellenistischer Zeit ist der aegyptische
Einfluss noch gewachsen (PW. I 83 53).

„Man scheint auch die griechischen magischen Bücher
βίβλοι Αἰγύπτιαι (weil sie daher kamen) und das Hersagen

---

[1]) אבא שאול אומר אף ההוגה את השם באותיותיו.

[2]) Vgl. Aruch l. c. und sub. קרטמי, wo statt תלתא citirt wird
תולתא und תילתא (so auch Sabb. 110a), was am Wesen der Sache nichts
ändert. Mussafia weist auch darauf hin, dass קלטמי in der römischen
Medicin als Arznei verwendet wurde. Ein ähnliches Mittel gegen Fieber
bei PW I 66_{61}; 76_{27}.

[3]) Hilgenfeld l. c. 369 ff.

der unverständlichen Zauberworte αἰγυπτιάζειν genannt zu
haben (Dietrich Abraxas 155 n. 1.) Trotz der Sucht aller
Volker, ihr Zauberwesen auf- Ausländische zurückzuführen,
wird man bei genauer Erwägung der Thatsachen annehmen
müssen. dass die Aussagen der jüdischen Tradition nicht
dieser Sucht, sondern der lebendigen Kenntniss des ge-
schichtlichen Vorlautes entsprossen sind.

Wenn man nun fragt, auf welchem Wege die aegyptische Magie nach dem heiligen Lande gekommen ist, wird
man um eine Antwort nicht verlegen sein. Die Beziehungen
zwischen Aegypten und Palästina waren seit uralter Zeit
so mannigfache, dass es ein Wunder wäre, wenn agyptische
Anschauungen ihren Weg zu den Juden nicht gefunden
hatten, besonders in den Jahrhunderten des Hellenismus,
wo unter den sieben Millionen Einwohnern Aegyptens eine
Million Juden waren und wo eine besondere alexandrinisch-
jüdische Literatur entstand. Wie rege der Verkehr zwischen
den zwei Ländern war, beweist auch die Thatsache, dass
in Jerusalem eine besondere alexandrinische Synagoge
existirte (Tos. Meg. III 6 p. 224 26) und dass von Alexandria
in der traditionellen Litteratur sehr oft gesprochen wird.[1]
Es gab aus Alexandria stammende Talmudautoritäten[2], ja
sogar koptische Proselyten, die es bis zum Talmudgelehrten
gebracht haben.[3] Wir sehen also, dass die ägyptische
Zauberkunst auch andere Mittel als den Leib des Ben
Stada fand, um nach dem heiligen Lande zu gelangen,

---

[1] Ueber die Juden in Aegypten vgl. ausser den Geschichtswerken
von Gratz und Schürer auch Friedländer S. G. Roms 6. Aufl. III 916
Neubauer, Geographie p. 406 ff.; Rappaport Erech Millin p 98 ff. In
dem Ortsnamen-Verzeichniss von Zuckerm. zu seiner Toseftausgabe ist
sub Alexandria 650₉ hinzuzufügen. — Das drei Mal wiederholte biblische
Verbot der Rückkehr nach Aeg. beweist, dass die Einwanderung in
dieses Land eine uralte ist und schon Jahrhunderte vor Alexander d.
Gr. begonnen hat: Al. hat dort sicherlich schon eine zahlreiche jüdische
Bevölkerung vorgefunden. Die Juden haben sich in Aeg. lange vor den
Hellenen niedergelassen.

[2] Z. B. ראלכסנדריא זכאי 'ד j. Az. 42 a.

[3] Tosifta Kidduschin V 4 (312 6, 12): מנימין גר המצרי וכל מתלמידי
עקיבא 'רי (= Sota 9 a; Jebamoth 76 b).

von wo sie dann ihren Weg zu den Juden der östlichen
Länder nahm.

Wir meinen demnach, dass die Zauberei im engeren
Sinne, welche im Talmud und Midrasch mit בשפים bezeichnet wird, ihre Heimat in Aegypten hat. Natürlich bezieht
sich dies nur auf den Grundstock, denn gewisse Elemente
gehen ohne Zweifel auf Chaldäa zurück. Wenn die Tradition
nicht so bestimmt auf Aegypten hinwiese, wäre man versucht, Alles den Chaldäern auf's Kerbholz zu schreiben, da
schon die Akkader alle Arten des Zauberwesens gekannt
haben, wie aus Lenormant's „Die Magie der Chaldäer" zu
ersehen ist. Manche Bibelstelle wird durch die einschlägigen
Keilschrifttexte in ein helleres Licht gerückt, worauf L.
nicht verfehlt aufmerksam zu machen.[1]) Es sei mir auch
gestattet, hier Einiges, was mir beim Lesen des genannten
Werkes eingefallen, einzuschalten.

Die Heiligkeit der Siebenzahl beruht auf der Ent-
deckung der sieben Planeten von den Babyloniern[2]), daher
diese Zahl, wie bekannt, auch in der heiligen Schrift uber-
aus häufig als runde Zahl gebraucht wird. Ebenso ist auch
70 runde Zahl. Nun scheint mir auch die Addition dieser
beiden Zahlen, nämlich 77, heilige Zahl zu sein. In einem
uralten magischen Papyrus (bei Lenormant p. 99) heisst
es: „Der Speer der siebenundsiebenzig Götter gehör in
dein Auge"; in einem andern Spruche desselben Papyrus
(ib. p. 104) heisst es: „Du, dessen Namen ich kenne, der Du

[1]) Siehe z. B. p. 34 zu Jesaia 34, 13. 14. über den Aufenthalt der
Dämonen in der Wüste; p. 432 zu Hosea 4, 12 Zauberstab. ob aber
Jech. 8, 7 וזמי hierher zu ziehen ist, scheint mir fraglich; p. 437 zu
II Kön. 13, 14—19 Pfeilorakel; p. 451 zu Koheleth 10. 20 Wahrsagerei
aus dem Vogelflug und Ezechiel 21, 26 aus den Eingeweiden; p. 464
zu Gen. 44, 5 Lekanomantie; p. 475 zu Gen. 24, 14 : I. Sam. 14, 9: II.
Könige 20, 33 prophetische Bedeutung zufällig ausgesprochener oder
vernommener Worte (jedoch das Bath-Kol des Talmuds und des
Midrasch, welches nach Lenorm. ebenfalls in diesen Ideenkreis gehören
soll, entbehrt des wichtigsten Kriteriums, der Zufälligkeit); p. 476 zu
Job 37, 7 Chiromantie; p. 500 zu Jesaia 47, 13; Job 3, 6 günstige und
ungünstige Zeitpunkte.

[2]) Meyer. Geschichte des Alterthums I 179; zahlreiche Belege
bei Lenormant.

77 Augen und 77 Ohren besitzest". In der Bibel kommt
77 vor Genesis 4, 24, Richter 8, 14, von denen besonders
„und Lamech siebenundsiebenzigfach" an die Heiligkeit dieser
Zahl erinnert. Das Epitheton des Anu „der Alte der Götter"
(113), ferner „der Uralte" (115) erinnern an den „Alten der
Tage" des Daniel 7, 9. 13. 22.

Die Babylonier weissagten sogar aus dem Verhalten
der Ratten, desgleichen aus der Beobachtung von Schlangen,
Löwen etc.[1]) „Endlich wurden nach Angabe des mitgetheilten Inhaltsverzeichnisses des auguralwissenschaftlichen
Werkes der Bibliothek zu Ninive, auch die „Fische der
Teiche" zu den Thieren gerechnet, deren sich die chaldäische
Mantik bediente. Offenbar dürften aber heilige Fische dar-
unter zu verstehen sein, die man speciell zum Behufe der
Wahrsagerei züchtete." Die jüdische Tradition verbietet
ebenfalls das Wahrsagen aus Wieseln und Geflügel, was mit
לא תנחשו Leviticus 19, 26 gemeint ist. Als drittes Wahr-
sagemittel sind an einer Stelle „Sterne", an einer anderen
„Fische" genannt.[2]) Nach dem Verzeichniss des uralten auguralwissenschaftlichen Werkes dürfte es kaum zweifelhaft
sein, dass die ursprüngliche Interpretation von Fischen
redete, was die Talmudisten ebenso auffallend fanden als
Lenormant, sie setzten daher an ihre Stelle „Sterne", wie
letzterer die „heiligen" Fische. Wie verbreitet das Weis-
sagen aus den Ratten (Wiesel) noch zur Zeit der babylonischer Amoräer gewesen sein muss, ersieht man aus der
witzigen Frage des Talmuds: „Ist denn die Wiesel eine

---

[1]) Magie p. 473 nach Jamblichus.

[2]) Sifra z. Stelle p. 90b Weiss: לא תנחשו כגון אלו שהם מנחשים
בדעים: וכבוכבים. b. Sanh. 66a ob. steht statt בחולדה בעופות ובכוכבים.
Zu חולדה und עופות passen דגים besser als כוכבים. Die Leseart »Fische«
im Talmud ist nach der keilschriftlichen Parallele auf alle Fälle gegen
eine Emendation geschützt, wenn auch die Lesart des Sifra für berechtigt anerkannt werden sollte. Sifre II 171 heisst es: ומנחש איזהו
מנחש כגון האומר נפלה פתו מפיו נפלה מקלו מידי נחש שימיני ושועל משמאלי
ופסק זנבו את הדרך לפני; והאומר אל תתחיל בו שחרי ראש חודש הוא שחרי
היא, ערב שבת ומוצאי שבת היא wo der Neumond etc. den כוכבים des Sifra
zu entsprechen scheint.

Prophetin?"[1]) In der Baraitha, wo die Schüler Hillels
in überschwenglichem Lobe für der Prophetie gleich
Moses würdig erklärt werden, heisst es von Jochanan ben
Zakkai, er sei neben allen Disciplinen der schriftlichen und
mündlichen Lehre auch vertraut gewesen „mit den Tekufoth,
Gematrioth, dem Flüstern der Engel, der Dämonen und der
Palmen, mit Wäscher- und Fuchsfabeln, grossen und kleinen
Lehren."[2]) Ohne Frage ist hier die ganze Kunst der Chaldäer in jüdisch-monotheistischer Färbung genannt, denn
Tekufoth ist gleichbedeutend mit Zeitrechnung, welche, wie
bekannt, von den Chaldäern stammt und mit der Astrologie
in enger Verbindung steht; Gematrioth wird hier nicht,
wie man nach Raschi annimmt, Buchstabenvertauschung
bedeuten, was in den Zusammenhang nicht passt und auch
keine so hervorragende, an dieser Stelle eine besondere
Hervorhebung verdienende Kunst gewesen sein dürfte, sondern G e o m e t r i e in dem Sinne, wie sie in der Astrologie zur Anwendung kam.[3]) Die Engel und Dämonen sind
die guten und bösen Geister der Chaldäer, die den ganzen
Luftraum erfüllen und sich gegenseitig bekämpfen[4]) und
deren Sprache verstehen soviel heisst, wie das Zukünftige,
das sie verrathen, voraussehen.[5] Merkwürdig aber ist die

---

[1]) Pesachim 9 b וכי הולדח נביאה היא. Es wird die Frage discutirt,
ob die Wiesel das verschleppte Chamez am Rüsttage des Pesach auf-
bewahren wird. Abaji meint, die Wiesel sehe am 14. Nisan, es sei nicht
überall Brod zu finden, wie am 13. und sie werde deshalb davon ver-
stecken. Hierauf fragt Raba: Ist die Wiesel eine Prophetin, dass sie
schon im Voraus weiss, man werde heute nicht mehr backen? Man hat
in diesem Ausdruck auch eine Anspielung auf die Prophetin Chulda
gefunden. Vgl. über die Sprache der Vögel (לישנא דצפרי) Gittin 45 a
und Aruch מל 8.

[2]) Sukka 28 a und B. Bathra 134 a: אמרו עליו על ר' יוחנן בן זכאי
שלא הניח מקרא ומשנה ובו' תקופות וגימטריאות שיחח מלאכי חשרת ושיחת
שדים ושיחת דקלים משלות כובסין ומשלית שועלים רכר נדול ודבר קטן. Vgl.
Soferim XVI 9 und Müller p. 219 (rationalistisch). Die Sprache der
Dämonen verstehen, heisst nach R. S. B. M. sie beschwören können und
ein Amulet verfertigen.

[3]) Vgl. Pauly W. II 1083.

[4]) Lenormant 158 ff.

[5]) Vgl. Berachoth 18 b, wo das Gespräch der Todten belauscht
wird; so wird auch Baba Mezia 107 b zu verstehen sein, wo Rab von
den Verstorbenen ihre Todesursache erfährt.

Erwahnung der Sprache der Baume, womit im babylonischen Epos ebenfalls die Allwissenheit charakterisirt wird. „Im Heldengedichte tritt I z d h u b a r beständig in Begleitung eines Sehers Ea-bni auf, der mit allen Dingen vertraut, sogar die Sprache der Bäume versteht."[1]) Was nun die Sprache der Baume was Raschi gesteht nicht erklaren zu konnen, betrifft, wird nicht an die griechischen Orakel mit ihren geheimnissvoll rauschenden Bäumen zu denken sein, wie auch die Septuaginta Lev. 19, 26 תעוננו לא mit κληδονίζεσθαι „aus Lauten und Gerauschen wahrsagen" ubersetzt; denn שיהה bedeutet eher ein leises Flüstern als ein Rauschen. Das Richtige scheint Nathan ben Jechiel in seinem Aruch (סם I) erhalten zu haben, wo aus den Responsen der Geonen, die als Babylonier noch einen Theil der altbabylonischen Magie kennen mochten, folgende Erklärung angeführt wird: An einem windstillen Tage breitet man auf einem bestimmten Orte zwischen zwei Palmbäumen ein Leintuch aus, das sich nicht bewegt. Man stellt sich dann zwischen zwei Baumen, die einander nahe sind, und beobachtet, wie sich ihre Zweige gegen einander bewegen. Abraham Gaon im ersten Viertel des 9. Jahrhunderts soll diese Sprache noch verstanden haben.[2]) — Der Patriarch Juda I. und der babylonische Amora Raba haben ihren Kindern unter Anderem auch verboten, sich auf das Bett einer Heidin zu setzen,[3]) was der Talmud in verschiedener Weise auslegt und motivirt. Aus dem Zusammenhange ist jedoch klar, dass hier von Zauberei die Rede ist, woran man nicht zweifeln kann,

---

[1]) Lenormant 494 mit Verweisung auf G. Smith, Chaldean account of Genesis S. 246, deutsch von Fr. Delitzsch S. 209.

[2]) Die Baume spielen in der jüdischen Mystik eine nicht unbedeutende Rolle, wird ja die Gnosis „Pardes" genannt. Als Eleazar ben Arach das Mysterium des göttlichen Thronwagens des Ezechiel zu deuten begann, stieg Jochanan ben Zakkai von seinem Esel herunter und setzte sich unter einen Olivenbaum (Chagiga 14 b oben). Joch. b. Z. hat die Baume auch sonst beobachtet, die Zeugen eines Mordes fragte er nach den Stengeln der Feige (Mischna Sanh. V 1 ובדק מעשה בן זכאי בעוקצי התאנים).

[3]) Berachoth 8 b und Pesachim 112 b. Vielleicht ist auch das »todte Kind« als Zaubermittel zu verstehen.

wenn man die folgende Stelle in einem akkadischen Zauberspruch liest:

„Stelle das Bild des Gottes, der im Glanze der
Tapferkeit strahlt etc. und das Bild des Gottes Narudi,
des Gebieters der mächtigen Götter, auf den Boden, unter
das Bett".[1]) — Auch eine pythagoräische Vorschrift lautete:
Setze dich nicht auf den Scheffel (PW I 9] ob.)

Dass hellenistischer Aberglaube in altjüdische Kreise
dringen konnte, bedarf Angesichts der Thatsache, dass es
in Palästina eine bedeutende Anzahl hellenistischer Städte
gab, in denen die Bevölkerung oft eine gemischte war, dass
ferner manche zauberkräftige Heilmittel griechische Namen
führen, dass der Verkehr zwischen nationalen und hellenistischen Juden ein überaus reger war. keines besonderen
Beweises. Die aus allen Ländern und Völkern sich rekruti-
renden Söldner der römischen Legionen sowie die zahlreichen Sklaven, welch letztere nicht selten freigelassen und
bekehrt wurden, haben ohne Frage ebenfalls beige-
tragen, dass es im heiligen Lande an gar keiner Art von
Magie fehle. Von den Matronen, wie die römischen vorneh-
men Frauen von den palästinischen Juden genannt wurden,
war schon oben die Rede. Ferner gelten im Talmud auch
die Araber als Zauberer, was nicht nur aus Sanhedrin 67 b
folgt, wo ein arabischer Schwarzkünstler sein Kameel in
Stücke zerhaut und dann wieder lebendig macht, sondern
vorzüglich aus Sanhedrin 91 a. Hier wird nämlich gesagt,
Abraham habe den Söhnen seiner Kebsweiber den „unreinen
Namen" übergeben, womit die zauberkräftigen Götternamen
gemeint sind".) All diese Umstände lassen es berechtigt er-

---

[1]) Lenormant 49.

[2]) Die Araber waren vorzüglich bewandert in der Wahrsagerei
aus dem Vogelfluge. wie aus Pesikta 33 b (= Tanchuma Stettin 560 a)
וערומים בטייר (arabisch = Vogel) und aus anderen Stellen (Levy II
156 b) hervorgeht. Man sieht auch hieraus, dass die Araber die Erben
der altbabylonischen Magie waren. Unter den Nabatäern, welche beide
Talmude mehrmals erwähnen, lebten auch Juden, von denen manche
nach Palästina kamen (Sabbath 121 b ob.). Ein zaubernder Araber wird
l. c. 110 b unt. genannt. Siehe auch Pes. 110 b und Joel, Aberglaube
69 über den babyl. Einfluss auf die babyl. Amoräer.

scheinen. wenn die Quelle mancher Erscheinungen der Zauberei in Palästina auch ausserhalb der ägyptischen und babylonischen Magie gesucht wird.

III.
Ziele und Wirkungen der Zauberei.
1. Bösartige Zauberei.

Man kann im Allgemeinen zwei Arten der Zauberei unterscheiden, eine böse und eine gute, je nach dem Zwecke, der dem Zauberer vorschwebt. Die altjüdische Zauberei kennt hauptsächlich die erstere, während die letztere — von wenigen Ausnahmen abgesehen — lediglich als Abwehr bekannt ist. Wir mussen also in erster Reihe die Bosheitszauberei betrachten. Die Ziele, welche diese zu erreichen wunschte, waren die mannigfachsten, wenn auch nicht so zahlreich, wie diejenigen, welche der christliche Volksglaube des Mittelalters den Hexen zuschrieb. Pfleiderer[1]) charakterisirt diesen mit den folgenden Worten:

„Der Soldat wird stich- und kugelfest, das Mädchen bekommt unwiderstehlichen Liebesreiz, der Habsuchtige weiss Schätze zu graben, der neidische Feind, die boshafte Nachbarin weiss des Nachbars Haus anzuzunden, auf des Nachbars Acker den Hagelschlag herabzubeschwören, den Kühen der Nachbarin die Milch zu entziehen, das eheliche Glück des feindlichen Hauses empfindlich zu stören, das gedeihende Kind hinsiechen zu machen, ja selbst plötzlichen Tod durch geheimnissvolle Zauberwirkung aus der Ferne zu veranlassen. Bald gewöhnte man sich jedes ausserordentliche und schädliche Ereigniss, das einen einzelnen oder eine Gemeinschaft traf, auf Hexerei zurückzuführen; ja selbst das Aussergewöhnliche an sich schon, auch wo es Niemanden schadete, wie körperliche und geistige Eigenthumlichkeiten, hervorragende Kunstfertigkeit, auch schon ein ungewöhnliches Betragen genügte, um einen Menschen in den Verdacht der Hexerei zu bringen. Junge Mädchen, die sich durch Schönheit, und alte Frauen, die sich durch Hässlichkeit bemerk-

---

[1]) Theorie des Aberglaubens 20 f.

lich machten, Studenten, die sich durch reiches Wissen, und
Spielleute, die sich durch geschicktes Spiel hervorthaten,
der fleissige Handwerker, der seine Sache vorwärts brachte,
und der arme Schlucker, der als hergelaufener Fremdling
verdächtig und unheimlich schien — sie alle konnten dem
Verdacht und der Anklage auf Hexerei verfallen. Wie aber
Kirche und Staat gegen solche Unglückliche wüthete, wie
man das Geständniss durch eine aller Menschlichkeit und
allem Rechtsbewustsein Hohn sprechende peinliche Inqui-
sition zu erzwingen und dann den vermeintlich Schuldigen
dem Scheiterhaufen zu überliefern pflegte, wenn er nicht
schon unter den Folterqualen den Geist aufgegeben hatte —
davon will ich lieber schweigen. Drei volle Jahrhunderte
dauerte diese schwerste Verirrung des Menschengeschlech-
tes; erst die milderen Sitten und klareren Begriffe des 18.
Jahrhunderts machten ihr ein Ende."

Die Triebfedern des Zaubers sind Hass und Liebe,
seine Wirkungen Tod und Ehebruch. Während der Dauer
des zweiten Tempels fungirten deshalb 80 Hohepriester,
weil die Nachfolger die Vorgänger durch Zauberkünste getödtet haben[1]). Der Aegypter Exodus 2 11 hat nach der
Ausmalung der Agada den Tod vielfach verdient, was Moses wusste; nach Einwilligung der Engel erschlug er ihn
durch Nennung des Gottesnamens.[2]) Unter den Wunderthaten, welche Simon ben Jochai (um 150) verrichtete, nachdem er nach 13 jährigem Aufenthalte seine Höhle verlassen
hatte, befindet sich auch die, dass er „die Augen gegen jemand
authob und ihn anblickte, worauf derselbe sich in einen
Knochenhaufen verwandelte."[3]) Dieselbe Strafe executirte
auch Jochanan (gest. 279) gegen einen Ketzer.[4]) Er soll auch

---

[1]) j. Joma 38 c 46; Pesikta Buber 177 a: וי״א שהיו הורגין זה את זה
זה בכשפים שמשו שמנים כהנים.

[2]) Exodus rabba c. 1. Nr. 29 (13 b) and Tanchuma שמות (p. 167
Stettin) ר׳ נחמיה (blühte um 150) schon zuvor: הזכיר עליו את השם והרגו
אומר ראה שאין מי שיזכיר עליו את השם ויהרגנו. Vgl. Aboth d. R.
Nathan 1. Vers c. 20 Schechter p. 72.

[3]) Pesikta 90 b: תלה עיניו ביח ונעשה גל של עצמות (Parallelstellen
bei Buber). S. ob. S. 34.

[4]) Ib. p. 137 a dieselben Worte.

seinen Schwestermann Simon ben Lakisch, sowie auch Kahana durch seinen Blick getödtet haben.[1]) Jochanan hatte
lange Augenbrauen, die man mit einer silbernen Schmin-
kezange aufheben musste„ damit er sehen könne[2]), den Blick
solcher Menschen hielt man, wie schon oben bemerkt worden, für zauberkräftig. Als Jochanan die Augenbrauen auf-
hob, um den Knaben des durch ihn getödteten Schwagers
anzublicken, kam die Mutter des Kindes, die Schwester Jo-
chanans, und sagte: „komm hinweg von ihm, damit er dir
nicht thue, was er deinem Vater gethan hat"[3]). Man sieht
also, dass die Quelle dieser Sagen in dem Aberglauben zu
suchen ist, dass zusammengewachsene Augenbrauen bösen
Blick geben, dem man auch bei Griechen und Römern begegnet[4]). „Ein römischer Machthaber urtheilte eines Tages
über Zauberer, Ehebrecher und Mörder und sagte zu seinem
Rath, alle diese Verbrechen habe ich in einer Nacht be-
gangen"[5]) Wie Menschen, konnte der Zauberer auch Vieh
todten, was selbstverständlich scheint, jedoch nur ein Mal
— und zwar nicht sicher — bezeugt ist[6]). Hier darf auch
an das Gesetz erinnert werden, dass derjenige, der Vater
oder Mutter mit dem Gottesnamen flucht, der Todesstrafe
verfällt[7]). Dass der Bösewicht hierbei den Gottesnamen gebraucht, beweist, dass er den Fluch wirksamer machen will,

---

[1]) Baba Mezia 84 a unten (Simon b. L.); Baba Kamma 11a unt.
(Kahana), den er durch Gebet wieder in s Leben rief.
[2]) B. K. l. c.
[3]) Taanith 9 a.
[4]) Pauly-Wissowa Real Encyclopädie des Alterthums. I. 37 27. Die
Hexen haben zusammengewachseno Augenbrauen; oder sie können einem
nicht in s Gesicht sehen (Wuttke p. 115).
[5]) Schocher Tob zu Psalm 80, ed. Buber p. 364. Man sieht, dass
zwischen Zauberei, Ehebruch und Mordthat ein enger Zusammenhang
existirt, denn der Römer verübte sie in einer Nacht. Die Nacht ist die
Zeit des Zauberns. Ueber das wechselnde Verhalten der römischen Ge-
setzgebung zur Magie siehe Pauly IV 1418 ff.
[6]) Tosifta Makkoth V 6 (444 11): המית את האדם ואת הבהמה ואת
החיה ואת העופות וכו' עובר בלא תעשה שא:י וחובר חבר (Deut. 18, 11)
Andere L. A. החובר; vielleicht ist המית unter dem Einfluss der vorauf-
gehenden Halacha. welche mit המיר beginnt entstanden.
[7]) Mischna Sanh. 66a: Sifra 91 d.

was auf die uns beschäftigenden Vorstellungen hindeutet.
Wenn jemand mit einem Zaubernamen fluchte, wurde er von
den Eiferern für das Gesetz angefallen[1]), sicherlich auch aus
dem Grunde, weil ein solcher Fluch für gefährlich gehalten
wurde.

Das Zaubern, um verbotene Liebe zu gewinnen, war
sicherlich noch mehr verbreitet, als die soeben beschriebene.
Liebe und Zauberei sind Schwestern, die einander nicht
verlassen. Die Belege hiefür haben wir schon oben II 3
gegeben. Man bediente sich im Liebeszauber der Mandragora,
welche allgemein als erotische Pflanze galt. Es wurden
über dieselbe Bibelverse recitirt, was aber vom Talmud
verboten wird[2]). Schon der Umstand, dass nach Aussagen
der Tradition vorzüglich das weibliche Geschlecht der Zauberei
ergeben war, beweist, dass in erster Reihe Liebeszauber,
natürlich verbotener, geübt worden. Es wird auch anzunehmen
sein, dass dieses Geschäft, wie bei anderen Völkern, auch
bei den Juden von unzüchtigen Frauen betrieben wurde.

---

[1]) Mischna Sanh. 81 b: הגונב את הקסוה והמקלל בקוסם ‹נבקסם›
‹‹והבועל ארמית קנאין פוגעין בו‹. Der b. Talmud erklärt: 1. את קוסם יכה,
קוסמו, was blos eine Nachbildung von יכה יוסה את ייסה (Mischna ib.
56a) ist: 2. יכהו לו ולקוני ולמקנו, was auf die nachstehende pal. Erklärung
zurückgehen dürfte. Jeruschalmi Sanh. 27 b: כנון אילין נסתאי דמקללין
לקנייך קייך קנוך, was unverständlich ist. Die Nabatäer waren die Erben
der babylonischen Zauberei und die drei dunklen Worte dürften nichts
Anderes sein als die anagrammatische Variation eines einzigen Wortes.
Fest steht jedenfalls die Thatsache des Zauberfluches. Das Geräth קסוה
nach Jer. קיסטא = ξέστης (vgl. Levy Nh. Wb. IV 345 a), wird sicherlich
deshalb gestohlen worden sein, weil mancher Zauber mit gestohlenen
Gefässen wirksamer ist. So ist die Stelle zu verstehen und nicht כלי
שרת, wie Babli erklärt. Allenfalls ist auch bei קסוה von Zauber die
Rede, da ja ein Geräth des Heiligthums zu diesem Zwecke als vorzüglich geeignet betrachtet werden konnte. Haman sagt (Horowitz, Sammlung kleiner Midr. p. 69) im Tempel wird gezaubert; die Zubereitung
der Asche aus der rothen Kuh ist von einem Heiden ebenfalls für
Zauberei angesehen worden (oben).

[2]) Sabbath 8 b 19 והדין דקרי על יברוחא אסור, siehe über יברוחא
(= דודאים Genesis 30, 14—16; H. L. 7, 14) Löw, Aramäische Pflanzennamen 188. Levy II 218 a meint, die Bibelverse wären als Schutzmittel gelesen worden; wahrscheinlicher jedoch, um die Kräuter beim Liebeszauber
wirkungsvoller zu machen. Siehe noch über die Mandragora Friedländer,
Sittengeschichte 6 I 576.

Das Nestelknüpfen, um die Geburt zu verhindern, war auch bekannt[1]). Plinius erwähnt (n. h. XXVIII 6) den Aberglauben, die Geburt könne verhindert werden durch Verschlingen der Finger oder wenn man die Kniee mit der Hand umfasst oder die Füsse übereinander schlägt.

Zaubermittel wurden ferner angewendet, um die Zukunft zu erfahren. Es gab „Knochen-Beschwörer", welche die Todten zu befragen vermochten, wie die Hexe von En-Dor I. Samuel c. 28, die den Exegeten schon soviel zu schaffen gegeben. Die Talmudlehrer glaubten an die Kunst der Nekromantie, wenngleich sie dieselbe für Teufelswerk erklärten[2]). Wie es scheint, hat man nicht so sehr die Sache selbst, als vielmehr die angewendeten Mittel der Magier[3]) für unerlaubt gehalten, denn auch Rab befragte die Todten, und zwar vermittelst irgendwelcher Handlung[4]). Das Gespräch der abgeschiedenen Seelen zu belauschen, war überhaupt nicht verboten, da sich dies ein „Frommer" erlauben durfte[5]). Im Friedhofe zu übernachten, um des „unreinen Geistes" theilhaftig zu werden, war Sache des Wahnsinnigen — so ist שוטה an diesen Stellen zu verstehen — aber nicht verboten[6]). Um den „Geist der Unreinheit" auf sich herunter zu beschwören, hungerte man sich aus[7]). Die Teraphim (תרפים) befragten die Heiden in folgender Weise: Ein Erstgeborener wurde geschlachtet und mit Salz und Gewürz bestreut. Hierauf schrieb man auf eine goldene Platte den „Namen der Unreinheit"[8]) und legte diese Platte mit Zauber

---

[1]) Sota 22a nach Raschi.

[2]) Berachoth 59a 12; Sabb. 152b u. (der Verstorbene kann blos in den ersten 12 Monaten heraufbeschworen werden); vgl. Kohut Aruch I, 3 sub אבא שמיא. Titus wird von seinem Neffen heraufbeschworen (Gittin 56b unt.).

[3]) Baba Bathra 58a: חהוא אמגושא דהוה חטיט שכבי יכו׳.

[4]) Baba Mezia 107b.

[5]) Berachoth 18b.

[6]) j. Terumoth I 40b 32: סימני שוטה היוצא בלילה וחלן בבית הקברות והמקרע את כסותי והמאבד מה שנותנין לו : Chagiga 3b manche Abweichungen. Die Discussion. welche sich an beiden Stellen an diese Baraitha anschliesst. ist auch interessant.

[7]) Sanhedrin 65b unt.

[8]) Götzenname.

unter die Zunge des Todten. Dann legte man den Todten in die
Wand, zündete vor ihm Lampen an und beugte sich vor
ihm und sprach mit ihm vermittelst Flüsterung, d. h. Beschwörung[1]). Es wird auch ein Zaubermittel angegeben, um
die Geister zu sehen.[2])

Durch Bezauberung konnten manche Krankheiten ver-
ursacht werden. Dieser Gefahr war man besonders an un-
reinen Orten ausgesetzt; da kam die Zauberei über den Menschen
von weitester Ferne[3]). Eine Unterleibskrankheit hatte dreierlei
Formen, von denen eine als durch Zauber verursachte galt[4]).
Andere mit Nothdurft und Zauberei zusammenhängende
Krankheiten übergehen wir. Die Wirkungen des bösartigen
Zaubers sind in diesen Beispielen nicht erschöpft, wie man
aus von uns anderweitig angeführten und noch anzuführenden
Belegen sehen kann. Die Haupterscheinungen sind jedoch
Menschentödtung, verbrecherische Liebe, Erzeugung von
Krankheiten und Heraufbeschwörung der Todten zu Wahr-
sagezwecken.

2. Gutartige Zauberei.

Dass die Magie, welche schriftliches und mündliches Gesetz
mit Todesstrafe belegt, im Judenthum so üppig fortwuchern und
aus allen Seiten eindringen konnte, verdankt sie nebst der
Macht des allgemeinen Wahnes und anderer Einflüsse dem
Hinterpförtchen, welches ihr die Glückszauberei offen hielt. Da
man an die Realität der Einwirkung auf die Natur und deren
Ordnung durch Zauberwerk geglaubt hatte, ist es sehr natürlich,
dass man in der Noth, vor Allem in Krankheitsfällen, zu diesem
Mittel seine Zuflucht nahm. Thatsächlich ist der Zauber

---

[1]) Tanchuma Wajeze Ende (ed. Stettin 104).
[2]) Berachoth 6 a 4.
[3]) Berachoth 62 a 3: אפילו עושין כשפין באספסיא באין עליו [בבית הכסא]
Um sich hievor zu schützen, wurden gewisse Mittel angewendet, vgl.
weiter unter den Schutzmitteln. Auf die Zauberwirkung aus weiter
Ferne bezieht sich vielleicht auch der folgende Satz j. Berachoth Ende:
אמרו לבעל הלשון שהוא אומר כאן והורג ברומי אוסר ברומי והורג בסוריא, da
בעל הלשן auch den Besprecher bedeuten könnte.
[4]) דדריקן של כשפים הך Sabbath 33 a unt.; s. Erubin 41 b; Kohut
und Levy s. v. הדריקן == ὑδρωπικον Wassersucht (?)

am häufigsten zu Heilungszwecken gebraucht worden, war
ja die Medicin der Alten nichts Anderes als Zauberei[1]).

Wie wir schon früher gesehen haben, wurden die meisten
Krankheiten den bösen Geistern zugeschrieben, der Kranke
galt als besessen oder bezaubert. Das Heilmittel bestand
also in einem exorcisirenden oder zauberbrechenden Mittel.
Dies kann im Allgemeinen behauptet werden, bei den angegebenen einzelnen Mitteln ist es jedoch nicht immer leicht
zu entscheiden, ob ein natürliches oder ein magisches Mittel
vorliegt. Diejenigen Heilarten, welche nach unserem Dafür-
halten als Zauberwerk auszusprechen sind, sollen in anderem
Zusammenhange vorgeführt werden, weshalb wir uns hier
auf eine allgemeine Beleuchtung beschränken[2]).

„Dies ist die Gewohnheit des Teufels, er fährt in den
Menschen hinein und bezwingt ihn" heisst es schon in
einer tannaitischen Quelle[3]). Die Epilepsie hat ihren Namen
vom Anfall des Dämons, vom Besessensein (ἐπιληψία). Im
Neuhebräischen wird der Epileptiker נכפה genannt, was
ebenfalls soviel bedeutet, wie vom Dämon bezwungen, ergriffen.[4]) Nach allgemeiner Anschauung schützt das Licht

---

[1]) Vgl. Lenormant Magie 37: in Babylonien und Assyrien hat es
zu keiner Zeit wirkliche Aerzte gegeben.

[2]) Vgl. Brecher, Das Transcendentale und Bergel, Die Medicin
der Talmudisten, wo aber nur directe Daten behandelt werden.

[3]) Sifre II 318 136b 13: מה דרכו של שד נכנס לאדם וכופה אותו, womit
die Teufel שדים Deut. 32, 17 gemeint sind, welche den Menschen
schaden. Pseudo-Jonathan übersetzt: sie opfern Götzen, welche den
Schedim verglichen werden. Deut. 32, 24 וקטב מרירי wird von allen drei
aramäischen Uebersetzungen auf רוחין בישין bezogen, (vgl. Scheftel, Biure
Onkelos z. St.) Sifre II 321 וקטב מרירי לפי דרכנו אתה למד שכל מי
שהשד בו מורד, deutet קטב auf böse Geister und leitet מרירי von מרי
Widerspenstigkeit ab, es muss also mit Jalkut und Zera Ahron
gelesen werden מורד d. h. wer vom Sched besessen ist, ist gegen Gott
(nicht Menschen, wie ד"ר und א"ז meinen) widerspenstig, ein Gedanke,
wie אין אדם עובר עבירה אלא א"כ נכנס בו רוח שטות (Sota 3a oben).
Friedmann hat die Stelle falsch emendirt und gedeutet. Rosch Haschana
28a u. שר כפא:; nach einer Leseart heisst es daselbst התוקע לשר (nicht
לשיר), womit gemeint ist, der böse Geist werde durch Blasen in die
Posaune vertrieben.

[4]) Mischna Bechoroth 44a. Daselbst wird auch erwähnt רוח קצרת
באה עליו Kurzathmigkeit, was im Talmud nach einer Baraitha mit רוח

gegen Dämonen; die Mischna lehrt hingegen : es sei erlaubt,
am Sabbath aus Furcht vor Heiden, Räubern und bösen Geistern
das Licht a u s z u l ö s c h e n.[1]) Das Licht zieht demnach
die bösen Geister an. Daher heisst es Pesachim 112b: Wer
Nachts vor der brennenden Lampe steht, wird ein Epileptiker, und wer den Beischlaf vor der brennenden Lampe
ausführt, bekommt epileptische Kinder. Ebenso ergeht es
dem, der dasselbe in der Mühle thut (Kethuboth 60 b. u.).
Raba (gest. 357) lehrte. man heirathe nicht aus einer epi-
leptischen Familie (Jebamoth 64b).

Oft ist ein böser Geist einfach nach der Krankheit
benannt worden. das heisst, Krankheit und böser Geist
wurden indentifizirt[2]). Die Heilung musste also durch
Austreiben des Dämons erfolgen, was nach Josephus
im heiligen Lande allgemein geherrscht haben soll[3])
Der Exorcismus ist jedoch in echtjüdischen Kreisen
nicht planmässig betrieben worden. Es gibt auch keinen hebräischen Kunstausdruck für diesen Begriff, der so significant
wäre, wie der Terminus Exorcismus, denn B e s c h w ö r e n"
הַשְׁבָּעָה hat allgemeine Bedeutung und bezieht sich nicht blos
auf Austreibung. sondern auch auf Citirung von Dämonen. Wohl
hat Simon ben Jochai die Kaiserstochter durch Excorcismus
geheilt. allein dies geschah zum allgemeinen Wohl, um die Zu-
rücknahme harter Verordnungen zu erwirken. Diese Wunder-
erzählung beweist eben, dass solche Curen zu Privatzwecken
nicht üblich waren[4]). Josephus' Behauptung, die von ihm mit
einem wirklich vorgekommenen Fall belegt wird. passt blos
auf jüdisch-christliche Kreise. In der oben (Seite 31) mitgetheilten Disputation zwischen einem Heiden und Jochanan
ben Zakkai ist es der Heide, der die Ceremonie der Dä-

בן הנפילים d. h. vom Dämon Ben-Nefalim (Aruch sub v. Kohut II 117b
= Dämonin : Levy III 421 = Ueberfallender) Ergriffener erklärt wird.

[1]) Sabbath 30 b; נוים לסטים רוח רעה wird neben einander genannt
Tosifta Lrubin III 8 (142₁₇): Taanith II 12 (218₁₄); A. Z. I 16 (461₁₉).

[2]) Vgl. ob. p. 12 und p. 14 n. 1.

[3]) Archaeologie VIII 2, 5.

[4]) Meila 17 b. Löw. Gesammelte Schriften IV 188 n. 3. geht zu
weit, wenn er behauptet; Da der Talmud das Besessensein nicht kennt,
so kennt er auch das Austreiben der Dämonen nicht.

monenaustreibung angibt. Ob J. b. Z. an die Besessenheit
und an die Wirksamkeit ihrer üblichen Bekämpfung geglaubt
hat, ist aus der Erzählung nicht zu entnehmen. Wahrscheinlich
hat er daran nicht geglaubt, denn er erklärt zum Schluss
seinen Schülern gegenüber, Alles verursache Gott allein. Sehr
interessant und lerreich ist Aboda Zara 55 a, welche Stelle
wir wörtlich mittheilen wollen: „Zunin (Zenon) sagte zu R. Akiba,
wir wissen beide, dass an den Götzen nichts Reales ist und
dennoch sehen wir Lahme hineingehen, und Gesunde heraus-
kommen. Was ist die Ursache?“ Akiba antwortete mit
einem Gleichniss, von dem er die folgende Antwort deducirt:
„Wenn Leiden über den Menschen geschickt werden, werden
sie b e s c h w o r e n, dass sie nur an einem bestimmten
Tage, in einer bestimmten Stunde in den Menschen hinein-
und aus ihm hinausfahren, und zwar letzteres nur durch
einen bestimmten Menschen und ein bestimmtes Mittel.
Wenn die Zeit kommt, geht der Heimgesuchte in das
Götzenhaus. Da sagen die Schmerzen: von Rechtswegen
sollten wir nicht hinausgehen; dann sagen sie aber: wegen
dieses Narren, der unpassend gehandelt hat, sollen wir
unseren Eid brechen?“

Wie bekannt, berichtet das Neue Testament, besonders das
Evangelium Matthäi, eine Menge exorcistischer Heilungen. Auch
im zweiten Jahrhundert wurden im Namen Jesu solche Wunder-
curen ausgeführt[1]. Origenes sagt[2], er selbst habe durch
die blosse Anrufung des Namens Gottes und Jesu Menschen
von schweren Krankheiten, von Besessenheit und Wahnsinn
und vielen anderen Leiden befreien sehen, „die weder
Menschen noch Dämonen heilen konnten[3].“ Wie von Heiden.
ist Jesus auch von den Talmudisten für einen Zauberer
angesehen worden, wie man aus den Stellen, welche wir anderweitig anführten, ersehen kann[4]. Man würde sich jedenfalls

---

[1] Irenäus. Bischof von Lyon 177—202. Adv. haereses II 32. 4
p. 166.

[2] Contra Cels. III 24.

[3] Siehe andere Daten bei Friedländer III 634 und 572.

[4] Zeller, Vorträge und Abhandlungen, zweite Sammlung, Seite
203: „über den Stifter des Christenthums und seine Schüler“ spricht
der Platoniker Celsus, in seinem zwischen 178—180 verfassten „Wort

täuschen, wenn man glauben wollte, diese Art von Krank-
heitsbehandlung sei bei den Juden die gewöhnliche und all-
tägliche gewesen. Man griff zu diesen Mitteln nur in ver-
zweifelten Fällen, wie z. B. bei dem Biss eines wüthenden
Hundes oder einer Schlange, bei unheilbaren Krankheiten,
wie Aussatz, Blindheit, Wahnsinn, kurz in allen Fällen, wo
die Wissenschaft schon das letzte Wort gesprochen hatte.

Bei normalen Krankheiten verordnete der Arzt, wenigstens in altjüdischen Kreisen, eine Diät. In einem Gleich-
nisse heisst es: „Der Arzt kommt zum Kranken und sagt
ihm: diese Speise darfst du essen, jene darfst du nicht essen. Da der Patient die Anordnung nicht einhielt, verursachte er sich den Tod"[1]). Gott heilt alle Menschen, wie es
Exodus 15, 26; Jeremia 17, 14 und 3, 22 heisst, sagt die
Mechilta zu Exodus 14, 24 (52a), und fährt dann fort.
Komme und siehe, Gottes Heilung gleicht nicht der menschlichen. Der Mensch heilt nicht damit, womit er die Wunde
geschlagen; er schlägt die Wunde mit dem Messer und heilt
sie mit dem Pflaster. Nicht so handelt Gott, er heilt die
Wunde mit demselben Mittel, mit welchem er sie geschlagen hatte[2]). In demselben tannaitischen Werke (45b) heisst
es zu 15, 25. wo berichtet wird, das bittere Wasser sei
durch das Hineinwerfen eines Stück Holzes süss geworden:
„Komme und siehe, wie verschieden Gottes Wege von den
Wegen des Menschen sind. Der Mensch heilt dass Bittere
mit dem Süssen, Gott aber heilt das Bittere mit dem Bit-
teren; er giebt das Schädigende in das Beschädigte, um ein
Wunder zu thun. So wurde die Beule des Königs Chiskia
mittelst eines Feigenkuchens (Jesaia 38, 21) und das

---

der Wahrheit" ganz so, wie der Talmud in später Zeit. „Jesus war. nach
der bekannten jüdischen Fabel, nicht allein von niedriger. sondern
auch von unehrlicher Abkunft; in Aegypten erlernte er die Künste der
Zauberer und Gaukler: nach seiner Zurückkunft in sein Vaterland gab
er sich für einen Wunderthäter .... ohne doch irgend etwas zu leisten,
was nicht andere Goëten auch gethan hätten."

[1]) Pesikta Buber 118a.

[2]) בוא וראה רפואתו של הקב״ה אינו כרפואת בשר ודם רפואת בשר ודם
במה שהוא מכה אינו מרפא אלא מכה באזמל ומרפא ברטייה, אבל הקב״ה אינו
כן במה שהוא מכה הוא מרפא.

schlechte Trinkwasser durch Salz geheilt (II Könige 2, 21)"[1]).
Zur vollen Würdigung dieser Stelle muss man sich die im
Alterthum weitverbreiteten Anschauungen von Sympathie und
Antipathie, nach welcher gewisse, auch leblose Dinge gegen
einander Zuneigung oder Abneigung fühlen, vor Augen halten. Einen Zweig der Sympathie bildet auch jene Vorstellung, dass das Schadende den Schaden heilt, so z. B. sei
die Spitzmaus ein Heilmittel gegen ihren Biss. „Hat jemand
Reue über die einem andern beigebrachte Wunde, so spucke
er in die Hand, mit welcher er es gethan: levatur ilico in
percusso culpa."[2]) Nach Ansicht des Patriarchen Simon ben
Gamliel ist dies ein Wunder, das nur Gott wirken kann,
womit er sicherlich auch gegen die landläufige Anschauung
polemisiren will.

Andere Arten der Glückszauberei, wie z. B. Schaden
von Feld und Vieh fern zu halten oder abzuwenden und
Aehnliches, werden wir in dem Abschnitt über die Schutzmittel der Zauberei kennen lernen. Hier haben wir nur noch
Einiges zu besprechen. Die Kunst, verborgene Schätze aus-
findig zu machen und zu heben, war den Zauberern eigen[3]).
Dieser Anschauung entspringt manche Schullegende der Talmudisten, aus denen wir das Folgende nebst manchem anderen anführen. Ein Schüler des Simon ben Jochai ging
in's Ausland und kehrte reich zurück. Der Lehrer sah es
seinen Schülern an, dass sie in ihrem Herzen sich grämten

---

[1]) בשר ודם במתוק מרפא את המר אבל הקב"ה מרפא את המר במר הא
ביצד נתן דבר המחבל לתוך דבר המתחבל כדי לעשות בו נס וכו׳. Das in
das Wasser geworfene Holz soll die Bachweide oder die Olive oder
der Oleanderbaum (הרדופני = ῥοδοδάφνη oder קתרום. (= קדרום =
κέδρος) die Ceder gewesen sein. Alle drei Bäume waren bei den classischen Völkern magisch (PW I 47₅₂; 63₁₄; 53₃₂; 63₅₉). Bei den Chaldäern war die Ceder der Baum, der die schädliche Macht der bösen
„Maskim" bricht (Lenormant 31).

[2]) Plinius n. h. XXVIII 36 bei PW. I 36, wo diese Art von
Sympathie mit dem alten Spruch ὁ τρώσας καὶ ἰάσεται bezeichnet
wird. was mit במה שהוא מכה הוא מרפא wörtlich übereinstimmt.

[3]) Gittin 68 b. wo Aschmedai, der Fürst der Dämonen, einen
Goëten verlacht, der auf einem Königsschatz sitzt und dies nicht merkt.
Man sieht aus dieser Sage, der Zweifel an die Kunst der unheiligen
Gaukler sei schon rege gewesen.

und ähnlich zu handeln gedachten. Er führte sie also in ein
Thal und sagte: Thal, Thal fülle dich mit Golddenaren!
Und also geschah es. Hierauf sagte S. b. J., wer Gold will,
mag es sich nehmen, aber wisset, ihr nehmet von euerem
Lohne im Jenseits[1]. „Das Meer sah und flüchtete" (Psalm
114, 3). Was sah es? Es sah Moses' Stab, auf welchem der
ausgezeichnete Gottesname eingegraben war[2]). „Das Wunder
ist des Glaubens liebstes Kind". Es liegt uns also fern, in
diesen Wundern Zauberwerk zu sehen, doch glauben wir,
dass sie, zumal letzteres als durch einen mit dem heiligen
Gottesnamen, wie mit einem Zauberstab, bewirktes Wunder
angesehen wird, für die Anschauung von der übernatürlichen
Wirkung, welche durch Menschen, gleichviel ob heilige oder
unheilige, hervorgebracht werden können, charakteristisch
sind. In diesen Zusammenhang gehört noch so manches,
wovon nur noch das Folgende angeführt werden mag, bei
welchem der classische Commentator des Talmuds, Raschi,
ausdrücklich bemerkt, dass es deshalb nicht zur Zauberei
gehöre, weil es mittelst des heiligen Namens vollführt worden,
worin ja das Zugeständniss enthalten ist, dass ein solcher
Eingriff in die Natur auch durch unheilige Mittel möglich
sei. Mehr soll ja nicht bewiesen werden. Wir meinen die
Stelle Sanhedrin 67b, wo erzählt wird: Chanina und Oschaja
beschäftigten sich jeden Freitag mit den Lehren über
die Schöpfung, wodurch ein Kalb erschaffen worden, das sie
verzehrten. Man wird durch die angeführten Beispiele an
Asclepiades erinnert, der „behauptete, Kräuter zu kennen,
durch die man Seen und Flüsse trocknen, alles Verschlossene
öffnen, feindliche Heere in die Flucht schlagen, sich alle
Dinge in Ueberfluss verschaffen könne u. s. w."[3]) Bemerkenswerth ist, dass Origenes, der ebenfalls in Palästina und

---

[1]) Exodus r. c. 52 Nr. 3: Gen. r. c. 35 Anf.: Pesikta 87b:
בקעה בקעה הימלאי דנרי זהב.

[2]) Pesikta 140a: ר' יהודה או' מקלו של משה ראה יברח ור' נחמי או'
שם המפורש היה חקוק עליו ה' צבאות שמו. Man wird an den Zauberstab
des Hermes (Odys. V 47, XXIV 3; Ilias XXIV 343) erinnert.

[3]) Plinius XXIX 1—11 bei Friedländer I 360. Viele Märchen
haben in die Zauberbücher Eingang gefunden. zu denen auch die citirten Wundergaben gehören (Friedländer ib. 528).

zwar nicht lange vor Chanin und Oschaja gelebt hat, schon glaubt, durch Zauberei können Gastmäler bereitet werden (contra Celsum I 68 p. 382). Manche Fälle der „natürlichen Magie" wurden als Gaukelwerk erkannt, so z. B. das zerstückelte und wieder zusammengeleimte Kameel des Arabers, Bänder aus der Nase ziehen[1], das Schlachten eines Menschen[2] u. a. m. Die gutartige Zauberei war also, wie man sieht, ebenfals im Schwange.

IV.
Zaubermittel
1. Das menschliche Wort.

Worte, Sprüche, Besprechungen und Beschwörungen.

Dem menschlichen Worte wird ganz allgemein eine überaus grosse Kraft zugeschrieben, weshalb man besonders vorsichtig sein muss in der Wahl der Worte. Denn mit dem gesprochenen Worte regt der Mensch die um ihn weilenden Daemonen entweder zum Mitthun oder zur Zeugenschaft auf.[3] In diesem Sinne ist der Ausspruch zu verstehen: „Der Mensch öffne seinen Mund nicht dem Satan"[4] d. h. man spreche nichts Böses aus, wodurch der Satan geweckt wird. Der Satan ist der ständige Ankläger und Verführer des Talmuds, durch welche Auffassung die heidnische Anschauung monotheistisch gefärbt wird, was aber am Wesen der Sache nicht viel ändert, wie einige Aussprüche, die wir aus den vielen anführen, beweisen. Die Mischna[5] redet statt der Noth, welche über die Gemeinde hereinbrechen kann, von der

[1] Sanh. l. c.
[2] Chullin 57a ob.
[3] PW. 1 88.
[4] Berachoth 19a u.; 60a u; Kethuboth 8b: לעולם אל יפתח אדם פיו לשטן. Joel, Der Aberglaube p. 71, rationalistisch: »Das kann ursprünglich die Bedeutung gehabt haben, dass es in der Natur der meisten Menschen liegt, durch Erwähnung unangenehmer Dinge missgestimmt, wo nicht ganz ernstlich betrübt zu werden, was schon an und für sich schadet.« Tylor, Anfänge der Cultur I: der Satan konnte hineinfahren.
[5] Taanith III 9; auch Pesachim 117a 18: על כל צרה שלא תבא על הצבור.

Noth, die nicht hereinbrechen soll. Hieher gehören alle euphemistischen Ausdrücke, wo bei über I s r a e l zu verhängenden Strafen d i e F e i n d e I s r a e l s genannt werden.¹) Wenn man sich selbst fluchen wollte, nannte man einen Anderen,²) oder man sprach von sich in der dritten Person.³) Wenn der lebensgefährlich Erkrankte seiner Frau bedingungsweise einen Scheidebrief ausstellt, sagt er: wenn ich nicht sterben werde, sei er ungiltig, wenn ich sterben werde, sei er giltig, und nicht umgekehrt, „da man die Strafe nicht voranstellt."⁴) Eine ganz besondere Scheu empfand man, wie noch heute, vor einem Fluch. Da galt die Regel: der Fluch eines Gelehrten gehe auch dann in Erfüllung, wenn er ohne Grund oder blos bedingungsweise ausgesprochen worden;⁵) man soll aber auch den Fluch eines Ungelehrten nicht gering anschlagen, denn auch ein solcher hat sich schon erfüllt.⁶) Dieser Scheu wird sicherlich der Wunsch entsprungen sein, die Fluchsprüche des Pentateuchs nicht vorzulesen, oder wenigstens nicht zu verdolmetschen, weshalb es ausdrücklich verordnet werden musste.⁷) Die vorgelesenen Strafen schweben gleichsam in der Luft und könnten an einzelnen haften bleiben. Wie die Römer mit ihrem a r s e v e r s e den Feuerdämon verbannten, Cato sein b o n a s a l u t e sprach, so wehrten auch die Juden mit einem Spruch das drohende Unglück ab. Wenn einer in Angst ist, so spreche er: Die Ziege des Schlachthauses ist fetter als

¹) Joma 75 b 11: מלמד שנתחייבו שונאיהן של ישראל שחיטה : Sukka 29 a: ר׳ מאיר אומר כל זמן שמאורות לוקין סימן רע לשונאיהן של ישראל; Sanh. 63 a, wo statt רשעיהן zu lesen ist שונאיהן u. oft.

²) Sanh. 106 a 27: Sota 11 a.

³) An vielen Stellen. So auch Joma 39 b 5, wo Simon der Fromme statt הוא מת : אני מת sagt.

⁴) Gittin 75 b 7: לא מקדים אינש פורענותא לנפשיה.

⁵) Berachoth 56 a: Sanh. 90 b 2; Makkoth 11 a unt. קללת חכם אפילו על חנם היא באה oder על תנאי (Rab und Abahu).

⁶) Baba Kamma 93 a 12 und sonst: יאמר ר׳ יצחק לעולם אל תהא קללת הדיוט קלה בעיניך שהרי אבימלך קלל את שרה ונתקיים בזרעה.

⁷) Megilla 25 b 8: ברכות וקללות נקרין ומתרנמין. Gegen die Segensprüche wird sich keine Opposition gezeigt haben. beide gehören aber usammen. Vgl. auch die Motivirung des Talmuds.

ich.[1]) Als Eliezer ben Hyrkanos gefragt wurde, was zu geschehen habe, wenn der Führer des am Versöhnungstage wegzuschickenden Bockes erkrankt sei, gab er die ausweichende Antwort mit den Worten: Ich und Ihr mögen in Frieden sein.[2]) Beim Niesen, das für Gefahr verkündend angesehen wurde, sagte man: Heilung, was im Lehrhause des Patriarchen Gamliel II. wegen Unterbrechung des Studiums unterlassen wurde.[3]) Diese Anschauung reflectirt im Grunde auch die schon erwähnte euphemistische Redeweise „das Unglück, das nicht kommen möge", wo Gift und Gegengift auf einmal genommen werden. Der Fluch kann auch durch eine seine Erfüllung symbolisirende Handlung abgewendet werden. Als eine Frau einem Schulhaupt fluchte, sein Stuhl möge gestürzt werden, stürzten seine Schüler den Stuhl um, auf dem er zu sitzen pflegte und stellten ihn dann wieder auf.[4]) Einem Fluch „sein Schiff möge untergehen" benahm man die Wirkung durch das Weichen der Kleider des Verfluchten im Wasser,[5]) da die Kleider den Menschen vertreten (Siehe w. u. Seite 81 f.). Trotz dieser Gegenmittel konnten die zwei Lehrer der Wirkung des ausgesprochenen Fluches nicht ganz entgehen.[6]) Dass Glück verheissende Rede eintrifft, ist nach der gezeichneten Anschauung selbstverständlich, da nach der Auffassung der Tradition das Mass des Guten grösser ist als das Mass des Bösen.[7])

---

[1]) Megilla 3a עיוא דבי טבחי שמינה מנאי. Ueber die Verwendung des שמע zu derartigen Zwecken werden wir noch sprechen. Man wird an das 'Αθηνᾶ κρείττων erinnert (Theophrastos char. 16, PW. I 90), womit die böse Bedeutung des Eulenanganges abgewehrt wurde.

[2]) Joma 66b: אהא בשלום אני ואתם.

[3]) Berachoth 53a 36: תניה של בית רבן גמליאל לא היו אומרים מרפא בבית המדרש ספני ביטול בית המדרש, Vgl. weiter Seite 67 Anm. 1 und mehrere Stellen über Niesen bei Levy Nh Wb III 638.

[4]) Gittin 35a unt. אטרה ליה הפכוה לכורסיה וכו' הפכוה לכורסיה ותרצוה, ואפי' הכי לא איפרק מחולשא.

[5]) Baba Bathra 153a unt. אמרה לטבע ארביה וכו' אמשינהו למאני דרבא במיא ואפי'דכי לא איסרק מטבעא.

[6]) Ich behalte mir vor die Existenz dieser Anschauung auch in der Bibel nachzuweisen. — Euphemistische Redeweise, Nedarim 41b: Vermeidung Unglück bedeutender Gebärde, Gittin 37b.

[7]) Moed Katan 8a.

Wenn schon das gemeine Wort eine so bestimmte
Kraft besitzt, wie gross muss die Kraft des Zauberwortes
sein, welches in der Sprache der angerufenen Dämonen und
Geister gehalten ist. Es muss eine ganze Menge solcher
Worte und Formeln gegeben haben, von denen die Autoritäten
der Tradition nur einen verschwindenden Bruchtheil überliefert
haben. Dies geschah aus zwei Gründen. Erstens waren die
Talmudlehrer keine Zauberer und es ist mithin wahrscheinlich,
dass ihnen das Zauberwesen ihrer Zeit nur unvollständig
bekannt war, da Geheimhaltung den hervorstechendsten Charakterzug jeder Magie bildet. Zweitens hatten sie nie die Absicht,
ihre Schüler in diese unheimliche Wissenschaft einzuweihen,
viel weniger konnten sie dieselbe im Lehrhause, dessen
Vorträge und Discussionen im Talmud und Midrasch vorliegen, eingehend behandeln, so dass wir — von einigen
Stellen des babylonischen Talmuds abgesehen — eigentlich
blos indirecte Daten überliefert erhalten haben, welche eher
verrathen als mitgetheilt werden. Mehr als mit der Zauberei
waren sie mit den allgemein herrschenden abergläubischen
Sitten und Gebräuchen vertraut, da diese, wie bekannt, nicht
geheim gehalten, vielmehr alltäglich und offen geübt werden.

Diesen Aberglauben nannten die Talmudlehrer „die
Sitten des Emori", mit welchem Namen die sieben kananäischen
Völker, welche die Bibel oft erwähnt, benannt werden[1]).
Man hat es also mit den abergläubischen Sitten der Ur-
bewohner Palästinas zu thun, welche als solche besonderes
Interesse erwecken, weshalb wir sie hier, insofern sie mit
der abergläubischen Anschauung vom menschlichen Worte
zusammenhängen, separat anführen.[2])

---

[1]) Genesis 15, 16; Deut. 1, 20; Amos, 2, 9. 10; Stade's Zeitschrift
für die alttestamentliche Wissenschaft I 122. Schon die Tosifta
Sabbath VII 25 p. 119 15 constatirt die Thatsache, dass das
heilige Land nach den Amoritern benannt wird; die Amoriter glaubten
an Gott und wanderten nach Afrika (אפריקי) aus, allwo ihnen Gott ein
so schönes Land, wie das ihrige, gab, und das Land Israel wurde nach
ihrem Namen genannt. Nach einer Ansicht waren die Amoriter hart
(קשים), nach einer anderen מתון, was Levy Nh. Wb. III 298a mit gelassen übersetzt; vielleicht richtiger: bedächtig. Andere Stellen über
אמרי bei Levy und Kohut s. v Siehe auch Tos. B. Mezia II 2 (374 4).

[2]) Wir citiren die im Text gegebenen Stellen aus der Tosifta

1. Wenn ein Rabe schreit und man ruft ihm zu:
schreie, oder wenn er schreit und man ruft ihm zu: kehre
dich rückwärts, so ist dies verboten wegen amoritischer
Sitte. Nach b. Sabbath ruft man dem männlichen Raben zu:
schreie, dem weiblichen: zische und kehre mir deinen
Schwanz zu zum Guten. Der Rabe war der mantische Vogel
der Araber. Man wäre versucht diese Eigenschaft des Raben
auf die Aehnlichkeit des Landesnamens „Arab" und des
Raben (עֹרֵב) zurückzuführen, wenn dem nicht die Thatsache
entgegen stände, dass bei den heidnischen Arabern der
Landesname Arabien nicht vorkommt[1]). Auch Salomo wusste,
was der Vogel zwitschert[2]).

2. Wenn man ein Schürholz an der Wand auslöscht,
und sagt dazu „hada", so ist dies amoritischer Gebrauch;
geschieht es aber, um die Feuerfunken zu verlöschen, dann ist
es erlaubt.[3]) Es ist klar, dass durch diese Handlung entweder das Haus vor Feuer bewahrt oder vor Zauber geschützt werden soll. Im ersteren Falle liegt die auch sonst
vorkommende Anschauung zu Grunde, dass das Schädigende

Sabbath c. VI—VII und notiren hierzu die Varianten, welche der babylonische Talmud Sabbath 67 b bietet.

[1]) Müller in PW. I 844.

[2]) Jalkut II 28 a; siehe Levy IV 212 a; über die mantische Bedeutung der Vögel siehe noch Chullin 63 a. Das oft erwähnte בת קול
die himmlische Stimme, ist nichts Anderes, als der monotheistische Ersatz für die Verkündigungen der Vögel. Wie vom Vogel, wird
auch von der himmlischen Stimme der Ausdruck מְצַצֵף gebraucht (Koheleth r. c. 7 fol. 38 a Wilna); ebenso ibidem c. 12 fol. 60 a, wo בת קול
mit dem Textworte לְקוֹל הַצָּפוֹר (Koheleth 12. 4) „die Stimme des Vogels"
identificirt wird. Berachoth 3 a heisst es: בת קול מנהמת כיונֿ die
Himmelsstimme summt wie die Taube; Leviticus rabba c. 6 g. E.
המצפצפים אילין המצייינין [המצייאין] וחמחנים אילין דמנהמין, wo man den
Zusammenhang dieser beiden Ausdrücke mit der Magie sieht.

[3]) Diese Uebersetzung nach unserer Interpretation. Die Stelle
lautet: (Var. חזא הדא ואומר בכיתל (Variante אור התיסם והד) האומר חתום אוד
.חיא הרי זה מותר חיא הרי זה מדרכי האמורי ואם בשביל ניציצות Vielleicht ist
האומר zu tilgen und zu lesen החותם statt חתום. Der Sinn bleibt jedoch
auch nach der vorliegenden LA. derselbe: wenn jemand sagt, verlösche
das Schürholz an der Wand und sagt hierzu הדא חיא. Dieses magische
Wort, das wir noch einige Mal antreffen, ist der etymologischen Bedeutung nach schwer zu bestimmen, dem Sinne nach ist es zauberwehrend.

5

das Beschädigte heilt, wie in der Homoeopathie, woraus
dann die Meinung entsteht, dass in dieser Weise der Gefahr
vorgebeugt werden kann, im letzteren Falle die, dass Feuer
Zauber bricht und fern hält.[1])

3. Wenn man Wasser auf die Strasse ausgiesst und
dabei sagt „hada“, so ist dies amor. Brauch; sagt man es
aber wegen der Passanten, so ist es erlaubt. Schmutziges
Wasser bewirkt Zauber. Das magische Wort kann es ver-
stärken oder brechen, was sicherlich von der Absicht der
zaubernden Person abhängt. Dasselbe Mittel kann nämlich
oft Zauber wirkend und wehrend zugleich sein.[2]) Wenn man
Eisen wirft wegen der (Variante: zwischen die) Gräber und
dabei sagt „hada“, so ist dies am. B., geschieht es aber
wegen der Zauberer, so ist es erlaubt. Der Friedhof ist,
wie bekannt, bis auf den heutigen Tag der geeignete Ort
zum Zaubern, da die Geister der Abgeschiedenen hier hausen.
Das Eisen hat die Kraft, böse Geister abzuwehren und Zauber zu brechen, wie aus der schon citirten Tosiftastelle erhellt. Warum das eine verboten und das andere erlaubt ist,
ist dunkel. Man wollte vielleicht die Todten in ihrer Ruhe
nicht stören lassen.

5. Amor. B. ist: wenn ein Weib den Ofen anschreien
lässt, damit das Brot nicht herunter falle, die Graupen, damit sie rascher kochen; oder schweigen gebietet, damit die
Linsen besser kochen, tanzt, damit der Brei (Kutach)
gelinge.[3])

6. Amoritisch sind die folgenden Anrufungen und
Sprüche: Iammia und Bizia oder nach R. Jehuda Jammia
und Buzizia; Dagan und Kedrou, nach R. Jehuda ist
Dagan Götze, denn es heisst Richter 16, 23: Dagon ist ihr
Gott; Dani Dani, nach R. Jehuda Götze, denn es heisst
Amos 8, 14: beim Leben deines Gottes Dan; Heilung (beim

---

[1]) Tosifta VI 13 heisst es: Feuerschürholz oder Eisen unter sein
Haupt legen ist amor. B.; thut man es jedoch, um die Gegenstände zu
bewahren, dann ist es erlaubt. Man sieht also, dass Schürholz und
Eisen vor Feuer und Zauber schützen.

[2]) Das Eisen hat beide Eigenschaften, was Kroll, Antiker Aberglaube 7, einleuchtend erklärt.

[3]) Nach Tosifta und Talmud.

Niesen)¹); Ueberfluss und Rest²); trinket und lasset übrig;
erlaubt hingegen: trinket und lasset übrig und Wein zu
eurem Leben, wie auch Akiba bei der Oeffnung eines jeden
Fasses sagte: Wein zum Leben der Rabbinen und ihrer
Schüler. Ferner ist amoritisch Lo Lo³). Die Wörter Jammia,
Bizzia, Dagan (nicht das biblische Dagon), Kedron, Dani,
Lo sind unverständlich, die Wörterbücher führen sie als
Stichwörter gar nicht auf.⁴) Ob es nun Götternamen sind,
oder nicht, soviel steht fest, dass diese Ausrufungen zum
Zwecke der sofortigen Erfüllung eines Wunsches gethan
werden, wie das verständliche „trinket und lasset übrig"
und der ganze Zusammanhang zeigt; mithin gehören sie zu
den magischen Mitteln. Die Frage, ob die Talmudlehrer
selbst den ursprünglichen Sinn dieser Worte gekannt haben,
ist nicht entschieden zu bejahen. Es finden sich manche Abweichungen, welche schon auf die talmudische Zeit zurückgehen dürften. Das oben aus der Tosifta citirte Dani Dani
bedeutet nach dem Talmud „stärket euch, meine Fässer",
wenn Raschi's Erklärung richtig ist.⁵)

7. Amoritischer Brauch ist endlich, wenn man sagt:
„Sei glücklich mein Schicksal, ermatte nicht, mit ganzer
Kraft erstarke"⁶). R. Jehuda meint, Gad sei ein Götze nach

---

¹) האומר מרפא הרי זה מד' האמ' ר' אלעזר בר' צדיק לא אמר מרפא. In der Baraitha
Berachoth 53 a, wo es heisst: מפני בטול תורה של בית רבן גמליא לא היו אומרים מרפא
של בית רבן גמליאל לא היו אומרים מרפא, ist der Name des Eleazar b. Z. aus-
gefallen und die Begründung seiner Ansicht als die des Gamliel gegeben בבית המדרש מפני בטול בית המדרש.

²) Talmud: ich werde trinken und übrig lassen (ib).

³) לא לא (Var. לאו לאו) Götzenname, denn das Verbot wird witzig
im Schriftvers Job 23, 14 gefunden. Sie sprechen zu Gott: Ent-
ferne dich und deine Wege Lo, wünschen wir. — Die angeführten Ausdrücke lauten im Original der Reihe nach: ימטיא ובוצציא oder יטמיא ובוצציא;
דני דני; מרפא; יתיר ונותר, zu welchem R. Jehuda witzig bemerkt: שתו והותירו; יותיר ונותר אל יהא בביתי (Götzenname?) לא לא.

⁴) cf. jedoch Kohut s. v. גד. Levy s. v. אושכי (I 177a) meint,
ימא bedeute Tag (?!); Kohut etymologisirt aus dem Persischen.

⁵) Tosifta דני דני, Talmud דונו דני. Wahrscheinlich interpretirt
Raschi falsch, denn דנא bedeutet wohl im Tlamud und im Syrischen
Fass, wie kommt aber דונו zu der Bedeutung „werdet stark"?

⁶) Sabbath 67 b oben: גד גדי וסנוק לא אושכי ובושכי; die Ueber-

Jesaia 65, 10. Die übrigen interessanten heidnischen Sitten, wie z. B. dass Mann und Weib den Namen wechseln, gehören in einen anderen Zusammenhang.

Diese Worte und Sprüche aus palästinischer Quelle gehören in den Bereich des Aberglaubens und werden behufs Hervorbringung magischer Wirkungen gebraucht, aber echte Zauberformeln, wie sie der bewanderte Zauberer — von dem gelehrten und gewerbsmässigen Magier schon zu geschweigen — in Anwendung bringt, sind sie nicht. Wirkliche Incantamenta werden in den palästinischen Quellen nicht mitgetheilt. Dass aber solche in Anwendung kamen, folgt nicht blos aus der allgemeinen Anschauung, da ausdrücklich erwähnt wird, manche haben durch Sprüche gewisse Wirkungen hervorgebracht[1]), ferner folgt dies auch aus dem Bestreben, die Incantamenta zu judaisiren, indem man an ihre Stelle Bibelsprüche setzte, was in der magischen Verwendung homerischer Verse vielleicht nicht blos ein Analogon, sondern auch ein Vorbild hat.

8. Wenn jemand eine Wunde mit dem Verse Exodus 15, 26 bespricht und dabei ausspuckt, hat er keinen Antheil am zukünftigen Leben.[2]) Das Spucken ist zauberbrechend; wenn also dies bei der Besprechung geschieht, wird trotz des Bibelspruches Zauberei getrieben. Dies ist der Grund des Verbotes und nicht „die verächtliche Behandlung des Gottesnamens"[3]). Das Hauptgewicht lag natürlich auf den Worten „denn ich der Ewige bin dein Heiler." Die

---

setzung im Text nach Aruch, Raschi erklärt die letzten zwei Worte :: Tag und Nacht. Kohut I 310 b rechtfertigt beide Uebersetzungen aus dem Persischen und meint אושכי וכושכי sei = יטמא ימציא , denn ימא = Tag und מציא = נוציא = nox, νύξ == Nacht! Das erste Wort wäre aramäisch, das zweite griechisch, aber beide Unformen.

[1]) Z. B. Sabb. 81 b unt. (אמרה מטרוניתא) מלתא אסרתי לארבה וכו'; A. Z. 38 b 24: אסר לי' ר' חנינא מילין ואמרי לה במלי.

[2]) Mischna Sanhedrin XI 1; ר' עקיבא אומר אף הלוחש על המכה. Tos. XII 10, wo אבא שאול משום ר"ע durch Ausfall des in der Mischna erwähnten Ausspruches des Abba Saul entstanden sein dürfte, wird hinzugefügt ורוקק; so erklärt auch Jochanan die Mischna Sanh. 101 a und Schebuoth 15 b.

[3]) Joel, Aberglaube p. 102.

Judenchristen heilten dieser Anschauung entsprechend mit
dem Namen Jesus, dem aber die Talmudlehrer den Tod
vorzogen[1]).

9. Der soeben genannte Rabbi Jochanan (gest. 279),
von dem wir schon wissen, dass sein Blick Menschen tödtete
und dass er von einer Matrone ein geheimes Mittel gegen
Zahnweh in Erfahrung brachte und sofort öffentlich verkündete, gibt gegen hitziges Fieber die folgende Cur an:
„Man nehme ein Messer, das ganz aus Eisen besteht und
gehe an einen Ort, wo ein Dornbusch sich findet und binde
daran eine Haarflechte.[2]) Am ersten Tage mache man einen
kleinen Einschnitt und spreche: „Gottes Engel erschien
ihm in der Feuerflamme aus dem Dornbusche u. s. w.“
(Exodus 3, 2); den nächsten Tag mache man wieder einen
kleinen Einschnitt und spreche: „Moses sprach, ich will zu-
rückweichen und sehen“; am dritten Tag mache man wieder
einen kleinen Einschnitt und spreche: „Gott sah, dass er
zurückwich um zu sehen.“ Wenn man dann den Dornbusch
abschneidet, neige man ihn erst zur Erde und nachdem man
ihn abgeschnitten, spreche man: O Dornbusch, o Dornbusch, nicht weil du der grösste Baum bist, hat Gott seine
Schechina auf dir ruhen lassen, sondern weil du der
niedrigste bist, hat Gott seine Schechina auf dir ruhen
lassen; und ebenso wie du, Feuer, Chanania, Mischael und
Azaria gesehen hast und vor ihnen geflohen bist, so siehe
auch, Feuer, N. N. und fliehe vor ihm.“[3]) Dieser Uebertragungszauber ist ganz monotheistisch construirt. Das
Messer sei ganz aus Eisen, sonst verliert es die magische
Kraft. Diese Vorschrift findet sich auch bei den classischen
Völkern.[4]) Haare und Nägel sind im Talmud oft erwähnte
Zauberdinge, die übrigens alle Völker als solche verwenden. Da

---

[1]) j. Sabbath 14d 42: לחש ליה מן שמיה דייתי סגדורא‎ , hierauf folgt:
בכל מתרפין חוץ מע"ז שפ"ד‎, dann die Geschichte des Eliezer ben
Dama, der von einem Schlangenbiss in ähnlicher Weise geheilt werden
sollte, was aber Ismael nicht gestattete (vgl. Tosifta Chullin II 22.
23 und Ab. Z. 27b).

[2]) נירא ברקא‎ S. Kohut I 200b: Levy II 270b.

[3]) Sabbath 67a Was Achai dem Aschi sagt. ist eingeschoben.

[4]) Kroll, Der antike Aberglaube 7: PW I 50.

Fieber und Feuer nicht blos gleiche Empfindungen hervor-
rufen, sondern im Aramäischen auch denselben Namen (אישתא)
haben, ist der brennende, aber nicht verzehrte Dornbusch
ein geeignetes Mittel gegen das Feuer des Fiebers. Die
Verse eignen sich vorzüglich, denn sie enthalten zwei Mal
das Wort w e i c h e n, womit auf das Weichen der Krankheit angespielt und eingewirkt wird. Orphiker und Gnostiker
pflegen zu magischen Zwecken vorerst einen Hymnus zu
recitiren, oder eine göttliche Heldenthat zu erzählen, was
ebenfalls den Sinn hatte, die Götter im gegebenen Falle zu
einer ähnlichen That anzuregen. Wir glauben, dass Jochanan
hier nicht ein volksthümliches, sondern ein gelehrtes magisches Mittel angibt, welches man der theurgischen Magie
vergleichen kann.

10. Babylonische Amoräer haben die folgende Anwendung von Bibelversen gemacht. Baraitha: Drei Dinge
sollen zwei Menschen, die neben einander stehen, zwischen
sich nicht durchlassen und auch nicht zwischen diesen hindurch gehen, diese sind: der Hund, der Dattelbaum und
das Weib. Manche sagen, auch das Schwein und die
Schlange. Wenn es aber geschehen ist, wie kann man sich
da helfen? R. Papa sagt, man spreche die zwei Verse Numeri
23, 22. 23, die mit אל (Gott) beginnen und enden, oder 23, 19, der
mit לא beginnt und höre auf bei ולא. Den Vers, der mit לא
beginnt und schliesst, spreche man auch, wenn eine menstruirende Frau zwischen zwei Männern durchgegangen
ist. Begegnet jemand einem Weibe, das von dem religiösen
Bade kommt, wird er von der Satyriasis befallen, wenn er
früher den Coitus ausübt, wenn umgekehrt, wird sie von der
Nymphomanie ergriffen. Um die Gefahr abzuwenden, spreche
man Job 12, 21 (nicht Psalm 107, 40).[1]

---

[1] Pesachim 111a, cf. Brecher, Das Transcendentale 202 f. Tosafoth z. St. citirt im Namen des R. Chananel ein ganzes Gebet, das mit
אל beginnt und mit לא schliesst. Ich vermuthe, dass נפתח באל ונפסיק
באל mit נפתח בלא ונפסיק בלא ein und dieselbe Schriftstelle bezeichnet,
nämlich Num. 23, 22. 23., welche von vorne gelesen mit אל und von
rückwärts gelesen mit לא beginnen und enden. Die allgemein gebilligte
Interpretation gibt keinen annehmbaren Sinn, denn 23, 19 beginnt wohl
mit לא, schliesst aber mit ולא יקימנה; ferner findet sich in diesem

11. Erwähnt wird ferner die magische Verwendung von Leviticus 13, 9 נגע צרעת, sicherlich gegen Aussatz, ferner von Lev. 1, 1. Beides wird verboten (Sanhedrin 101 a) von Rab und R. Chanina. — Um einen bösen Traum zum Guten zu wenden, wird nebst Anderem die Recitation von neun Bibelversen (3 Mal 3) empfohlen (Berachoth 55 b). — Wenn man einen Strom im Traume gesehen hat, recitire man Jesaia 66, 12, wo der Strom mit dem Frieden in Verbindung erscheint, bevor man an Jesaia 56, 19 denkt, wo es heisst: „der Feind komme wie ein Strom" (ib 56 b). — Mittwoch und Sabbath Nacht ist es gefährlich Wasser zu trinken; hat man aber Durst, hilft man sich, indem man Psalm 29, 3—10 recitirt, wo sieben Mal die „Stimme Gottes" erwähnt wird und zugleich von Wasser die Rede ist.[1])

Die häufigste Verwendung fanden die Sprüche in dem Heilungsaberglauben; thatsächlich stammen die meisten Besprechungen von Talmudlehrern, die zugleich Aerzte waren. Wie das Medicament dem Kranken eingegeben wird, wurde auch die Besprechung in sein Ohr „geflüstert". Man glaubte, der Spruch verliere von seiner magischen Kraft, wenn unberufene und uneingeweihte Ohren ihn hören. Der Besprecher salbte sein Haupt mit Oel. An Wochentagen wurde das Oel in die Hand genommen oder in ein Gefäss gegeben; am Sabbath, wo Heilungen von gefahrlosen Krankheiten verboten waren, durfte dies nicht geschehen, da in diesem Falle der Zweck der nachherigen Salbung des Hauptes offenkundig war.[2])

Verse keine Leugnung der Zauberei, ich wüsste also nicht, wie diese Schriftstelle den Zauber brechen soll. Rückwärtslesen bricht den Zauber wie Rücklauf, wovon noch die Rede sein wird.

[1]) Pesachim 112 a, vgl. weiter Nr. 25.

[2]) j. Sabbath 14 c 36 = j. Maaser Scheni 53 b: שמעון בר בא בשם רבי חנינא זה שהוא לוחש ליחש נותן שמן על גבי ראש: ולוחש ובלבד שלא יתן לא ביד ולא בכלי ר' יעקב בר אידי רבי יוחנן בשם רבי ינאי נותן בין ביד בין בכלי b. Sanh. 101 a: לוחשין על שמן שבכלי ואין לוחשין על שמן שביד, wo es sich nach Raschi um Teufelswerk handelt. Die verschiedenen Interpretationen ändern jedoch am Wesen der Sache nicht viel, weshalb wir sie auf sich beruhen lassen können, so hier, wie in vielen anderen Fällen.

72

Das Vaterland des Oelbaumes ist Palästina und das Oel war auch andern Völkern heilig.

Augen, Eingeweide, Schlangen und Scorpionen durften sogar am Sabbath besprochen, sowie das Auge mittelst Auflegung eines ehernen Gefässes geheilt werden.[1] Schlangen- und Scorpionen-Beschwörung war nichts Seltenes.[2] Wir verzeichnen nun nach der Reihe der talmudischen Traktate die noch nicht erwähnten Sprüche im Original.

12. Man soll seinen Anus stehend öffnen und sich dann setzen, denn im umgekehrten Falle entgeht man dem Zauber nicht, auch wenn er in Spanien ausgeführt worden. Hat man sich aber vergessen und so gehandelt, so spreche man: לא לי לא לי לא תחים ולא תחתים לא הני ולא מהני לא הרשי דחרשא ולא חרשי דחרשתא. „Nicht mir, nicht mir (kommet bei), weder Tachim noch Tachtim nicht diese noch von diesen, nicht der Zauber des Zauberers und nicht der Zauber der Zauberin."[3]

13. Als R. Huna aus dem Hause Rabs, Rab aus dem Hause R. Chijja's, Chijja aus dem Hause des Patriarchen Juda in angeheitertem Zustande nach Hause gehen wollten, rieb man ihnen die Handfläche und Kniebeuge mit Oel und Salz ein und sprach: כי היכי דציל האי משחא ליציל חמרא דפלניא בר פלניתא. „Wie dieses Oel verduftet, so verdufte der Wein des N. Sohn der N."

Nützt dies nicht, so bringe man einen Fassspund, weiche ihn im Wasser und spreche: „Wie dieser Spund verduftet, so verdufte der Wein des N. N."[4]

---

[1] j, Sabbath 14 c 48 לוחשין לעין למעים לנחשים ולעקרבים ומעבירין; b. Sanh. 101 a: על העין בשבת תיד סכין ומשמשין בבני מעים בשבת ולוחשין. Letzteres bedeutet: לחישת נחשים ועקרבים בשבת ומעבירין על העין בשבת heilen durch Bestreichung mit einem ehernen Gefässe, denn Erz ist im Allgemeinen zauberbrechend. Die Commentatoren rationalisiren: das Auge werde durch Erz abgekühlt. oder ein Ring halte das Auge fest, dass es nicht herausspringe. Akiba wurde in dieser Weise geheilt. (Jer. l. c.)

[2] Tosifta Jebamoth XIV 4 p. 258 29: נפל לבור מליאה נחשים חבר. ועקרבים מעידין עליו ר' יהודה בן פתירה אומר שמא חבר הוא bed. Schlangenbeschwörer.

[3] Berachoth 62 a unten.

[4] Sabbath 66 b. Die folgenden Nummern bis 19 finden sich ibidem 67 a.

14. Abaji hörte von seiner Pflegemutter: Gegen täg-
liches Fieber nehme man einen neuen Silberdenar und gehe
zur Salzfabrik und nehme Salz im Gewichte des Denars und
binde dies mit einer Haarflechte um die Halsöffnung des
Hemdes. Nützt dies nicht, so setze man sich auf den Kreuzweg und wenn man eine grosse Ameise erblickt, die etwas
trägt, so nehme man sie und werfe sie in ein ehernes Rohr,
verschliesse es mit Blei, versiegele es mit 60 Siegeln, schüt-
tele es und trage es, und spreche zur Ameise: טעונך עלי
ומטעוני עלך. „Deine Last auf mich und meine Last auf dich".

Ein Amora macht gegen dieses Verfahren die Einwen-
dung: Vielleicht hat schon ein Anderer in derselben Weise
seine Krankheit auf die Ameise übertragen und man zieht
sich jetzt die Krankheit eines Anderen zu? Man spreche
also lieber:

„Meine und deine Last auf dich."

Nützt das nicht, so nehme man einen neuen irdenen
Krug und gehe zum Fluss und spreche zu ihm: נהרא נהרא
אוזיפן כוזא דמיא לאורחא דאיקלע לי. „Fluss! Fluss! leihe mir einen
Krug Wasser für den Gast, der bei mir eingetroffen."

Man wende dann den Krug sieben Mal um's Haupt
herum und giesse ihn rückwärts aus und spreche:

„Fluss! Fluss! nimm das Wasser, das du mir gegeben,
denn der Gast, den ich bekommen, ist am selben Tage, wo
er gekommen, auch von dannen gegangen."

In diesem Uebertragungszauber (Sabbath 66 b) erscheinen
viele Elemente der Magie: der zauberkräftige Kreuzweg,
Erz, Salz, Blei, das Schütteln und Tragen, der Wasserkrug,
der Fluss, die Zahl 7 und 60 — beide babylonisch — das
hinter den Rücken giessen, das Sprechen mit der Ameise
und dem Flusse — lauter zauberische Dinge. Noch viel
zauberhafter ist das Mittel gegen dreitägiges Fieber, das an
derselben Stelle vorgeschrieben wird, das wir hier an-
schliessen.

Man nehme sieben Zweige von sieben Bäumen, sieben
Späne von sieben Balken, sieben Nägel aus sieben Brücken,
siebenerlei Asche aus sieben Oefen, siebenerlei Staub aus sieben

Thürangeln,[1]) siebenerlei Pech aus sieben Schiffen, sieben
Kümmelkerne, sieben Haare aus dem Barte eines alten
Hundes. Dies alles binde man in die Halsöffnung des
Hemdes mit einer Haarflechte.[2])

15. Zur Vertreibung eines Ausschlages spreche
man also: בז בזייה מס מסייה כס כסייה שרלאי ואמרלאי אילין מלאכי
ראשתלחו מארעא דסדום לאסאה שיחנין וכיבין[3]) בזך בזיך בזבזיך מסמסיך
כמון כמיך עיניך ביך עיניך ביך אתריך ביך זרעיך כקלוט וכפרדה דלא פרה
ולא רביא כך לא תסרה ולא תרבה בגופיה דפלוני בר פלוניר.

„Baz, Bazia, Mas Masia, Kas Kasia, Scharlai und
Amarlai, diese sind die Engel, welche aus dem Lande Sodom
geschickt wurden zu heilen Ausschlag und Hitzblattern;
Bazach Bazich Bazbazich, Kamun, [Kümmel?] Kamich.
Deine Farbe bleibe, [werde nicht röther], deine Farbe
bleibe, bleibe an deiner Stelle [verbreite dich nicht weiter],
dein Same sei, wie der eines Menschen, dessen Nabel ein-
gezogen ist und wie der eines Maulthieres, welches nicht
fruchtbar ist und sich nicht vermehrt, so vermehre dich
nicht und verbreite dich nicht im Körper des N. Sohn
der N.“

Brecher (Das Transcendentale p. 199), dem Kohut
(Angeologie p. 89) folgt, hat כקלוט übersetzt: „der Same
werde im Bauche aufgesogen“; dies beruht auf falscher Auffassung der interpretirenden Glosse Raschi's. Kohut will
die genannten Engel mit parsischen Daevas identificiren.
Allein es ist fraglich, ob dieser Spruch nicht von demselben
palästinischen Amora stammt, von dem der voraufgehende
herrührt. Die Erwähnung Sodoms deutet ebenfalls auf Palästina.

---

[1]) So nach Raschi, der סינרי מז' עפרי ז' liest: Aruch sub סכר I
liest סוכרי und erklärt: Staub aus sieben Gräbern. Beide Interpretationen
passen in den Zusammenhang, denn nicht nur das menschliche Grab
ist magisch, sondern auch der Schmutz der Thürangeln. wie überhaupt
die Thürschwelle.

[2]) Man sieht, dass die Zubereitung der Zaubermittel nicht leicht
gemacht wird. Wenn also Raschi bei dem früher beschriebenen Mittel
die 60 Siegelungen nicht stricte nehmen will, so ist dies abzuweisender
Rationalismus, gegen welchen schon die Bedeutung von 60 im babylonischen Zahlsystem spricht.

[3]) So nach Ms. München, Agg. ולאסאה שביגא כאיבין; vgl. Levy
II 283 b unt.

Die Worte ‎בו‎, ‎מם‎, ‎כם‎ will Raschi aus dem Aramäischen
herleiten. Es läst sich schwer darüber etwas Sicheres sagen;
vielleicht is ‎אמרלא‎ = ‎אל אמר‎ und ‎שרלאי‎ = ‎אל שר‎ mit
Umkehrung der letzten Silbe, was in Zaubersprüchen oft
vorkommt. In ‎בזך בזיך‎ scheint das erste ‎ך‎ Schreibfehler zu
sein, denn das nachfolgende ‎בזבזיך‎ dürfte nichts Anderes
sein, als die Zusammenziehung der ersten zwei Worte, was
in den Zauberformeln ebenfalls oft zu geschehen pflegt. Ob
dieses ‎כ‎ mit dem in den Zauberpapyri fortwährend er-
scheinenden Zauberbuchstaben X in Verbindung gebracht
werden darf?

16. Gegen die Hitzblatter[1]) spreche man also: ‎שלופה הרב‎
‎וקלע נטושה לא שמיה יוכב חולין מכאובין‎. „Gezücktes Schwert,
losgelassene Schleuder, sein Name ist nicht Jochab, Kranke,
Schmerzen." Die letzen zwei Wörter ‎חולין מכאובין‎ übersetzt
Brecher: „Die Schmerzen haften;" allein da müsste es
heissen ‎מכאובין חולין‎. Raschi bemerkt: es ist blosse Flüsterung,
d. h. die Worte ergeben keinen Sinn. Trotz dieser im
Grunde richtigen Auffassung[2]) wage ich die Vermuthung,
dass das gezückte Schwert und die losgelassene Schleuder als
gegen Dämonen gerichtet gemeint ist. Die Kaunier stachen
gegen die Dämonen in die Luft. (Herodot I 172; PW I. 44 Z. 1).

17. Gegen Besessenheit spreche man also: ‎הוית דפקיק דפקיק‎
‎הוית ליטא תבור וטמומת בר טיט בר טמא בר טינא כשמגז מרינז יאיסטמאה‎.

„Der du verstopfest, sei verflucht, zerschmettert, gebannt, Bar-Tit, Bar-Tama, Bar-Tina, Kaschamgaz, Merigaz
und Istamaah." Die zwei Worte ‎הוית דפקיק‎ sind in umgekehrter Reihenfolge wiederholt, was oft geschieht, wie z.
B. in αβλαναθαναλβα. Kohut (Angelologie 90) hat dies nicht
erkannt und das eine ‎דפקיק‎, das er übrigens willkürlich mit
„geborsten" (‎פקע‎?) übersetzt, getilgt. Dies Wort will jedoch

---

[1]) Ausgaben: ‎לביפה‎, Raschi: ‎לביפה‎, Aruch ‎לביבא‎, siehe Kohut IV
179b—180a s. v. ‎בב‎ III und IV; Levy II 283. Raschi citirt im Namen
seiner Lehrer eine Erklärung, nach welcher hier von Besessenheit
(= ‎שד כסאו‎) die Rede wäre. Brecher p. 198 übersetzt: Blatterrose.

[2]) Sota 22a heisst es: Die Leute sagen, der Magus murmelt, weiss
aber nicht, was er sagt; ebenso recitirt der Mischnagelehrte (‎תנא‎) seine
Mischna und versteht sie nicht.

sagen, der Besessen sei von Dämonen, erfüllt, voll gestopft. Die erwähnten Dämonen, so auch den bald. zu nennenden שידיקא סנדא, weist Kohut als Daevas nach.

18. Gegen den Dämon des Abortes: אקרקפי דארי ואאוסי דנורייתא אשכחתו לשידאי בר יצירוקא סנדא במישרא דטרתי חבטיה בלועא דחמרא חטרתיה.

„Auf dem Haupte des Löwen und auf der Nase der Löwin fand ich Schidai bar Scherika Panda. Ich stürzte ihn in ein Kressenbeet und schlug ihn mit eines Esels Kinnlade."

19. Wenn jemandem ein Knochen im Schlunde stecken bleibt, so bringe man einen Knochen derselben Gattung und lege es ihm auf den Scheitel und spreche also: חד חד נחית בלע בלע נחית חד חד.

„Eines, eines geht herunter, schlucke; schlucke, es geht herunter eines, eines."

Ist es eine Fischgräte[1]), so spreche man: נגעתא כמחט נגעלתה כתרים שייא שייא.

„Du bliebst stecken wie eine Nadel, eingeschlossen wie ein Panzer, senke dich, senke dich."

Das erste dieser Heilmittel findet sich auch bei Plinius n. h. XXVIII 49. Merkwürdigerweise heisst es im Talmud (Sabbath 67 a unten), der pal. Amora R. Chijja bar Abin sagte, alle ihm vorgetragenen Gebräuche sind amoritisch mit Ausnahme dieser zwei, woraus zu schliessen ist, dass er die griechische Herkunft dieses Heilmittels gekannt hat. Die erste Formel besteht aus vier Wörtern, welche im zweiten Theile in umgekehrter Reihenfolge wiederholt werden.

20. Wenn ein Weib eine Schlange sieht und nicht weiss, ob diese ihre Begierde auf es richtet, so werfe es ihr seine Kleider zu; wickelt sie sich in diese ein, dann hat sie ihre Begierde auf das Weib gerichtet, wickelt sie sich nicht ein, dann nicht. Wie hilft man sich da? Das Weib übe den Coitus vor der Schlange aus oder es nehme von seinen Haaren und Nägeln und werfe sie der Schlange zu, in dem es spricht: דישתנא אנא „Ich bin eine Menstruirende"[2]). Die Schlange ist das ma-

---

[1]) Agg. לאדרא. Aruch לאדרא; statt שייא liest Aruch שח.

[2]) Sabbath 110 a.

gische Thier κατ εξοχήν. Menstrualblut findet in der Magie
vielfache Anwendung, so auch das menstruirende Weib.
Daschtana ist demnach ganz sicher persisch[1]), wo es
die vom Zusammenhang geforderte Bedeutung hat und man
hat es mit persischem Aberglauben zu thun.

21. Zur Heilung des Blutflusses der Frauen werden
mehrere Mittel empfohlen, die in einen auderen Zusammenhang gehören. Allen gemeinsam ist jedoch die Vorschrift,
das man der Kranken zurufe : קום מזביך.

„Dein Blutfluss höre auf"[2]).

22. Gerade Zahlen (זונות = Paare) bedeuten Unglück,
daher trinke man nicht zwei Glas Wein u. s. w. Höhere
Zahlen jedoch, wie z. B. zehn, schaden nicht mehr. Hat nun
jemand aus Unachtsamkeit sich gegen diese Vorschrift ver-
gangen und sich in dieser Weise dem Muthwillen der
Dämonen ausgesetzt, nehme er den rechten Daumen in die
linke Hand, den linken Daumen in die rechte Hand
und spreche also : Ihr und ich sind drei. Hört
er sprechen : Ihr und ich sind vier, sage er : Ihr und
ich sind fünf u. s. w. Es geschah einmal, dass der Dämon
bei 101 vor Zorn barst.[3]) Die Palaestinenser achteten auf die
geraden Zahlen nicht. „Die Regel ist : wer darauf achtet, mit
dem nehmen es auch die Dämonen genau, mit Anderen nicht."[4])

23. Amemar sagte : Das Haupt der Zauberweiber sagte
mir, wenn man Zauberinnen begegnet, spreche man also :
הרי חמימי בדיקולא בזייא לפומייכו נשי דחרשייא קרח קרחייכי פרח פרחייכי
איבדור תבלונייכי פרחא זיקא למוריקא חדתא דנקטיתו נשים כשפניות
אדהנני וחנכני לא אתיתי לגו השתא דאתיתי לבו קרחני וחנכני.

„Heisser Menschenkoth in gelöcherten Körben in euer
Maul, ihr zauberischen Weiber! Euer Haupt werde kahl,
der Wind verwehe euere Brodkrumen. Er zerstreue euere

---

1) Kohut s. v. רשתנא (III 168b unt.).

2) Sabbath 110b.

3) Pesachim 110a.

4) ib. 110b oben : כללא דמלתא כל דקפ"ד קפדי בהדיה ודלא קפיד
לא קפדי בהדיה. Die erste und oberste Bedingung für die Wirksamkeit
des Zaubers ist überall der Glaube an seine Kraft. Vgl. Nedarim 32a :
כל המנחש סופו לבא עליו ; j. Sabbath VI g. E. (8b) : כל המנחש לו נחש
d. h. wer an Zauberei (Omina) glaubt, dem schadet sie.

Gewürze. Es verflüchtige sich euer Safran, den ihr in eueren
Händen haltet. Hexen! So lange man mir gnädig und ich
vorsichtig war, kam ich nicht in eure Mitte, nun that ich
es und ihr seid mir nicht hold."[1])

Die Elemente dieses vor Bezauberung bewahrenden
Spruches zeigen, was zauberkräftig und was zauberbrechend
ist. Durch das Wort kann gezaubert werden, Menschenkoth
bricht den Zauber; daher der erste drastische Spruch. Haare
und Brodkrumen sind zum Zaubern geeignete Mittel, ebenso
der in der Hand gehaltene frische Safran; daher die Wünsche
bezüglich der Zerstörung dieser Mittel.

24. Wenn zwei Weiber auf dem Kreuzweg sitzen, die
eine auf der einen, die andere auf der anderen Seite des
Weges und das Gesicht einander zuwenden, beschäftigen sie
sich sicherlich mit Zauberei. Wie kann man sich da helfen?
Ist ein anderer Weg da, so gehe man auf demselben, ist
kein anderer Weg da, aber noch ein Mensch, so mögen
die zwei sich gegenseitig die Hand ergreifen und den Weg
in dieser Weise passiren. Ist aber kein zweiter Passant da,
so spreche man: אגרת אזלת אוסיא בלוסיא מתקטלין בחיק קבל.
„Agrath, Azlat, Usia, Belusia [Dämonen] sind durch Pfeile
getödtet"[2]). Man sieht hier, dass die Zauberei Dämonen in
Wirksamkeit treten lässt.

25. Wenn man Mittwoch oder Sabbath Nachts Wasser
trinkt, ist man der Gefahr des bösen Geistes ausgesetzt.
Wie fängt man es da an? Ausser der Recitation von Psalm
29, 3—10 (oben Nr. 11) kann man der Gefahr vorbeugen,
wenn man den nachstehenden Spruch sagt: לול שפן אניגרון
אנירדפין בין כוכבי יתיבנא בין בליעי שמיני אזילנא.

„Lul, Schafan, Anigron, Anirdafin, ich sitze zwischen
Sternen, ich wandle zwischen Mageren und Fetten," d. h. die vier
genannten Dämonen können sich Andere auswählen. Oder
man wecke jemand auf und spreche zu ihm: Ich N. Sohn
der N. durste nach Wasser! dann trinke man. Oder man
klopfe mit dem Deckel auf dem Kruge oder man werfe

---

[1]) Ibid.

[2]) Pesachim 111 a. Die Uebersetzung nach Raschi. der sich auf
Ezechiel 26, 9 beruft. חיק קבל fehlt bei Levy.

etwas in den Krug, dann trinke man.[1]) Durch Klopfen vertreibt man die Dämonen, so auch durch irgend einen — besonders ehernen — Gegenstand. Erzklang verscheucht nach allgemeinem Glauben die Gespenster, daher die Beliebtheit cherner Amulete.

26. Aus Flüssen und Teichen darf man in der Nacht kein Wasser trinken, wegen der Gefahr des Dämons Schabriri. (Samuel ben Meir: Blindheit[?]). Wie hilft man sich da? Wenn jemand da ist, wecke man ihn auf und spreche zu ihm: Ich N. Sohn des N. durste nach Wasser. Wo nicht, spreche man zu sich selbst, N. N. meine Mutter (oder Immi?) sagte mir, hüte dich vor Schabriri:

שברירי

בריר

רירי

ירי

רי

d. h. Schabriri, briri, riri, iri, ri[2]); ich trinke Wasser aus einem weissen Becher. Ein solches Dreieck wird von magischen Wörtern in den Zauberpapyri oft gebildet. So z. B. von den sieben magischen Vocalen αεηιουω, worüber in dem Capitel über die mystischen Gottesnamen ausführlich gehandelt werden soll. Der weisse, d. h. neue, vielleicht silberne Becher ist vermöge des Metalls, aus dem er gefertigt ist, Zauber wehrend, wie der weisse Silberdenar, von dem schon oben die Rede war. Sümpfe sind Aufenthaltsorte für Dämonen[3]).

27. Das Anschreien des Ochsen lautet[4]) הן הן hen hen, des Löwen זה זה ze ze, des Kameels דא דא da da, des Schiffes הילני היא הילא והילוק הוליא hilni, hajja, hila hiluk, hulja.

---

[1]) Pesachim 112a.

[2]) Ibid. und A. Z. 12b; Tosafoth daselbst über die Leseart Brecher 203: Kohut 93; Joel 102.

[3]) Pesachim 112b: Stelle dich nicht vor das Rind, wenn es von der Wiese (אגם, Wiese und Sumpf) kommt, denn der Satan tanzt zwischen seinen Hörnern. Verschiedenes über den stössigen Ochs daselbst Dämonen halten sich auf, in Ruinen (Berachoth 3a u.); unter der Wasserrinne (Chullin 105b); im Bade (Kidduschin 39b unt.); in Aborten.

[4]) Daselbst 112b.

Raschi erklärt ניזהא für לחש d. h. Besprechung. Man kann also den stössigen Ochsen verscheuchen, wenn man han-han ruft, oder aber — und dies ist die richtigere Auffassung — der Ochs wird mit han-han zur Arbeit angetrieben. Alle diese Anrufungen sind magisch, denn auch das Schiff wird angeeifert.

28. R. Assi sagt: Gegen das Gift des Lattichgenusses ist Rettich heilsam; gegen das des Rettichs ist Porree heilsam; gegen das des Porrees ist warmes Wasser heilsam. Inzwischen spreche man: קפא קפא דכירנא לך ולשב בנתיך ולשב כלתיך.

„Kappa, Kappa, ich gedenke dein, sowie deiner sieben Töchter und sieben Schnüre."[1]

Das Gift (= Kappa קפא) wird personificirt und als schädlicher Geist angesprochen. Wie wir schon gesehen haben, sind die Krankheiten zu bösen Geistern sublimirt worden.

29. Die Erkennungszeichen eines tollen Hundes sind: Sein Maul ist offen, sein Speichel fliesst, seine Ohren hängen herunter, sein Schwanz liegt zwischen seinen Hüften, er geht auf dem Saume des Weges und die Hunde bellen ihn an. Manche meinen, auch er belle, aber seine Stimme wird nicht gehört.[2] Gegen seinen Biss darf man dem Kranken nicht von dem Lebernetz des Hundes zu essen geben, denn dies ist kein probates Heilmittel.[3] Blos ein Tanna des zweiten Jahrhunderts, d e r i n R o m l e b e n d e R. Mathia ben Charasch, erkennt die Heilkraft dieses auch von Galenos gebilligten Medicamentes an.[4] Der Patriarch Juda II.

---

[1] Ib. 116a 7. Vgl. Levy IV 349 a.

[2] Baraitha j. Joma 45 b 12; b. Joma 83 b. unt. unbedeutende Abweichung.

[3] Mischna Joma VIII 5 (83 a): מי שנשכו כלב שוטה אן מאכילין איתו. b. 84a: מי שנשכו כלב שוטה מאכילין; מחצר הכבד שלו ורי מתיא בן חרש מתיר חצר הכבד. מחצר כבר שלו וכו' דברי רמב"ח וחב"א באלו אין בהם משום רפואה ist dasselbe was biblisch יותרת על הכבד, siehe hierüber Dillmann zu Leviticus 3, 4.

[4] Vgl. Fuchs, in Fleckeisens Jahrbücher für classische Philologie 40 (1894) p. 189. Galen schreibt aber diese Heilwirkung mehr den mit der Leber verabreichten Medicamenten zu. Während ich dies schreibe, lese ich in einer Zeitung, ein Arzt habe im Schmalze der Galle gewisser

(um 250) gab seinem Sklaven Germani von dem Lebernetz des tollen Hundes, er wurde aber nicht geheilt. Nach dem Biss des tollen Hundes, dem Stich der Schlange, dem Tritt des Maulesels — mit Ausnahme eines weissen — ist noch niemand am Leben geblieben.[1]) Man darf annehmen, dass alle drei Heilmittel nämlich gegen Gelbsucht Eselfleisch, gegen Tollwuth Lebernetz, gegen Ausschlag der Mundhöhle ein Pulver, welche Mathia ben Charasch empfiehlt und welche die palästinischen Gelehrten für nicht heilkräftig erklären, sowie auch das Aderlassen gegen Erstickungsanfall (סרונכי) römischen Ursprungs sind.[2]) Ein 338 gestorbener babylonischer Amora empfiehlt gegen den Biss toller Hunde ein ganz anderes Mittel. Abaji nämlich sagt: Man nehme die Haut einer männlichen Hyäne[3]) und schreibe darauf: אנא פלניא בר פלניתא אמשכא דאפא דיברא כתיבנא עלך בנתי כנתי קלורום ‏(ואמרי לה קנדי קנדי קלורוס) יה יח יהוה צבאות אבן אמן סלה.

„Ich N. Sohn der N. schreibe gegen dich auf die Haut einer männlichen Hyäne: Chanti Chanti Kaloros (manche sagen: Kondi Kondi Kaloros) Jah Jah JHWH Sabaoth Amen Amen Selah."

Man ziehe dann dem Verwundeten die Kleider aus, vergrabe sie in ein Grab auf zwölf Monate, nehme sie dann heraus, verbrenne sie in einem Ofen und zerstreue die Asche auf dem Kreuzwege. Diese zwölf Monate darf der Verwundete nur aus einem ehernen Rohr Wasser trinken, denn er sieht vielleicht das Bild des Dämons (im Wasser) und wird da-

---

Thiere ein Heilmittel gegen den Biss von Schlangen und toller Hunde gefunden.

[1]) j. Joma 45 b oben; Genesis r. c. 82 g. E. (311a), wo חבובר und פרדה als Mischgattung gekennzeichnet wird, heisst es, das weisse Maulthier sei das gefährlichere.

[2]) Joma 84a unt. Galenos lebte in Rom 164—167, bereiste nachher auch Palaestina; Mathia ben Charasch blühte um 150. Gegen Gelbsucht empfiehlt Galenos Hirschkorn zerrieben (Fleckeisens Jahrbuch 40, 142).

[3]) צבוע זכר = אבא דיברא, das im Alterthum als ein fabelhaftes Thier galt, welches sich nach sieben Jahren in ein Weibchen verwandelt; cf. Levy IV 166a s. v. צבוע. Kondy ist im Persischen die Opferschale; es dürften daher diejenigen Recht haben, die auf den Zauberzettel קנדי schreiben heissen.

6

durch in Lebensgefahr kommen. In einem vorgekommenen Falle. Tiess die Mutter des Betroffenen ein Goldrohr an-fertigen.[1])

Die Kleider des Menschen vertreten nach talmudischer Auffassung den Menschen selbst.[2]) Wenn man sich an einen tollen Hund angerieben hat, wirft man die Kleider weg und lauft.[3]) Allenfalls auch deshalb, weil die bösen Dämonen an die Kleider sich angesetzt haben. Erz vertreibt die Dämonen, daher das eherne Rohr; Feuer vertreibt ebenfalls Dämonen, daher das Verbrennen der Kleider. Das Grab und der Kreuzweg dürfen als Zauberorte nicht fehlen. Ueber Stoff und Inhalt des Amulets werden wir noch sprechen.

30. Gegen Blindheit, welche über den Menschen in der Nacht kommt, verfahre man also: Man nehme einen Strick aus den Schwanzhaaren eines Pferdes und einer Kuh und man binde mit dem einen Ende den einen Fuss des Menschen und mit dem anderen Ende einen Fuss eines Hundes. Dann sollen Kinder zerbrochene Scherben hinter ihm her aneinander schlagen und sprechen: '(Var. אסא) אשא כלבא אכסא תרנגולא.

„Alter Hund, närrischer Hahn."[4])

Dann sollen aus sieben Häusern sieben Fleischstücke in das Loch seiner Thürschwelle gelegt und hernach auf dem Misthaufen[5]) der Stadt aufgegessen werden. Hierauf löse er den Band von seinen Füssen und spreche also: שברירי דפלוני מר פלוניתא שבקינהו לפלוני בר פלוניתא.

„Blindheit des N. Sohn der N. verlasse N. Sohn der N" Hierauf durchlöchere man den Augapfel des Hundes[6]).

Gegen Tagblindheit. Er nehme sieben Stücke Milz aus sieben Rindern und lege es auf einen Aderlass-

---

[1]) Joma 84a oben. Plinius XXIX 32.

[2]) Baba Bathra 153a unten: Raba's Kleider werden in's Wasser geworfen, damit der Fluch, Rabas Schiff untergehe, in dieser Weise erfüllt werde (oben p. 73 n. 5)

[3]) Joma 84a ob.

[4]) Siehe Kohut I 308a אשא; Levy I 76a אבסא.

[5]) Entweder der grossen Oeffentlichkeit (vgl. Pesachim 114a 7) oder des zauberkräftigen Ortes halber.

[6]) Gittin 69a ob.; Brecher 212 fehlerhaft.

scherben des Wundarztes. Der Kranke sitze im Zimmer, ein Mensch draussen. Dieser spreche: Blinder! Gib her, dass ich esse. Jener antworte: Wo ist die Thür? Nimm und iss! Nachdem er gegessen, zerbreche er den Scherben, sonst bekommt er selbst die Krankheit.[1])

Im ersten Mittel wird die Krankheit auf den Hund übertragen; die sieben Stücke Fleisch, die gegessen werden, gehen sicherlich auf ein Opferritual zurück. Die Thürschwelle ist zauberkräftig.

Der Aderlassscherben ist in Folge des Blutes und Schmutzes voll von Dämonen, der Blindheits-Dämon soll wahrscheinlich mit dem Fleisch zu den übrigen Dämonen gelockt werden. Der Scherben wird zerbrochen, weil sein Klang die Dämonen vertreibt, wie bei der Nachtblindheit der von den Kindern mit den Scherben verursachte Lärm. So ist beiläufig dieses Zauberritual zu verstehen.

31. Gegen Nasenbluten suche man sich einen Kohaniten, der Levi heisst, dieser schreibe לוי umgekehrt, d. h. יול; wo nicht, bringe man einen Nichtpriester und dieser schreibe ebenfalls umgekehrt: אנא פפי שילא בר סומקי. „Ich bin Papi Schila, Sohn Sumkis" (Milz oder roth). Nützt dies nicht, werden andere Zaubermittel empfohlen, in denen Zauberkräuter, das Bett, Wolle, rechte und linke Hand u. s. w. vorkommen. Wenn auch dies nicht nützt, setze sich der Kranke unter die Dachrinne, wo sich bekanntlich Dämonen aufhalten, und man bringe Wasser und giesse es auf ihn, indem man spricht: Wie dieses Wasser aufhört, so möge auch das Blut des N. N. aufhören. Oder man schreibe ein Amulet folgenden Inhalts: טעם דלי במי כסף טעם דלי במי פגם[2])

Das erste Mittel, wo ein כהן des Namens לוי durch seinen von rückwärts geschriebenen Namen den Dämon gleichsam exorcisiren soll, ist jüdisch gefärbt. Im zweiten Mittel wird dem Dämon mit der Erklärung, er habe es mit Pappi Schila bar Sumki zu thun, Furcht eingejagt. In den Zauberpapyri und auch sonst sind mit ἐγώ εἰμί eingeführte Zauberformeln, in denen sich der Zauberer mit einem mächtigen Dämon

---

[1]) Gittin ib.
[2]) l. c.

oder gar einem Gotte identificirt, sehr häufig anzutreffen. Im letztgenannten Amulet sind dieselben Worte bis auf das letzte wiederholt. Wenn auch der ganze Satz nicht verständlich ist, deutlich ist immerhin, das Wasser und Silber, welche Dämonen vertreiben, erwähnt sind.

32. Gegen Milzanschwellung nehme man sieben Blutegel, trockne sie im Schatten und trinke jeden Tag zwei oder drei in Wein, d. h. in drei Tagen. Man hat also die Zahlen 7 und 3 für sich. Die Sonne bricht die Zauberkraft, daher die Vorschrift vom Schatten. Nützt dies nicht, so nehme man die Milz einer Ziege, die noch nicht geworfen hat, zerreibe sie im Ofen, stelle sich ihr gegenüber und spreche: „Wie diese Milz getrocknet worden, so möge auch die Miltz des N. Sohn der N. zusammentrocknen." Man kann dieselbe Milz auch an der Wand trocknen lassen.[1])

Eine Betrachtung des vorgelegten Materials führt uns zu den folgenden Schlüssen über Form und Inhalt der Zaubersprüche. Zuvörderst muss constatirt werden, dass kein einziger Spruch von palästinensischen Lehrern herrührt. Diese sprechen im Allgemeinen vom Zauber mittelst Sprüchen, glauben auch an ihre Wirkungen, theilen aber solche nicht mit, wenn man die verbotenen amoritischen Ausrufungen nicht als solche ansprechen will. In echtjüdischen Kreisen hat man augenscheinlich Bibelverse (Nr. 8 ff.) an die Stelle der Zaubersprüche gesetzt und diese in solcher Weise jüdisch-monotheistisch gefärbt. Die Tannaiten erheben auch gegen diese schriftgelehrte Magie Protest, aber schon Jochanan, der grösste Amora des heiligen Landes, empfiehlt sie. Ganz merkwürdig ist die Heranziehung des Dornbusches und der betreffenden Schriftstelle als sympathetisches Mittel.

Die babylonischen Amoräer hingegen geben unverfälschte Zaubersprüche an, in denen Dämonen und barbarische Worte, welche im Zauber allgemein beliebt sind, nicht fehlen. Götzennamen dürften sich jedoch auch

---

[1]) Gittin 69 b. Beim Exorcismus stellt sich der Beschwörer ebenfalls dem Kranken gegenüber (siehe weiter p. 68). Talg einer jungfräulichen Ziege wird in Pap. Paris Zeile 2709 (Wessely I 88) erwähnt Vgl. auch b. Pesachim 42 b, fettes Fleisch einer solchen Ziege.

in diesen Formeln nicht finden. Die Person, für die der
Zauber ausgeführt wird, wird mit Namen genannt, von den
Eltern aber ist stets die Mutter und nie der Vater angeführt
(Nr. 13, 29, 30), wie es auch in den magischen Formeln
anderer Völker üblich ist. Abaji theilt im Namen seiner
Pflegemutter die Regel mit, dass bei allen magischen Sprüchen
der Name der Mutter erwähnt werden müsse[1]). Hierin darf
man, wie mir scheint, einen Rest aus der Urzeit der Magie
erblicken, wo die Kinder blos die Mutter kannten. — Manche
Formeln werden zweimal gesetzt, das erste Mal von vorne und
das zweite Mal von rückwärts angefängen (Nr. 17, 19);
andere blos Ein Mal (Nr. 31 und nach unserer Erklärung
auch Nr. 10). Der hebräische Terminus für dieses Verfahren
heisst למפרע (Nr. 31), was für unsere späteren Untersuchungen
von besonderer Bedeutung ist. Da im Hebräischen keine
Vocale geschrieben wurden, wurde das rückwärtige Lesen
in den meisten Fällen auf die einzelnen Worte, und nicht
auf die einzelnen Silben angewendet. Man sprach also חד חד
נחת בלע in umgekehrter Reihenfolge חד חד נחת בלע. Es findet
sich jedoch auch die Anweisung ילי statt לי und אנא פפי
שילא בר סומקי umgekehrt zu s c h r e i b e n. Es ist demnach
evident, dass die letztere Art der Umkehrung im geschriebenen
Talisman, während die erstere in der gesprochenen Zauberformel üblich war. Von der Rückseite betrachtet, ist nämlich
das Schriftbild ein umgekehrtes. So sagt R. Chisda[2]), die
Schrift der Bundestafeln war von inwendig und auswendig
lesbar, z. B. נבוב : בובן, בהר : רהב, סרו : ורס. Man glaubte
sicherlich, dass die umgekehrte Schrift oder Recitation
kräftiger sei, da sie ja die Bestimmung hatte als Gegenmittel zu dienen, den Zauber zu brechen, u m z u k e h r e n.
Ich wage es auch zu behaupten, das Rab Chisda den beregten Ausspruch aus derselben Anschauung heraus gethan
hat. Er wollte nämlich sagen, die Schrift der Bundestafeln

---

[1]) Sabbath 66 b; כל מנינא בשמא דאימא nach Raschi = לחש. Deissmann, Bibelstudien 37 n. 2, hätte sich auf diese Regel und auf die an
geführten Belege berufen können.

[2]) Sabbath 104 a 12 · כתב שבלוחית נקרא מבפנים ונקרא מבחוץ.

war überaus kräftig, es fehlte ihr auch diejenige Kraft
nicht, welche seine Zeitgenossen und auch er selbst den
umgekehrt geschriebenen Formeln der Amulete zueignete.[1])
— Ebenso wie das umgekehrte Lesen und Sprechen, macht
auch die Wiederholung (12, 27) den Spruch kräftiger.
Beliebt sind als Zahlen d r e i (8, 32) oder d r e i M a l d r e i
(11); ferner s i e b e n (11, 14, 30 bis 32). Ueber die letztere
Zahl hat Grimm. Handbuch zu den Apokryphen des Alten
Testaments IV 132. gehandelt. Sie kommt wie die Zahl 3
in der jüdischen Tradition zu Hunderten von Malen vor, so
dass die Maxime ausgesprochen werden konnte: Alle Sieben
sind beliebt[2]).

2. A m u l e t e.

Amulete werden gebraucht, um den Menschen oder seinen
Besitz, wie Haus, Vieh u. s. w., gegen böse Einwirkungen von
Zauberei Dämonen und anderer Umstände prophylaktisch zu
schützen, oder das schon eingetretene Unheil, Krankheiten und
Schäden verschiedenster Art, abzuwenden. Diese Sitte ist nicht
nur im Orient, sondern auch im Occident bis auf den heutigen
Tag weit verbreitet. Da man sie auch bei Naturvölkern
findet, ist es ganz sicher, dass sie bei allen Völkern genuin
ist, wie die Zauberkunst selbst, deren Gegenmittel sie bildet.
Auch bei den classischen Völkern stand das Amuletenwesen
in Blüthe und man hat gar keinen Grund dasselbe als einen
aus dem Orient eingeschleppten Aberglauben anzusehen.[3])
Die heilige Schrift kennt schon Amulete, welche mit „Le-

---

[1]) Raschi meint. K. Ch. will blos sagen die Tafeln waren von
den Buchstaben durchstochen, weshalb ם und ע (in althebräischer
Form ein Kreis) nur durch ein Wunder stehen blieben. Allein dies hat
Ch. schon in seinem ersten Ausspruche: מים וסמ״ך שבלוחות בנס חיו
עומרין deutlich genug gesagt, es bedurfte also keines zweiten Ausspruches, der obendrein mit יאמר ר״ח eingeführt wird.

[2]) כל השביעין חביבין.

[3]) Ueber die Begriffsbestimmung, sowie über den Gebrauch von
Amuleten bei Griechen und Römern s. PW. I 1984 ff; Daremberg et
Saglio. Dictionnaire des antiquités grecques et romaines I 252 ff. Die
Etymologie des Wortes ist noch nicht ermittelt, da das arabische h a -
m a l e t nicht die Bedeutung »Umhängsel« hat.

chaschim" (Jesaia 3, 20) gemeint sein dürften.[1]) Wenn man aber auch dieses Wort anders erklären will, kann an der Thatsache des häufigen Gebrauches von Talismanen in biblischer Zeit nicht gezweifelt werden, da alle Schmuckgegenstände ursprünglich Schutzmittel waren.

Die jüdische Traditionslitteratur benennt das Amulet mit dem Worte „Kemea", dessen Stamm **b i n d e n** bedeutet; eine **K e m e a** ist also etwas, was um- oder angebunden wird, so dass die Etymologie „Umhängsel" für das jüdische Amulet dem Wesen nach ihre Richtigkeit behält.[2]) Diese Benennung ist einem rein äusseren Umstande entnommen und deutet über den Inhalt der Amulote gar nichts an. Thatsächlich waren sie auch so dem Inhalte, wie der Form nach sehr verschieden.

Zunächst ist zu constatiren, dass das Tragen von Amuleten nicht verboten, ja sogar sehr verbreitet war. Die Amulete, welche auf dem blossen Leibe der Gefallenen gefunden worden sind (II. Makkabäer 12, 40), stammten aus dem Götzentempel zu Jamnia, sonst hätten sie keinen Anstoss erregt.[3]) Denn Amulete tragen, war nicht verboten. Wie die jüdischen Freiheitskämpfer das Amulet unter den Kleidern auf dem blossen Leibe trugen — sicherlich um seine Schutzkraft durch die Verborgenheit intact zu erhalten — so führten die aegyptischen Krieger den Skarabäus auf einem **Ring** (Plut. Is. 10, Aelian. Hist. Anim. X 15). Die **Kemea** wird in verschiedenem Zusammenhange mit den **Tefillin** (Phylacterien) zusammen genannt; wie z. B. ob sie

---

[1]) Vgl. Winer, Biblisches Realwörterbuch [3] I 56 und die Commentare zu Jesaias 3. 18 ff.: Genesis 35. 4 und andere Stellen; über die Amulete des Talmuds Hamburger, Real-Encyclopädie für Bibel und Talmud, Supplementband II p. 8—11: Joel, Aberglaube 87.

[2]) Tosifta Demai II 18 (48,19) = A. Z. 39 a unt. = Bechoroth 30 b u. מעשה באשה אחת שנישאת לחבר והיתה קושעת על ידיו תפלין נישאת לטוכם וקשרה על ידיו קשרים. Vgl. noch Tosifta Kelim VI 1 (584,33) הסנדל משיקשע und Raschi Sabbath 61 a 5 v. u. קשר קמיע אינו אלא לשון. Das Amulet heisst קמיע, nach traditioneller Aussprache קְמֵיעַ, Levy IV 326 vocalisirt קָמִיעַ

[3]) ἱερώματα τῶν ἀπὸ Ἰαμνείας εἰδώλων. Vielleicht ist ἱερώματα = קרשין aram. = Amulet.

am Sabbath getragen werden dürfe[1]), ob sie als Geräth betrachtet wird, um unrein werden zu können[2]), wie es damit
in diesem Punkte zu halten sei, wenn sie zerissen worden[3]),
wie sie im Unreinheitsfalle durch Eintauchen in s Wasser
wieder gereinigt wird[4]) und dgl. Kemea und Tefillin waren
nämlich denselben gesetzlichen Bestimmungen unterworfen,
denn beide hatten um ihren Inhalt einen undurchdringlichen
Ueberzug aus L e d e r, wie auch Griechen und Römer und
andere alte und neue Völker die Amulete in Kapseln (bullae)
trugen. Von dieser Umhüllung wird ausdrücklich gesprochen ; sie kann unrein werden, so lange der als Amulet
zu schützende Gegenstand in sie eingewickelt ist, anderen-
falls ist sie rein.[5]) Ein solches Stück Leder, das einem
Amulet als Umhüllung dienen konnte, durfte man am Sabbath
nicht über die Strasse tragen.[6]) Jedoch gab es auch Amulete
ohne Umhüllung.[7])

Das Amulet selbst konnte entweder aus einem beschriebenen Gegenstand oder aus Kräuterwurzeln bestehen.)

---

[1]) Mischna Sabbath VI 2: לא יצא האיש . . . ולא בתפלה ולא בקמיע, also nur ein bewährtes Amulet darf am Sabb. getragen werden.

[2]) Sifra Weiss 53 b unt. zu Leviticus 11. 32: כל כלי לרבות הקלע והקמיע והתפלה.

[3]) Tosifta Kelim Baba Bathra II 6 (592₁₃): חכדור יהקמיע והתפלין . . Mischna Kelim 23, 1 שנקרעו.

[4]) Mischna Mikwaoth X 2: חכדור וחאמום וחקמיע והתפלה אין צריכין שיבואו בהם המים.

[5]) Tosifta Kelim Baba Mezia I 12 (579₁₇): עור שבורך בו את הקמיע טמא, פשטו טהור, מטמא ומטהר אפילו עשרה פעמים ביום.

[6]) Mischna Sabbath VIII 3: עור כדי לעשית קמיע דוכסוסטוס כדי ; j. Sabb. 11 b 42 citirt eine andere Leseart: עור כדי ליתן על הקמיע, welche präciser ist, denn das Amulet selbst bestand nicht aus Pergament. »On a constaté que les recettes écrites sur parchemin (breve) étaient rares et que l'usage gé-néral était de les graver sur une matiére: les l a m i n a e ·a r g e n t e a e et les l a m i n a e a u r e a e·sont spécialement recommandées par Marcellus Empiricus.« (Daremberg et Saglio, Dictionnaire des antiquités grecques et romaines I 255 a).

[7]) Sabbath 61 b Zeile 1· חכא במאי עסקינן במחופה עור.

[8]) Tosifta Sabbath IV 9 (115₂₃): בין בקמיע ש_כתב ובין בקמיע. Sabbath 61 b: אחד קמיע של כתב ואחד קמיע של עקרין; שבעקרין.

Wie es scheint, dienten auch Getreidekörner in Leder ein-
gebunden als Amulet, denn es wird verboten, aus dem
zweiten Zehnten, das der Eigenthümer in Jerusalem zu ver-
zehren hatte, ein Amulet zu machen.[1]) Was dem Götzen
geräuchert wurde oder einige Späne von dem Baume der
Aschera galten als besonders heilkräftig, es wurde daher
ausdrücklich verboten, aus diesen Sachen eine Kemea zu
verfertigen.[2]) Verschiedene Pflanzen dienten auch Griechen
und Römern als Amulete zu den mannigfachsten Zwecken.[3])
„Aus dem Holze des Schiffes machen die Bewohner des
Landes Amulete, die sie zum Schutz gegen Behexungen
um den Hals hängen" sagt Abydenos, Fragm. 16 (Lenormant
170). Häufiger als Kräuter werden Metallplatten zu Amuleten
verwendet worden sein, welche aus einer oberen und einer
unteren zusammengesetzt waren.[4]) Was die Holzplatten, die
ein · Mal in Verbindung mit der Kemea genannt werden,
bedeuten, ist nicht klar.[5]) Eine Perle in Leder eingewickelt
soll als Heilmittel dem Vieh um den Hals gebunden worden
sein.[6])

Amulete trug nämlich nicht nur der Mensch, sondern
auch das Vieh. Dem Pferde wurde ein Fuchsschwanz oder
ein Karmesinfaden zwischen die Augen gehängt, um es vor
dem bösen Blick zu schützen; während bei sonstigem Vieh
von Kemea im Allgemeinen gesprochen wird.[7]) Da das

---

[1]) Tosifta Maaser Scheni 13 (86₁₉): אין עושין אותו ... מעשר שני.
קמיע. Man kann auch anders erklären.

[2]) Exodus rabba c. 16 fol. 64a Wilna: טול ממה שמקטירין לע"ז אי.
טיל מן האשרה ועשה בהן קמיע והתרפא אל תטול. Vgl. Pesachim 25a und
A. Z. 28ab. Siehe oben p. 87 n. 3.

[3]) PW. I 52 ff. Das jüdische Amuletenwesen ist im Vergleich zu
dem classischen armselig.

[4]) Tosifta Kelim Baba Mezia 1 11 (579₁₆): חמיע של מתכות וכו'.
נתפרק, התחתון טמא והעליון טהור. Vgl. Seite 88 n. 6.

[5]) Ib. I 12 הקמיע טהור פסלין שהוא כותב עליו את. Levy sub פסלין
übersetzt Holzstücke, Zuckermann in dem Wörterverzeichniss zu seiner
Ausgabe Metallplatte.

[6]) Mischna Kelim XXIII 1 צרור המרגלית nach Raschi's Interpretation Sanhedrin 68a. Vielleicht ist kein wirklicher Edelstein oder blos
ein Splitter aus einer Perle gemeint.

[7]) Tosifta Sabbath IV 5 (115₁₄) = b. Sabb. 53a unt.: לא יצא חסום
[בשבת] בינכ ישיעל ולא בזהורית שבין עיניו וכו' ולא בקמיע אעפ"י שהוא מומחא

Pferd kein semitisches Thier ist und in Palästina, wo die
Feldarbeit mit Kühen und der Güterverkehr mit Eseln
besorgt wurden, nie so recht heimisch ward, ist von vorne-
herein anzunehmen, dass dieser Aberglaube arischen Ursprungs ist. Thatsächlich findet man ihn bei den classischen
Völkern. Kinder trugen noch öfters Amulete als Erwachsene
und zwar auch in der Hand.[1]) Kinder besitzen nämlich eine
schwächere Widerstandskraft als Erwachsene und sind in
Folge dessen der Fascination mehr ausgesetzt. Ausgesetzte
Säuglinge wurden für legitim betrachtet, wenn ihnen Knoten,
geschriebene Zettel oder ein sonstiges Amulet um den Hals
gebunden war[2]), weil aus diesen Umständen zu ersehen ist,
die Mutter wolle das Kind am Leben erhalten. Schon das
Fremdwort Pittakion (Zettel) zeigt, dass man es hier mit
hellenistischem Aberglauben zu thun habe. Thatsächlich
schützten im Alterthum Eltern und Ammen die Kinder
durch Umhängung eines Amulets. Ausgesetzten oder in
Ammenschaft gegebenen Kindern hängte man irgend ein
Spielzeug um, um es später zu erkennen[3]). Gegen Fascination schützt man die Kinder durch Amulete (turpiculae
res), als Skarabäen, Gryllen, kleine Monde[4]). Man schützte
nicht blos sich selbst, sein Kind und sein Vieh durch diese
Mittel, sondern auch seine Möbelstücke und Geräthe. Man
schrieb zu diesem Zwecke auf Henkel und Fussgestell den

וזה חומר בבהמה שאין באדם. Das Vieh durfte also auch mit keinem be-
währten Amulet am Sabbath ausgehen (vgl. hierüber auch Sabbath 53 b),
während dies einem Menschen gestattet war (Mischna ib. VI 2).

[1]) j. Sabbath 16 b. כקמיע מומחח ביד תינוק.

[2]) Kidduschin 73 b oben: רטי חומרא תלי פיתקא ותלי קמיעא-אין בו
משום אפופי. Hier ist mit פיתקא (= πιττάκιον) ein geschriebenes, während
mit קמיעא ein aus Kräutern bestehendes Amulet bezeichnet ist. Bechoroth 8 b lautet eine spasshafte Geschichte folgendermassen: Eine Mauleselin warf ein Junges, dem ein Zettel um den Hals (תלי ליה
פיתקא) angehängt war, in welchem geschrieben stand: es fordere vom
Vaterhause 100,000 Zuz. (Die Mauleselin hat keine Jungen, vgl. weiter
unten p. 68). Im Pariser Papyrus (ed. Wessely Wien 1888) Zeile 3141
heisst es: καὶ εἰς πιττάκιον ἱερατικὸν γράφε τὰ ὀνόματα ταῦτα.
Das Wort πιττάκιον kommt in den Zauberpapyri mehrmals vor.

[3]) Daremberg et Saglio. Dictionnaire I 255 b und 1561 a unten.

[4]) Pauly IV 1408.

Gottesnamen.¹) Müller (Masecheth Soferim p. 78) meint. damit
man beim Erwachen sofort den Gottesnamen vor Augen habe
und im Schlafe unter dessen Schutz stehe." Ganz falsch.
Man wollte Hausgeräth und besonders Bett vor Behexung
schützen.

Aus schon angeführten Belegen wissen wir, dass Kinder
Amulete ausnahmsweise in der Hand²) und gewöhnlich am
Halse getragen haben. Man befestigte die Amulete — sowol
die schriftlichen als die pflanzlichen — auch an Hals-
ketten, in Ringen oder in anderen Schmucksachen.³)
Abraham trug einen Edelstein am Halse aufgehängt, jeder
Kranke, der ihn sah, wurde sofort geheilt.⁴) Alle Schmuckgegenstände sind ursprünglich apotropäische Mittel, wessen
man sich aber in talmudischer Zeit nicht mehr bewusst
war. Das Amulet wurde manchmal in einen ausgehöhlten
Stock hineingelegt, der hierdurch umso schutzkräftiger
wurde. weil die Leute das Amulet in ihm nicht ver-
mutheten. Das Amulet war gleichsam eine versteckte Waffe.
Wie ein Vater einen solchen Stock seinem Sohne gibt, damit
er durch denselben gegen Zauber und bösen Blick geschützt
sei, so gab Gott Israel die Thora, um es zu schützen.⁵) Der
Segen Numeri 6, 24—26 schütze Israel gegen das böse
Auge, wie ein Amulet, das ein Mensch auf sich hat.⁶)
Jakob hatte in seinem, seines Vaters etc. Verdienste fünf
Amulete in seiner Hand, weshalb der Engel ihm nicht bei-

---

¹) Sabbath 61 b; Arachin 6a.
²) Vgl. auch Sabbath 61 b unt.
³) Tos. Sabbath IV 10 (115₈₀); j. Sabbath 8b oben: יוצאין בקמיע
סומחח בין בכתב בין בעשבים ובלבד שלא יתנגו לא בשיר ולא בטבעת . . .
סילונח בתחן סתניתיה מחי. Levy III 508b übersetzt סילונה „hohles Rohr
oder eine längliche kanalförmig gebogene Tasche." Dies passt in den
Context nicht. Daselbst wird auch gefragt, ob man mit טומייקח (nach
Levy III 52 b zu lesen טונייק = μανιάκης oder μανιάκον,) ausgehen
dürfe.
⁴) Tosifta Kidduschin V 17 (343₂₇). Nach Abr. Tode hat Gott
diese מרגלית טובד an die Sonne (נלנל חסח), oder nach anderer L A בים)
gehängt.
⁵) Leviticus rabba c. 25 Anf. נטל סקל וחקקו ונתן בו קסיע ונתנו
לבנו ובי.
⁶) Pesikta r. c. 5 (9 b); Numeri r. c. 12.

kommen konnte.[1]) Gewöhnlich hat man die Kemea, wie es
scheint, am Arme getragen, denn es wird gesagt, der König
trage die Tora am Arme, wie ein Amulet[2]); ebenso hänge
Gott den Sturmwind an seinen Arm wie eine Kemea[3]).

Hauptzweck der Amulete war entweder die Abwendung
des bösen Auges und sonstiger Bezauberung oder Heilung
von schon eingetretenen Krankheiten. Man unterschied
zwischen Amuleten, welche ein, zwei oder drei Mal geheilt
haben; welche bei drei verschiedenen Personen je Ein Mal
oder bei Einer Person drei Mal genützt haben. Auch die Frage
wurde ventilirt, ob eine Kemea, welche beim Vieh sich als
wirksam erwiesen, als eine „bewährte" zu betrachten sei.[4])
Wie bei allen Völkern, bedienten sich auch bei den Juden
nicht nur die Ungebildeten, „das Volk", sondern auch die
Aerzte der Amulete, wie ausdrücklich bezeugt ist. Da die
Krankheiten, wenn auch nicht alle, als durch Dämonen verursachte aufgefasst wurden, kam das Amulet auch als Dämonen vertreibendes oder abwehrendes Mittel in Anwendung.[5])
Der Dämon konnte durch ein Amulet, in welchem sein
Name eingeschrieben war, oder sonst wie beschworen
werden.[6]) Ein Gaon (um 1000) meinte: „es gibt manche
Dinge, bei denen die Engel nach eigener Einsicht handeln
und einer Erlaubniss von Oben nicht bedürfen. Daher werden
Kameen geschrieben und Namen gesprochen, damit die
Engel in der betreffenden Angelegenheit mithelfen".[7]) Eine

---

[1]) Genesis r. c. 77; Schir rabba zu 8, 5 sub מי זאת.

[2]) Sanhedrin 22 a 15: [ספר תורה] כמין קמיע ותולה. עושה אותה
תפלין בזרועו: (48ᵢₒ) vgl. Tos. Demai II 17, בזרועו:

[3]) j. Sabbath 16 b = j. Joma 40 c u. = j. Chagiga 77 a 1: וסערה
עשאה הקב"ה כמין קמיע ותולה בזרועו.

[4]) Siehe über diese Fragen Tosifta Sabb. IV 9. 10. (115₂₅); b.
Talmud ib. 61 b. Bemerkenswerth ist, dass j. Sabb. 7 c oben babylonische Amoräer erklären, was als מומחה קמיע angesehen werden darf.
Siehe auch j. Sabb. 8 b 3: נאמן הרופא לומר קמיע זה מומחה רפיתי בו
ושניתי ושלשתי וכו' עיי"ש

[5]) Pesachim 116b 12. 16, 20; Gittin 69a gegen קרדייקוס =
καρδιακός (schon oben 14 n. 1. erwähnt).

[6]) Baba Bathra 134 a Samuel ben Meir zu שידים שיחת: Aruch sub
מח. Gittin 67 bis Raschi zu לקמיע: שמשביעין בו את הרוח בשמו u. sonst.

[7]) Responsen der Geonen (תשובת הגאונים ed. Harkavy Berlin
1885) Nr. 373 p. 189 ob.

monotheistische Rechtfertigung des Amuletenwesens gegen
das erwachende philosophische Bewusstsein.

3. Inhalt und Form geschriebener Amulete.

Wir haben bisher nur solche Stellen angeführt, wo
Kemea ausdrücklich genannt wird ; die in der Tradition
erwähnten Amulete sind jedoch mit diesen bei Weitem nicht
erschöpft, da alle Schutzmittel in diesen Kreis gehören. Diese
letzteren werden in einem besonderen Capitel aufgeführt werden ; bevor jedoch dies geschieht, müssen wir die geschriebenen
Amulete, welche man mit dem Namen Talismane belegt
hat, näher in Augenschein nehmen, um ihren Inhalt zu
eruiren, da im Talmud mit Ausnahme der im ersten Capitel
dieses Abschnittes angeführten, keine Amulete mitgetheilt
werden. Wir sind also auf Schlussfolgerungen aus allgemein
gehaltenen Aussprüchen und Analogien angewiesen. Die
wichtigsten Stellen lauten :

„Die Eulogien und Amulete, obgleich in ihnen Buchstaben des Gottesnamens und vielerlei Dinge aus der Tora
enthalten sind, dürfen am Sabbath vor Feuergefahr nicht
gerettet werden und man lasse sie auf ihrer Stelle verbrennen."[1] Es geschah einmal, dass jemand in Sidon Eulogien
schrieb ; als R. Ismael (blühte um 100 post) zu ihm kam,
um sich hiervon zu überzeugen, warf er ein Bündel Eulogien
in einen Wasserzuber, was R. Ismael für eine noch grössere
Sünde erklärte, als das Schreiben der Eulogien.[2] Die Amu-

---

[1] Baraitha Sabbath 115 b : הברכות והקמיעין אף על פי שיש בהן
אותיות של שם ומעניות הרבה שבתורה. אין מצילין אותן מפני הדליקה אלא
נשרפין במקומן. In der Parallelstelle Sabbath 61 b fehlt של שם nach אותיות,
es muss aber ergänzt werden, denn sonst hat אותיות keinen Sinn ; in
der Tosifta Sabbath XIII 4 (128₂₉) fehlt das wichtige Wort והקמיעין
und statt אותיות של שם heisst es מאותות השם: im Tractat Soferim XV
4 fehlt sowohl והקמיעין als auch אותיות של שם. Es steht ausser Zweifel,
dass Variationen einer und derselben Baraitha vorliegen. Das entscheidende
Wort והקמיעין ist aus Sabbath 61 b gesichert, denn dort wird unser
Lehrsatz auf die Frage, ob ein Amulet heiligen Charakter habe, als
verneinende Beweisstelle angeführt. Die ebenfalls wichtigen Worte של
שם sind durch drei Zeugen gesichert, der Compilator des Tractats
Soferim hat sie vielleicht nur deshalb ausgelassen, weil er von קמיעין
nicht spricht ; auch dürfte ihm אותיות של שם statt des kürzeren שם
auffallend und nicht klar gewesen sein.

[2] l. c. mit Ausnahme von Sabb. 61 b.

lete enthielten demnach Buchstaben des Gottesnamens und
Vielerlei aus der Tora. Es dürfte jedem einleuchten, dass
hiermit der Inhalt des Amulets nicht erschöpft ist, denn
sicherlich hat es noch den Namen der Person, die es zu
schützen bestimmt war, enthalten, wie die Analogie der
Besprechungen lehrt. Ausserdem wird nach derselben Analogie auch eine Anspielung auf die Gefahr, die der betreffenden Person droht, oder auf die Krankheit, mit
welcher sie behaftet ist, nicht gefehlt haben. Die Baraitha
will den Inhalt der Amulete nicht beschreiben, sondern
lediglich jene zwei Momente hervorheben, welche die Rettung
derselben nahelegen möchten und durch welche die Schreiber
eine Entweihung verschulden können. Auffallend ist die Bezeichnung „Buchstaben des Gottesnamens" statt Gottesnamen
schlechthin. Trotz des schon erwähnten geschriebenen
Amuletes (Joma 84 a), in welchem צבאות יהוה יה יה יה enthalten ist, wird man aus der befremdlichen Ausdrucksweise
„Buchstaben des Gottesnamens" schliessen dürfen, dass in
den Amuleten nicht blos die in der Bibel üblichen Be-
zeichnungen für Gott gebraucht wurden. Doch hierüber in
einem späteren Capitel.

Eigenthümlich ist auch die Ausdrucksweise „viele
Materien (ענינים) aus der Tora." Wenn wörtlich ausge-
schriebene Bibelverse gemeint sein sollten, wie Raschi und
Andere erklären, dann wäre eine andere Bezeichnung, wie
etwa פסוקים, כתובים, מקראות und ähnliches am Platze gewesen.
Die in erster Reihe genannten Benedictionen scheinen dieser
Interpretation zu widersprechen, denn diese enthalten in
der Regel keine wörtlichen Citate aus der heiligen Schrift.
Wohl hat Raschi diesem Einwande vorbeugen wollen, indem
er Sabbath 61 b das Neujahrsgebet nennt, in welchem, wie
bekannt, nach Vorschrift Verse aus allen drei Theilen der
Bibel angeführt werden müssen. Allein hiemit ist die
Schwierigkeit nicht behoben, denn es hätte dann nicht im
Allgemeinen von Benedictionen gesprochen werden dürfen,
da diese mit wenigen Ausnahmen keine wörtlichen Schrift-
citate enthalten. Rappaport hat unter unseren Berachoth
thatsächlich eine eigene, nicht näher bezeichnete Art von

Agada verstehen wollen.[1]) Wenn wir eine Vermuthung über
dieses Wort wagen dürften, möchten wir eher an Hymnen
denken, wie solche bei Gnostikern üblich waren. Jose ben
Chalaftha sagte: mein Antheil sei unter denen, die täglich
das Hallel recitiren, wogegen der Talmud eine andere Baraitha citirt, nach welcher das tägliche Hallellesen Gottes-
lästerung sei.[2]) Ausser Zweifel spricht Jose einen gnostischen
Wunsch aus und die Baraitha eine antignostische Vorschrift. Man könnte also unter „Berachoth" ganz gut eine
Art gnostischer Lobpreisungen, wenn auch nicht veritable
Psalmen, so doch Psalmnachahmungen, verstehen.[3]) Wenn
man bedenkt, dass gnostische Magier vor Ausführung des
Zaubers solche Hymnen sangen, könnte man dieser Vermuthung Geschmack abgewinnen, weil dann ברכות mit קמיעות
in enger Verbindung stünde. Allein ich will diese Vermuthung auf sich beruhen lassen und behaupte blos, dass
mit מהרבה עניות שבתורה nicht lediglich einzelne Schriftverse,
wie etwa Exodus 15, 26 b zu Heilungszwecken oder Psalm
91, 5 zur Abwehr von Dämonen, gemeint sein können, denn
hierfür wäre מהרבה עניות שבתורה nicht der passende Ausdruck. Diese Interpretation verdankt ihre Entstehung lediglich dem Umstande, dass in der palästinischen Tradition,
welche sich mit dem Zauberwesen und seinen Mitteln blos
vom religionsgesetzlichen Standpunkte beschäftigt, keine
Amuletinschriften und keine Beschwörungs- und Zauberformeln erhalten sind und die Commentatoren auf einen
Schluss aus anderweitigen dürftigen Ueberlieferungen angewiesen waren.[4]) Angesichts dieses Mangels an hebräisch-

---

1) Erech Millin 8 b; er verspricht die Beweise für den Artikel
ברכות; das Wörterbuch ist aber bekanntlich nicht über א hinaus ge-
diehen.

2) Sabbath 118 b.

3) A. Dietrich. Abraxas p. 70: „Der Grundstock dieser doxolo-
gischen Psalmodien [in den Zauberpapyri], wie es auch in den Orakeln
späterer Zeit immer wieder zu entdecken ist, geht allerdings auf die
Ueberlieferungen der Juden zuruck."

4) Exodus 15, 26 wird erwähnt Mischna Sanhedrin X 1 und
Psalm 3 und 91 als שיר של פגעים „Lied gegen Dämonen" j. Sabbath
8 b 21: b. Schebuoth 15 b. In einem Mausoleum zu Kertsch fand man
ψ 91 an die Wand geschrieben in griech. Sprache (Revue archéolo-
gique Jhg. 1884).

jüdischen Daten ist es nicht nur erlaubt, sondern dringend geboten, zur Aufhellung des muthmasslichen Inhalts der fraglichen Amulete bei griechisch-jüdischen Quellen sich Raths zu erholen. Wir wollen zu diesem Zwecke zwei griechisch-jüdische Zaubertexte näher untersuchen.

4. Zwei griechisch-jüdische Beschwörungsformeln.

Die hellenistischen Juden waren der Zauberei mehr ergeben als die Juden des Mutterlandes, weil sie eben von hellenistischen Anschauungen beeinflusst waren. Am Wesen des Monotheismus haben jedoch auch die hellenistischen Juden festgehalten und man darf in ihrer Magie, insofern diese nicht heidnisch, sondern echt jüdisch ist, diejenige des Mutterlandes erblicken. Viele Stücke der in den letzten Jahren in Menge an's Tageslicht getretenen Zauberpapyri, sowie manche Inschriften dürfen, wie ich glaube, getrost zur Erklärung der talmudischen Magie herangezogen werden. Besonders instructiv sind zwei griechische Beschwörungen unzweifelhaft jüdischer Herkunft, welche wir hier folgen lassen. Die erste ist in eine Bleitafel[1]) eingeritzt, welche in der grossen Nekropole des alten Hadrumetum, der Hauptstadt der Landschaft Byzacium, in der römischen Provinz Africa im Juni 1890 von den Franzosen, die dort Ausgrabungen vornahmen, gefunden worden. Die fortlaufend, ohne Wortabtheilung, mitunter auch mit lateinischen Lettern geschriebene Inschrift ist zuerst von Maspero und hernach von Deissmann[2]) nebst einem Facsimile veröffentlicht worden. Die an sechs Stellen beschädigte Tafel stammt aus dem 3. Jahrhundert und hat folgenden Wortlaut:

---

[1]) Ueber Metallplatten als Amulete siehe die Nachweise aus dem Talmud oben S. 89

[2]) Bibelstudien, Marburg 1895, Seite 21 ff., wo man nähere Auskunft findet. Ich drucke den Text Deissmann's ab, der sich, wie aus den Noten D. s zu entnehmen, von dem Maspero's nur unwesentlich unterscheidet. Die Zeilen des Originals sind beibehalten. In [ ] sind Ergänzungen, in ⟨ ⟩ Zusätze eingeschlossen. Die Anklänge an die Bibel und an die jüdische Tradition — von Citaten darf man hier nicht reden — gebe ich der Raumersparniss halber nicht vollständig und nur in kurzen Anmerkungen

Ὁρκίζω σε, δαιμόνιον πνεῦμα τὸ ἐνθάδε κείμενον, τῷ ὀνόματι τῷ ἁγίῳ Αωϑ

Αβ[αω]ϑ τὸν ϑεὸν τοῦ Αβρααν καὶ τὸν Ιαω τὸν τοῦ
Ιακου, Ιαω

Αω[ϑ Αβ]αωϑ ϑεὸν τοῦ Ισραμα· ἄκουσον τοῦ ὀνόματος
ἐντίμου

4 u. 5 καὶ [φοβ]εροῦ καὶ μεγάλου καὶ ἄπελϑε πρὸς τὸν Ο(ὐ)ρβα-
νὸν, ὃν ἔτεκ(ε)ν Οὐρβανά, καὶ ἄξον αὐτὸν πρὸς τὴν

6 Δομιτιανὰν, ἣν ἔτεκεν Κ[αν]δίδα, ἐρῶντα μαινόμενον
ἀργυπνο[ῦν]-
τα ἐπὶ τῇ φιλίᾳ αὐτῆς καὶ ἐπιϑυμίᾳ καὶ δεόμενον αὐτῆς
ἐπανελϑεῖν
εἰς τὴν οἰκίαν αὐτοῦ σύμβιο[ν] γενέσϑαι. Ὁρκίζω σε τὸν
μέγαν ϑεὸν
τὸν αἰώνιον καὶ ἐπαιώνιον καὶ παντοκράτορα τὸν ὑπεράνω τῶν

10 ὑπεράνω ϑεῶν. Ὁρκίζω [σε] τὸν κτίσαντα τὸν οὐρανὸν
καὶ τὴν ϑά-
λασσαν. Ὁρκίζω σε τὸν διαχωρίσαντα τοὺς εὐσεβεῖς.
Ὁρκίζω σε
τὸν διαστήσαντα τὴν ῥάβδον ἐν τῇ ϑαλάσσῃ, ἀγαγεῖν καὶ
ζεῦξαι
[τὸ]ν Οὐρβανὸν, ὃν ἔτεκεν Οὐρβανά, πρὸς τὴν Δομιτιανὰν,
ἣν ἔτεκεν
[Καν]δίδα, ἐρῶντα βασανιζόμενον ἀγρυπνοῦντα ἐπὶ τῇ
ἐπιϑυμίᾳ αὐ-

15 τῆς καὶ ἔρωτι, ἵνα αὐτὴν σύμβιον ἀπάγῃ εἰς τὴν οἰκίαν
ἑαυτοῦ. Ὁρκί-
ζω σε τὸν ποιήσαντα τὴν ἡμίονον μὴ τεκεῖν. Ὁρκίζω σε
τὸν διορίσαν-
τα τὸ [φῶς] ἀπὸ τοῦ σκότους. Ὁρκίζω σε τὸν συντρίβοντα
τὰς πέτρας.
Ὁρκίζ[ω σ]ε τὸν ἀπο(ρ)ρήξαντα τὰ ὄρη. Ὁρκίζω σε τὸν
συνστρέφοντα τὴν
γῆν ἐ[πὶ τ]ῶν ϑεμελίων αὐτῆς. Ὁρκίζω σε τὸ ἅγιον ὄνομα
ὃ οὐ λέγεται· ἐν

20 τῷ [· · ·]ῳ [ὀ]νομάσω αὐτὸ καὶ οἱ δαίμονες ἐξεγερϑῶσιν
ἔκϑαμβοι καὶ περί-

7

φοβ[οι γεν]όμενοι, ἀγαγεῖν καὶ ζεῦξαι σύμβιον τὸν Οὐρβανὸν, ὃν ἔτεκεν

Οὐρβανὰ, πρὸς τὴν Δομιτιανὰν, ἣν ἔτεκεν Κανδίδα, ἐρῶντα
καὶ δεόμε-

νον αὐτῆς, ἤδη ταχύ. Ὁρκίζω σε τὸν φωστῆρα καὶ ἄστρα
ἐν οὐρανῷ ποιή-

σαντα διὰ φωνῆς προσιάγ[μ]ατος ὥστε φαίνειν πᾶσιν ἀνθρώποις.

25 Ὁρκίζω σε τὸν συνσείσαν[τ]α πᾶσαν τὴν οἰκουμένην καὶ
τὰ ὄρη

ἐκτραχηλίζοντα καὶ ἐκβρά[ζ]οντα τὸν ποιοῦντα ἔκτρομον
τὴν [γ]ῆ-

ν ἅπασ(αν καὶ) καινίζοντα πάντας τοὺς κατοικοῦντας.
Ὁρκίζω σε τὸν ποιή-

σαντα σημεῖα ἐν οὐρανῷ κ[αὶ] ἐπὶ γῆς καὶ θαλάσσης,
ἀγαγεῖν καὶ ζεῦξαι

σύμβιον τὸν Οὐρβανὸν, ὃν ἔ[τ]εκεν Οὐρβανὰ, πρὸς τὴν
Δομιτιανὰν, ἣν

30 ἔτεκεν Κανδίδα, ἐρῶντα αὐτῆς καὶ ἀγρυπνοῦντα ἐπὶ τῇ
ἐπιθυμίᾳ αὐ-

τῆς δεόμενον αὐτῆς καὶ ἐρωτῶντα αὐτὴν ἵνα ἐπανέλθῃ
εἰς τὴν οἰκίαν

[α]ὑτοῦ σύμβιος γενομένη. Ὁρκίζω σε τὸν θεὸν τὸν μέγαν
τὸν αἰώ-

[νι]ον καὶ παντοκράτορα, ὃν φοβεῖται ὄρη καὶ νάπαι καθ'
ὅλην [τ]ὴν οἰ-

κο[υ/μέ[ν]ην, δι' ὃν ὁ λέων ἀ[φ]ίησιν τὸ ἅρπαγμα καὶ τὰ
ὄρη τρέμει

35 κα[ὶ ἡ γῆ] καὶ ἡ θάλασσα, ἕκαστος ἰδάλλεται ὃν ἔχει
φόβος τοῦ Κυρίου

α[ἰωνίου] ἀθανάτου παντεφόπτου μισοπονήρου ἐπιστα-
μένου τὰ

[γενόμεν]α ἀγαθὰ καὶ κακὰ καὶ κατὰ θάλασσαν καὶ πο-
ταμοὺς καὶ τὰ ὄρη

κα[ὶ τὴν γ]ῆν. Αωθ Αβαωθ τὸν θεὸν τοῦ Αβρααν καὶ τὸν
[Ι]αω τὸν τοῦ Ιακου,

Ια[ω] Αωθ Αβαωθ θεὸν τοῦ Ισραμα· ἄξον ζεῦξον τὸν
Οὐρβανὸν. ὃν

40 ἔτεκεν Οὐρβα(νὰ), πρὸς τὴν Δομιτιανὰν, ἣν ζτεκεν Κανδίδα, ἐρῶντα

μαι[ν]όμενον βασανιζόμενον ἐπὶ τῇ φιλίᾳ καὶ ἔρωτι καὶ ἐπιθυμίᾳ

ιῆς Δομιτιανῆς, ἣν ἔτεκεν Κανδίδα, ζεῦξον αὐτοὺς γάμῳ καὶ

ἔρωτι συμβιοῦντας ὅλῳ τῷ τῆς ζωῆς αὐτῶν χρόνῳ· ποίησον αὐ-

τὸν ὡς δοῦλον αὐτῇ ἐρῶντα ὑποτεταχθέναι, μηδεμίαν ἄλλη[ν]

45 γυναῖκα μήτε π·ρθένον ἐπιθυμοῦντα, μόνην δὲ τὴν Δομιτια[νὰν],

ἣν ἔτεκεν Κανδίδα, σύμβ[ι]ον ἔχειν ὅλῳ τ[ῷ] τῆς [ζωῆς αὐτῶν χρόνῳ],

ἤδη ἤδη ταχὺ ταχύ.

Diesen Text übersetzt Deissmann wie folgt:

„*Ich beschwore Dich, dämonischer Geist, der du hier ruhest, mit dem heiligen Namen Aoth Abaoth bei dem Gotte des Abraan und dem des Isak und dem des Jakob, dem Jao Aoth Abaoth, dem Gotte Israels[1]): höre auf den* 4u5 *herrlichen und furchtbaren und grossen Namen und eils* 6 *zu Urbanos, den Urbana geboren, und führe ihn zu Domitiana, die Kandida geboren, dass er, liebend, rasend ohne Schlaf vor Liebe zu ihr und Verlangen, sie bitte zurückzukehren in sein Haus und seine Gattin zu werden. Ich beschwöre Dich bei dem grossen Gotte, dem ewigen und* 10 *mehr als ewigen und allmächtigen, der erhaben ist über die erhabenen Götter[2]). Ich beschwöre Dich bei dem, der den Himmel und das Meer geschaffen hat. Ich beschwöre Dich bei dem, der die Frommen absondert. Ich beschwöre Dich bei dem, der seinen Stab in dem Meere trennte (sic), dass Du herbeiführest und vereinest Urbanos, den Urbana geboren, mit Domitiana, die Kandida geboren, auf dass er liebend, gequält, ohne Schlaf vor Verlangen nach ihr und* 15 *Liebe, sie als Gattin heimführe in sein Haus. Ich beschwöre*

---

1) Hier, ferner Zeile 20, 27 und 39 habe ich an der Uebersetzun g Deissmanns geändert.

2) Siehe die Erläuterungen weiter unten.

*Dich bei dem, der der Mauleselin die Jungen versagte. Ich be-
schwöre Dich bei dem, der das Licht schied von der Finsternis.
Ich beschwöre Dich bei dem, der die Felsen zermalmt. Ich
beschwöre Dich bei dem, der die Berge zerriss. Ich beschwöre Dich bei dem, der die Erde zusammenhält auf
ihren Grundfesten. Ich beschwöre Dich bei dem heiligen*

20 *Namen, den man nicht ausspricht unter den Menschen*[1]);
*ich werde ihn nennen, und die Dämonen werden aufgestört,
entsetzt und voll Grauen, dass Du herbeiführest und vereinest als Gatten Urbanos, den Urbana geboren, mit Domitiana, die Kandida geboren, und er liebend sie bitte;
rasch, schnell! Ich beschwöre Dich bei dem, der eine Leuchte
und Sterne an den Himmel setzte durch seiner Stimme*

25 *Befehl, dass sie leuchteten allen Menschen. Ich beschwöre
Dich bei dem, der die ganze Welt erschütterte und die
Berge sich neigen und erheben lässt, der die ganze Erde
erzittern macht und alle ihre Bewohner erneuert. Ich beschwöre Dich bei dem, der Zeichen gethan hat am Himmel
und auf der Erde und dem Meere, dass Du herbeiführest
und vereinest als Gatten Urbanos, den Urbana geboren,*

30 *mit Domitiana, die Kandida geboren, auf dass er, sie
liebend und ohne Schlaf vor Verlangen nach ihr, sie bitte
und angehe, in sein Haus zurückzukehren als seine Gattin.
Ich beschwöre Dich bei dem grossen Gotte, dem ewigen
und allmächtigen, den die Berge fürchten und die Schluch-
ten in der ganzen Welt, durch den der Löwe den Raub*

35 *lässt und die Berge zittern und die Erde und das Meer,
(durch den) weise wird ein jeglicher, den beseelt die Furcht
des Herrn, des ewigen, des unsterblichen, des allschauenden,
der das Böse hasst, der weiss, was Gutes und
Schlechtes geschieht auf dem Meere und den Strömen
und den Bergen und der Erde, Aoth Abaoth, bei dem
Gotte des Abraan und dem des Isak und dem des Jakob,
dem Jao Aoth Abaoth, dem Gotte Israels: führ' herbei und*

40 *vereine Urbanos, den Urbana geboren, mit Domitiana, die
Kandida geboren, liebend, rasend, gequält von Liebe
und Neigung und Verlangen nach Domitiana, die Kan-*

[1]) Uebersetzung nach unserer Muthmassung.

*didu geboren; vereine sie ehelich und als Gatten in Liebe
für die ganze Zeit ihres Lebens. Mach', dass er wie ein*
45 *Sklave liebend ihr gehorche und kein anderes Weib noch
Mädchen verlange, sondern einzig Domitiana, die Kandida
geboren, als Gattin habe für die ganze Zeit ihres Lebens;
rasch, rasch! schnell, schnell!"*

Wir constatiren zuvörderst, dass in dieser Beschwörung
sich kein Wort findet, das nicht der treueste Anhänger des
jüdischen Gesetzes im Alterthum hätte schreiben können.
Es kommt kein einziger Götzenname, merkwürdigerweise
nicht einmal ein Engel- oder Dämonenname vor. Der im Grabe
hausende dämonische Geist[1]) wird auch nur ganz allgemein
genannt. Diese negative Eigenthümlichkeit ist Angesichts
des Synkretismus, der in der Zauberei im Allgemeinen
herrscht, sehr charakteristisch und bildet einen positiven
Beweis für die jüdische Herkunft der Beschwörungsformel,
gleichviel ob die in Liebe schmachtende Domitiana eine
Jüdin oder Heidin war, denn die Zauberformeln hatten, wie
bekannt und wie wir schon an einigen Beispielen gesehen,
ihre fixe Gestalt, in welche Name und Wunsch erst bei
der Ausführung eingefügt wurden. Es ist nur Ein Gott, in
dessen Namen der Geist beschworen wird, und dieser Gott
wird als der Gott Abrahams, Isaks und Jakobs, der Gott Israels
bezeichnet. Die ihm beigelegten Attribute sind zum weitaus
grössten Theile aus biblischen Begebenheiten und Gedanken
geformt, wie schon Deissmann nachgewiesen und auf Grund
dieser Eigenschaft unsere Inschrift „ein epigraphisches Denkmal des alten Testaments" ge-
nannt hat. Indem wir auf Deissmann's erklärende Anmerkungen verweisen, wollen wir, um Wiederholungen zu vermeiden, blos einige Punkte beleuchten, wodurch wir
unsere Inschrift näher charakterisiren zu können hoffen.

Zeile 2 und 39 hat ohne Frage ursprünglich ge-
lautet: τὸν θεὸν τοῦ Αβρααν καὶ τὸν τοῦ Ισακου (statt Ιαω)
καὶ τὸν τοῦ Ιακωβ (statt Ιακου) Ιαω Αωθ Αβαωθ θεὸν τοῦ
Ισραηλ (statt Ισραμα] d. h. der Gott Abrahams und der Isaks

---

[1]) δαιμόνιον πνεῦμα ist gleich רוח שד, das ich bei Raschi gefunden, aber aus dem Talmud momentan nicht belegen kann.

und der Jakobs J a o A o t h A b a o t h der Gott Israels.
Die erste Hälfte dieses Satzes findet sich Exodus 2, 15. 16,
die zweite Hälfte II Samuel 7, 27 (und sonst), wo es heisst:
יהוה צבאות אלהי ישראל. Ich vermuthe nämlich, Aoth und
Abaoth seien nichts Anderes als magische Abkürzungen
des Gottesnamens Sabaoth, wie Jao eine Abkürzung aus
יהוה. Aus Scheu das Tetragrammaton seinen Buchstaben nach
auszusprechen, bediente man sich des abgekürzten Namens.
„R. Jirmija ben Eleazar sagte: Seitdem das Heiligthum
zerstört worden, genüge es der Welt, sich blos zweier Buchstaben (יה) zu bedienen, denn es heisst im letzten
Verse des Psalmbuches: Jede Seele lobe Ja."[1]) Der
Ausdruck „sich bedienen" bezeichnet auch solche
Handlungen, welche wir als Magie ansprechen dürfen[2]).
Diese Auffassung wiederspiegelt die Nachricht Theodoret's,
nach welcher ein Jude, den er befragte, wie der heilige in
vier Buchstaben bestehende Gottesname zu sprechen sei,
geantwortet habe Ja[3]). Nichts Anderes sagt Jsidor[4]) (7. Jahrhundert) in seiner Angabe, „das ineffabile und gloriosum
nomen bestehe aus Ja Ja". Er meint, der vierbuchstabige
Gottesname bestehe aus dem zwei Mal gesprochenen יה.
So findet man diesen Namen thatsächlich in einem Amulet
Joma 84a: יה יה יהוה צבאות. Die Zauberpapyri nennen ebenfalls oft ια[5]). Merkwürdig ist die folgende Gemmeninschrift:
ια ια ιαω αδωναι σαβαωθ[6]), welche mit der talmudischen For-

---

[1]) Erubin 18b: דיו הוא לעולם שישתמש בב' אותיות.
[2]) Baraitha Joma 9 b: „Seitdem die letzten Propheten Chaggai,
Zecharia und Maleachi gestorben sind, ist der heil. Geist von Israel
gewichen ועדיין היו משתמשין בבת קול (Sanh. 11 a u. Sota 48 b: (אעפ״כ
dennoch b e d i e n t e man sich des Bath Kol" (= eine Art himmlische
Stimme, worüber , weiter unten). Siehe besonders Jellinek. Beth Hamidrasch III 25 f. und VI p. XXVIII, wo שמש so etwas wie theurgische Magie bedeutet.
[3]) Zeitschrift für die alttestamentliche Wissenschaft III 293
Hiernach fallen alle Betrachtungen, welche F. Dietrich an diese Aussage knüpft, weg.
[4]) l. c.
[5]) Deissmann p. 7.
[6]) M. F. Kopp, Palaeographia eritica IV. Mannheim 1829, 526 bei
Deissmann p. 7. n. 2. Vgl. hierzu Pap. London CXXI. Z. 649 ια ιαω
σαβχωθ αδωναι αβρασαξ.

mel eine frappante Aehnlichkeit hat. Wenn ιχω und αδωναι
als die zweierlei Aussprache des Namens יהוה genommen
wird, stimmen die zwei Formeln ganz überein. An der Spitze
der Meereswoge, welche das Schiff zu verschlingen droht,
erscheint ein weisser Feuerstrahl, den man mit Stöcken
schlägt, in welche אהיה אשר אהיה יה יהוה צבאות אמן אמן סלה
eingeschnitten ist (Baba Bathra 73a). Die ersten drei Worte
bilden nach Exodus 3, 14 denselben Gottesnamen, wie das
Tetragramm. Das auf Amuleten und in den Zauberpapyri
oft vorkommende Ιαω[1]) ist nämlich nicht das ausgesprochene
Tetragramm, sondern ebenfalls ein Ersatz desselben, wie Ια.
Während J a die Aussprache von יה ist, ist J a o die Aussprache von יהו. Beide sind Stellvertreter des unausersprech-
baren Eigennamens Gottes, wenn auch יהו in der Bibel blos
in Zusammensetzungen vorkommt. Zur Zeit des Talmuds
wird man jedoch auch Jahu (יהו) für einen selbstständigen,
das Tetragramm ersetzenden Namen angesehen haben. Beweis hiefür ist das Sefer Jezira, wo sich mystische Permu-
tationen von יהו und nicht von יהוה finden[2]) „Ebensowenig
kann es zweifelhaft sein, dass da, wo ΙΑΩ auf Amuleten, den
sogenannten Abraxasgemmen, neben alttestamentlichen Gottesnamen, jüdischen Engelnamen oder den Namen der Patriarchen
und anderer alttestamentlicher Personen vorkommt, mit je-
nem Jao das Tetragramm יהוה wiedergegeben werden soll ..
Auf keinem der mir bekannten Amulete mit dem Namen
ΙΑΩ kommt ein christlicher Ausdruck oder ein christliches
Symbol vor"[3]). Wir stimmen dieser Ansicht unter der Ein-

---

1) Baudissin, Studien zur semitischen Religionsgeschichte I 187 ff. ;
Wessely, Griechische Zauberpapyrus. Index sub Ιαω ; Neue Zauberpapyri Zeile 826 : Ιαὼ ὁ ποιήσας τὸν σύμπαντα κόσμον. Interessant
sind die Zusammenstellungen Ιαὼ Σαβαώθ ; Ιαὼ Σαβαώθ αδωναι;
Ιαὼ Σαβαώθ αδωναιε (ib. im Index) = יהו צבאות אדני.

2) Capitel 1. יהו, יוה, היו etc. Epstein, dem wir mehrere
lehrreiche Studien über „das Buch der Schöpfung" verdanken, setzt
die Abfassungszeit desselben in das zweite Jahrhundert unserer Zeitrechnung und hält Elischa ben Abuja (Acher) für den Verfasser
(Recherches sur le Sèfer Yeçira, Sonderabdruck aus der Revue des
Études Juives Band 28 und 29, p. 34). Dietrich Z. A. W. III. 295
wirft die Frage auf, ob J a h u eine selbständige Benennung Gottes
war? Ich möchte die Frage im obigem Sinne bejahen.

3) Baudissin l. c. 187.

schränkung bei, dass wol mit Jao das Tetragramm ersetzende
יהו umschrieben, aber nicht die Aussprache des vollen
Tetragramms dargestellt ist. Wir glauben diese Behauptung aus
unserer Inschrift beweisen zu können. Zeile 2 und 39 wird
nämlich Jao erwähnt[1]) und dennoch heisst es Z. 19 „Ich
beschwöre dich bei dem heiligen Namen, der nicht ausgesprochen wird". Dies wäre ganz sinnlos, wenn der Verfasser
der Beschwörung Ιαω für die volle Aussprache des vierbuchstabigen Gottesnamens gehalten hätte. Nach τὸ ἅγιον
ὄνομα ὅ οὐ λέγεται ἐν τῷ folgt ein unleserliches Wort. Maspero ergänzt ἀδύτῳ, was Deissmann 41 mit Recht verwirft,
denn „gerade der Tempel war der einzige Ort, an dem der Name
Gottes ausgesprochen werden durfte". In dem „achten Buche
Moses über den heiligen Namen", das Dietrich Abraxas
169 f. aus den Zauberpapyri neu herausgegeben hat, heisst
der Gottesnamen τὸ κρυπτὸν ὄνομα καὶ ἄρρητον ἐν ἀνθρώποις
(p. 195, Zeile 7; vgl. 196 Zeile 18, 22). Ich vermuthe demnach, dass auch in unserer Inschrift ἐν ἀνθρώποις oder ein
anderes Wort, das einen ähnlichen Sinn ergibt, zu lesen sei[2]).

Wir haben diese kleine Abschweifung gemacht, um
festzustellen, dass der Eigenname Gottes abgekürzt ausgesprochen wurde. Nun wird von der Tradition auch Sabaoth
(צבאות) für einen Eigennamen Gottes gehalten, zu welcher
Auffassung sie ohne Zweifel von dem häufigen, bei Jesaia,
Jeremia und anderen Propheten herrschenden Gottesnamen
יהוה צבאות geführt worden ist. Zu Amos 5, 16 wird bemerkt,
צבאות sei der Name Gottes. Nicht nur sein ganzer Name,
sondern schon Ein Buchstabe oder Eine Silbe seines Namens
schaffe ein Heer, wie sein ganzer Name. Aus Jesaia 42, 8
„Ich bin יהוה", so ist mein Name" folgt, dass ebenso wie ich
Welten schaffe und zerstöre, auch mein Name Welten schafft
und zerstört.[3]) Wir sehen also, Gottes Eigenname sei Sa-

---

1) Von Zeile 2 und 38 sehen wir ab, denn hier ist Ιαω, wie wir
schon bemerkt haben, aus Ισακου verschrieben.

2) Ueber den unaussprechbaren Namen siehe das Capitel
„Die mystischen Gottesnamen."

3) Pesikta rabbathi c. 21 p. 104a Friedmann: שמו של הקב״ה צבאות
. . . לא סוף דבר כל שמו אלא אפילו אות אחת משמו עושה צבא כבל שמו
. . . סה אני בורא עולמות ומחריב עולמות אף שטי בורא עולם ת ומחריב עולמות

baoth und dass schon mit einem Theil dieses Namens die
höchsten Wirkungen, wie Erschaffung und Zerstörung von
Welten, hervorgebracht werden können. Das Wort צבאות wird
nämlich in צבא und אות zerlegt und gedeutet: Gott sei O t h
in seinem Heere, wie es auch Deuteronomium 33, 2 heisst:
Er sei Oth unter seinen heiligen Myriaden.[1]) Wie die Bedeutung des Wortes und der Zusammenhang der ganzen
Stelle zeigt, bedeutet hier אות (Zeichen) soviel wie a u s g e -
z e i c h n e t , b e r ü h m t , kurz g l o r i o s u s , wie Aoth in der
Clavis Melitonis erklärt wird.[2]) In dieser Bedeutung wird
אות als Bezeichnung für jeden Gottesnamen gebraucht, in den
folgenden Aussprüchen : Gross ist die Erkenntniss, denn sie
steht I. Samuel 2, 3 zwischen zwei Gottesnamen ; gross ist
das Heiligthum, denn es steht Exodus 15, 17 zwischen zwei
Gottesnamen.[3]) Die Vermuthung, Aoth sei eine Abkürzung
für Sabaoth, hat, wie ich glaube, in den angezogenen Aussprüchen der Tradition, nach welchen צבאות ein eben solcher
Name Gottes ist wie יהוה, ferner in dem Umstande, dass
אות als der gehaltvollere Bestandtheil von צבאות auch separat
als Gottesname dient, eine nicht unwesentliche Stütze, zumal da Buchstaben von Sabaoth magische Wirkungen her-
vorbringen. Nach unserer Erörterung darf man Ιαω Αωθ
Αβαωθ θεόν τοῦ Ισραηλ für das magisch zugestutzte Aequivalent von יהוה צבאות אלהי ישראל[4]) nehmen. Zur Unterstützug

---

[1]) Mechilta zu Exodus 15, 1 p. 35 a unt. Friedmann: סהו צבאות
אות הוא בתוך צבא שלו וכן הוא אומר ואתה מרבבות קדש את הוא בתוך
רבבות קדש (siehe auch Chagiga 16 a). Zuvor wird mit Hinweis auf Psalm
89, 7—9 von Gott gesagt : שהוא נאה שהוא הדור שהוא משובח ואין כערכו
und zu צבאות von Vers 9 die citirte Erklärung gegeben.

[2]) Citirt von Deissmann p. 36.

[3]) Sanhedrin 92 a₂₁ und Berachoth 33 a : וא"ר אלעזר גדולה דעה
שניתנה בין שתי אותיות כי אל דעות יי וא"ר אלעזר גדול מקדש שניתן בין שתי
אותיות שנאמר פעלת ה' מקדש אדני כוננו ידיך. Raschi gibt zwei Erklärungen
1. אותיות = אותיות של שם Buchstaben des Gottesnamens ; 2. אותיות =
jeder Gottesname auf Grund der in der ersten Anmerkung angeführten
Stelle אות הוא בתוך צבא שלו, wo אות nach Raschi = טופלא (aus-
gezeichnet). R. Eleazar gebraucht in einer Combination seiner zwei Aussprüche noch ein drittes Mal den Ausdruck בין שתי אותיות.

[4]) II. Samuel 7, 27; Jesaia 21,10 ; 37, 6 und besonders häufig
in Jeremia. Jesa'a 18, 7 שם יהוה צבאות.

meiner Vermuthung muss ich noch den gewichtigen Umstand anführen, dass der Verfasser unserer Inschrift kein
einziges heidnisches Element in seine Beschwörung aufgenommen hat; es ist also ganz unwahrscheinlich, dass in Aoth
Abaoth ein heidnischer Gottesname stecke. Schon die ersten
Worte „ich beschwöre dich beim heiligen Namen Aoth Abaoth"
sind der heiligen Schrift entnommen, combinirt aus Genesis
24, 3 und Hohelied 2, 7 (= 3, 2). An letzterer Stelle heisst
es, „ich beschwöre euch Töchter Jerusalems בצבאות", was im
Rabba zur Stelle ohne Rücksicht auf die nachfolgenden
H i n d i n n e n d e s F e l d e s mit בצבא של מעלה וכצבא של
מטה כשתי צבאות „beim himmlischen und beim irdischen Heer,
bei den zwei Heeren" erklärt wird. In der Fortsetzung erwähnt unsere Inschrift den „herrlichen, furchtbaren und
grossen Namen": eine Combination aus Deuteronomium 28,
58 השם הנכבד והנורא und Deut. 10, 17 „denn יהוה euer Gott
ist der Gott der Götter und der Herr der Herren האל הגדול
הגבור והנורא". Es ist bemerkenswerth, dass schon im hebräischen Original des Sirach 47, 18 das Tetragramm nach
Deut. 28, 58 der h e r r l i c h e N a m e genannt wird,[1] und
dass die Halacha, welche die Häufung von Epitheta Gottes
verbietet, eben die Deut. 10, 17 genannten im Gebet gestattet.[2] Thatsächlich erinnert der Eingang der Beschwörungsformel an die erste Benediction des täglichen Achtzehn-
gebetes, welche folgendermassen lautet: „Gebenedeit seiest
Du JHWH unser Gott, und der Gott unserer Väter, der
Gott Abrahams, Isaks und Jakobs, der grosse, mächtige und
furchtbare Gott, der höchste Gott."[3] Dieses Gebet ist eben-

---

[1] Siehe meine Bemerkungen Revue des Etudes Juives XXXV 27.
[2] Berachoth 33 b u.
[3] Ueber die häufige Anwendung des feierlichen „Gott Abrahams,
Isaks und Jakobs" in den Zauberformeln siehe Deissmann 36 und die
daselbst citirte Litteratur. In der jüdischen Tradition werden die
Patriarchen in solchen Fällen erwähnt, wo der Gegensatz zwischen
Israel und den anderen Völkern nachdrücklich betont werden soll, was
auf die genannten Zauberformeln ein interessantes Licht wirft. Siehe
z. B. Mischna Baba Kamma VIII 9 ; Baba Mezia VII 1 ; Sifre II 15 (68 a
unt.) : בני אברהם יצחק ויעקב; Mischna Demai VI 2 (= Baba Mezia
101 a 20) שדה. איייויעי; Nedarim III 12 זרע אברהם. Als Eleazar ben Arach
die Lehre vom göttlichen Thronwagen (Gnosis) vortrug, küsste ihn sein

falls aus biblischen Worten und Gedanken zusammengesetzt, ganz wie die uns beschäftigende Beschwörungsformel. — Unsere Inschrift zeigt noch andere Anklänge an Gebete, die bis auf den heutigen Tag üblich sind. Zeile 8, 10 „der ewige und mehr als ewige und allmächtige Gott" er- innert nicht so sehr an Jesaias 26, 4 und Exod. 15, 18 als an מן העולם ועד העולם אתה אל im Nischmath oder חי וקיׄם לעולם ולעלמי עלמים (Sifre I 92 p. 25 b 3 vgl. II 47 p. 83 a 3 v. u.). Auffallend ist τὸν ὑπεράνω τῶν ὑπεράνω ϑεῶν „der erhaben ist über die erhabenen Götter", weil hier nicht nur von Göttern, sondern von erhabenen Göttern die Rede ist. Vielleicht darf als hebräisches Origi- nal אל עליון על כל העליונים vermuthet werden.[1]) Zeile 17: „Ich beschwöre dich bei dem, der das Licht schied von Finsterniss" geht in ultima analysi gewiss auf Genesis 1, 4 zurück, deckt sich aber vollständiger mit המבדיל בין אור לחשך; so erinnert auch das Epitheton „der die Frommen absondert" (Z. 11) an המבדיל . . . בין ישראל לעמים desselben Gebetes. Wahrscheinlich ist aber, dass dieses Epitheton auf die Ge- schichte Korachs und seiner Rotte anspielt, wo es heisst, „sondert euch ab, ich vernichte sie im Moment."[2]) Zeile 23—24 „Gott habe Mond und Sterne an den Himmel gesetzt, dass sie leuchteten allen Menschen" erinnert an המאיר לארץ ולדרים עליה und an ימאיר לעולם כולו וליושביו (beide im Sabbathgebet, das letztere auch im täglichen Gebet). Hier findet sich das charakteristische Wort „die Bewohner

---

Lehrer Jochanan ben Zakkai entzückt auf's Haupt und sprach: ברוך ה׳ אלהי אברהם (sprich אדני); (j. Chagiga 77a u. = Tosifta יצחק ויעקב וכו׳) Chagiga·2, 1 p. 23 42, wo es אלהי ישראל heisst); Pap. London XLVI 481 (Wessely I 139) βαρουχ αδωναι ελωαι ιαβρααυ. (das ι vor Abra- ham ist sicherlich Dittographie aus dem voranstehenden ελωαι). Ein interessantes Zusammentreffen.

[1]) Ob nicht statt ϑεῶν ϑεόν gelesen werden könnte?

[2]) Numeri c. 16 Vers 21 הִבָּדְלוּ; V. 24 הֵעָלוּ; 17, 10 הֵרֹמּוּ. Nach Aboth 5, 9 (Pesachim 54 a) gehört die Öffnung des Mundes der Erde (פי הארץ), welche Korach und seine Genossen verschlang, zu den zehn Dingen, welche Gott am Freitag geschaffen. Es ist also eines von den Wundern der Welt. Man könnte noch an Ezra c 9. 10; Nehemia 9, 2 denken, was noch immer wahrscheinlicher ist, als dass auf Sirach 36 [33] 11 ff. alludirt wäre, wie Deissmann 38 meint.

der Erde," während Genesis 1, 15 blos allgemein gesagt ist, „zu leuchten auf der Erde". Jn der Beschwörungsformel werden aus dem Grunde blos Mond und Sterne und nicht auch die Sonne genannt, weil die Nacht die Zeit des Zauberns ist, denn die Dämonen gehen nur in der Nacht um.

Bevor wir aus diesen Parallelen irgendwelche Schlüsse ziehen, müssen wir noch einige Einzelheiten und eine allgemeine Eigenthümlichkeit unserer Inschrift beleuchten. Angespielt wird auf die Schöpfung des Himmels und des Meeres (Zeile 10), auf die Geschichte Korachs (11), auf die Spaltung des Meeres (12),[1] auf die Scheidung von Licht und Finsterniss (17), auf die Erschaffung des Mondes und der Sterne (23), auf die Zeichen, die Gott am Himmel, auf der Erde und auf dem Meere gethan und auf die Rettung Daniels aus dem Rachen des Löwen (28 und 34; Daniel 6,28).[2] Die jüdischen Gebete zeigen bis auf den heutigen Tag denselben Charakter: sie enthalten Anspielungen auf biblische Wunderthaten Gottes, besonders auf die Schöpfung und auf die Erlösung aus aegyptischer Knechtschaft. Die Häufung der Epitheta Gottes ist ebenfalls eine Eigenschaft der hebräisch-jüdischen und nicht nur der hellenistisch-jüdischen Gebete.[3]

Merkwürdig ist Zeile 16: „Ich beschwöre dich bei dem, der die Maueleselin nicht gebären lässt." Diese Be-

---

[1] τὸν διαστήσαντα τὴν ῥάβδον ἐν τῇ θαλάσσῃ ist, wie schon Deissmann 39 richtig bemerkt, zu lesen τὴν θάλασσαν ἐν τῇ ῥάβδῳ. Auffallend ist jedoch, dass Moses nicht erwähnt ist. Sollte etwa ἐν τῇ ῥάβδῳ = במטה ein Uebersetzungsfehler für במשה oder aus einem Satze wie etwa הקורע את הים במטה על ידי משה drei Worte ausgefallen sein?

[2] Deissmann 45 steift sich auf das Wort ἅρπαγμα, das gegen die Beziehung auf Daniel 6, 28 sprechen soll. Wir erinnern hiergegen an Genesis rabba c. 99 (370a Wilna), wo das Wort מִטֶּרֶף (Genesis 49, 9) erklärt wird mit מטרפה של תמר וכו׳ d. h. wie Jehuda sich, Tamar und ihre zwei Söhne gerettet habe, werde auch Gott Daniel, Chanania, Mischael und Azaria retten. Man sieht also, der Midrasch habe die Rettung Daniels, ganz so wie in unserer Stelle. als: Lassen des Raubes (= טֶרֶף = ἅρπαγμα) aufgefasst.

[3] Deissmann 52: die daselbst citirten Gebete aus 2 Maccab. 1, 24 und aus dem Gebet Manasse's haben gleichfalls ihre hebräischen Parallelen.

zeichnung Gottes fliesst nicht aus biblischen, sondern aus nachbiblischen Gedanken des Judenthums.[1]) Man hat, wie es scheint, daran gezweifelt, ob der Maulesel von Gott geschaffen worden sei, da er eine Mischgattung darstellt und sich nicht fortpflanzt. Daher behauptet Nehemia (um 150) im Namen seines Vaters, zu den Dingen, welche Gott in der Abenddämmerung des sechsten Tages geschaffen habe, gehöre auch der Maulesel,) Gottes Schöpfung war also eine vollständige, zu der die Menschen nichts Neues mehr hinzufügen konnten. Auch dieses wegen seiner Unfruchtbarkeit nach Auffassung der Alten verächtliche[3]) Thier verdankt seine Existenz dem Schöpfer des Alls. Wichtig ist die Thatsache, dass die Mauleselin auch in einer magischen Besprechung vorkommt.[4]) Altjüdische Anschauung liegt, wie ich glaube, in Z. 27 vor: καὶ καινίζοντα πάντας τοὺς κατοικοῦντας „der alle Bewohner der Erde erneuert." In dem schon erwähnten Morgengebete heisst es: „Er (Gott) erneuert jeden Tag das Schöpfungswerk," womit vorzüglich der ewige Wechsel von Tag und Nacht gemeint ist. Derselbe Gedanke findet sich aber auch in Bezug auf die Menschen vor. Nach altjüdischer Anschauung ist der Schlaf ein Sechzigstel des Todes. Zu Klagelied 3, 23: „Immer neu an jedem Morgen ist Deine Treue" wird im Midrasch[5]) bemerkt: „Da Du (Gott) uns jeden Tag erneuerst, wissen wir, dass gross Deine

---

1) Job 39, 1—9, worauf Deissmann 39 verweist, kann mit der Unfruchtbarkeit der Mauleselin nur in künstlicher Weise in Zusammenhang gebracht werden. Stellen aus den griechisch-römischen Schriftstellern citirt Deissmann, aus dem Talmud und Midrasch Hamburger Real-Encyclopädie I 735 und Levy II 297 b; IV 100 b—101 a. Die für unsere Frage bedeutenden Aussagen, welche wir mittheilen, finden sich in den genannten Werken nicht.

2) Pesachim 54 a.

3) Megilla 13 b unten (auch in Horowitz's Sammlung ·kleiner Midraschim p. 66) wird מְפָרָד (Ester 3, 8) gedeutet כפרידה זו שאינה עושה פירות, Israel gleiche einer Mauleselin — so behauptet der alte Haman, also die zeitgenössischen Perser des Amora — die keine Früchte trägt.

4) Siehe oben IV 1 Nr. 15.

5) Genesis r. c. 78 Anf. (295 a); Echa r. zu St. (51 a); Schocher Tob c. 25 (210 Buber): על שאתה מחדשנו בכל בקר ובמר אנו יודעין שאמונתך רבה להחיות לנו את המתים.

Treue ist, zu erwecken die Todten." Der Arbeiter müht sich
ab den ganzen Tag, seine Seele ist erschöpft, er übergibt
sie, während er schläft, Gott zur Aufbewahrung, am Morgen
kehrt sie als n e u e s Geschöpf in seinen Körper zurück.[1])
Unsere Inschrift drückt diesen Gedanken der Erneuerung
deutlich aus; ob aber auch auf die Auferstehung angespielt
werde, möchte ich nicht entscheiden.[2])

Aus unseren Bemerkungen ist ersichtlich, dass der
Verfasser der Beschwörungsformel nicht nur biblische, sondern
auch nachbiblische Gedanken des Judenthums in seine Epitheta Gottes aufgenommen hat. Er verwendet biblische Worte,
Wendungen und Gedanken ganz in derselben Weise, wie
die Verfasser hebräisch-jüdischer Gebete. Wörtliche An-
führungen von Schriftstellen sind in diesen Gebeten nicht
üblich, wo solche vorkommen, sind sie mit der Einführungsformel „wie gesagt oder geschrieben ist" versehen. O h n e
d i e s e F o r m e l d u r f t e k e i n B i b e l v e r s u n v e r -
ä n d e r t i n e i n G e b e t h i n e i n g e a r b e i t e t werden.
Der Redaktor unserer Inschrift hat also mit seiner Vermeidung wörtlicher Citate aus der Schrift nur das echt-
jüdische Verfahren befolgt und man darf die Frage auf-
werfen, ob er die Steinchen zu seiner mosaikartigen Arbeit
aus der hebräischen oder aus der griechischen Bibel
genommen habe? Deissmann nennt die Inschrift „ein
epigraphisches Denkmal des a l e x a n d r i n i s c h e n Alten
Testaments." Wenn der Verfasser seinen Zauberspruch ausschliesslich aus biblischen Ideen componirt hätte, wäre diese
Behauptung so gut wie erwiesen; da dies jedoch nicht der
Fall ist und nicht nur ausserbiblische jüdische Gedanken,
sondern sogar Anklänge an das jüdische Gebetbuch sich
vorfinden, darf man dieser Annahme nicht ohne weiteres
zustimmen. Ja, ich wage es zu behaupten, dass Deissmann
selbst in seinen gelehrten Erläuterungen manche Beweise

---

1) Schocher Tob. l. c. im Namen des R. A l e x a n d r i ; vgl.
Tosafoth Berachoth 12 a להגיד. In beiden Stellen kommt חדש == κκινίζω
vor.

2) Deissmann meint p. 44: „man wird es aufzufassen haben als
Ausdruck des Gedankens der Erhaltung der Menschheit durch das
Emporsprossen immer neuer Generationen."

gegen seine eigene Annahme an die Hand giebt. Wäre es
nicht sonderbar, wenn ein griechischer Jude, der „in der
a l e x a n d r i n i s c h e n Bibel lebte und webte", in
einer Reproduktion des 1. Verses der heiligen Schrift
(Zeile 10) geschrieben hätte statt τὸν ποιήσαντα, τὸν κτίσαντα,
was sich nur bei Aquila, dem „etymologischen" Uebersetzer
des hebräischen Wortes findet? Ebenso auffallend wäre der
Gebrauch von φωστήρ (= Mond nach Psalm 74, 16 ושמש ומאור)
in dem Anklange an Genesis 1, 16 τὸν φωστῆρα καὶ ἄστρα ἐν
οὐρανῷ ποιήσαντα, was ebenfalls nur bei Aquila (und Sym-
machus) angetroffen wird.[1]) Auch das sprachliche Colorit
unseres Spruches ist nicht das der LXX, wie Deissmann's
folgende Aeusserung zeigt: „Der Text ist völlig f r e i v o n
d e n g r a m m a t i s c h e n E i g e n t h ü m l i c h -
k e i t e n d e r S e p t u a g i n t a, welche man mit einem
nicht unmissverständlichen Ausdrucke Hebraismen zu nennen
pflegt" (Seite 50). Zwar macht D. einen Unterschied zwischen
lexikalischem und syntaktischem Einfluss der alexandrinischen Version, es müsste sich jedoch, wie uns scheint,
bei einem Texte, der aus Gedanken und Worten der griechischen Bibel von einem in dieser Bibel lebenden und
webenden Juden zusammengestoppelt ist, auch irgendwelcher
s y n t a k t i s c h e r Einfluss zeigen.

Die Bleitafel von Hadrumetum ist, gleichviel ob das
Original[2]) ihrer Inschrift von einem hebräisch- oder griechisch-
redenden Juden herrührt, ein wichtiges Denkmal der altjüdischen Magie. Den charakterischesten und Hauptinhalt
dieses Zauberspruches machen die Epitheta Gottes aus,
welche in mehr oder minder treuer Form, aber nicht wörtlich den Erzählungen und Gedanken der heiligen Schrift
entnommen sind. Bei dem Namen dieses allmächtigen Gottes

---

[1]) Einen Anklang an Theodotion Psalm 74 [73]. 18 zeigt
Zeile 12 nach Deissm. p. 39; ἔκτρομος (Zeile 26) bei LXX ἔντρομος
(Deissm. 44). Das sind gleichfalls Abweichungen von der griechischen
Bibel.

[2]) Die Tafel ist sicherlich mit Ausschluss der auf den Einzelfall
bezüglichen Stellen aus einem Zauberbuche abgeschrieben, so dass die
Abfassungszeit des ursprünglichen Textes zumindest in das zweite
Jahrhundert zu setzen wäre (Deissm. 48).

wird in der vorliegenden Zaubertafel ein Dämon zur Er-
regung der heissersehnten Liebe beschworen. Ohne Frage
hat man in ähnlicher Weise auch den Damon der Krankheit etc. beschworen, mit anderen Worten die Amulete
(Kemeas) hatten gleichfalls einen solchen Inhalt. Wenn wir
uns noch die über Jao Aoth-Abaoth aufgestellte Vermuthung
in Erinnerung bringen, dass nämlich diese magischen Gottesnamen Abkürzungen des Tetragrammatons und des göttlichen
Eigennamens Sabaoth sind, so finden wir in unserer Beschwörungsformel die „Buchstaben des Namens und die
vielerlei Dinge aus der heiligen Schrift" wieder, welche nach
der Baraitha, die wir zum Ausgangspunkte dieser Unter-
suchung genommen haben, den Inhalt von Eulogien und
Amuleten ausmachen. Es sei nur noch hervorgehoben, dass
als göttliche Eigenschaften vorzüglich diejenigen betont
werden, welche auf die Schöpfung des Weltalls, auf
Maase Bereschith, wie der hebräische Name dieser
mystischen Lehre lautet, Bezug haben.

Zu denselben Resultaten führt uns die kurze Betrachtung eines andern „Spruches", den A. Dietrich, Abraxas
138 ff. aus Pap. Paris Zeile 3009 ff. in verbesserter Gestalt
neu herausgegeben und gründlich erläutert hat. Dieser Spruch
nennt sich selbst zum Schluss einen „hebräischen". Um den
Dämon auszutreiben, soll man eine unreife Olive nebst anderen Pflanzen nehmen, dabei magische Worte[1]) murmeln,
hierauf sprechen: Gehe hinaus (Dämon) von N. N. Man
schreibe dann auf eine Zinnplatte ein Phylakterion[2]), das
dem Besessenen um den Hals gehängt wird. Der Exorcist
stellt sich dem Besessenen gegenüber und beginnt seine
Beschwörung mit den Worten: Ich beschwöre dich bei dem
Gotte der Hebräer Jesu[3]) Jabaiae etc. Der Geist wird nun
beschworen bei einem Gotte, dessen Epitheta vorzüglich der
Bibel entnommen sind.

---

[1]) Unter diesen Zauberworten sind zu erkennen die 7 magischen
Vocale αεηιουα, ευωρι (= אָמְרִי) und vielleicht אֵל in ιωηλ.

[2]) Die Zauberworte lauten: ιαηω αβραωθιωχ [= ארבע אותיות
vier Buchstaben = Tetragramm?] φθα υεσεν τινιαω φεωχιαηω χαρσοχ.

[3]) Conybeare bemerkt richtig J. Q. R. IX. 92 n. 1, dass Ἰησοῦ
falsche Lesung sein müsse, da die Zauberformel nach Dietrich selbst

Dieser Theil der Beschwörung lautet im Original, wie folgt :

1   ὁρκίζω σε τὸν
σημανθέντα τῷ Ἰσραὴλ ἐν στύλῳ φωτίνῳ καὶ νεφέλῃ
ἡμερίνῃ καὶ ῥυσάμενον αὐτοῦ τὸν λαὸν ἔργου
Φαραὼ καὶ ἐπενέγκαντα ἐπὶ Φαραὼ τὴν δεκάπληγον
5 διὰ τὸ παρακούειν αὐτόν. ὁρκίζω σε πᾶν πνεῦμα
δαιμόνιον, λάλησαι ὁποῖον καὶ ἂν ᾖς, ὅτι ὁρκίζω σε
κατὰ τῆς σφραγῖδος, ἧς ἔθετο Σολομὼν ἐπὶ τὴν
γλῶσσαν τοῦ Ἰηρεμίου καὶ ἐλάλησεν. καὶ σὺ λάλησον
ὁποῖον ἐὰν ᾖς ἐπουράνιον ἢ ἀέριον εἴτε ἐπίγειον
10 εἴτε ὑπόγειον ἢ καταχθόνιον ἢ Ἰεβουσαῖον ἢ Γεργε-
σαῖον ἢ Φερεζαῖον. λάλησον ὁποῖον ἐὰν ᾖς, ὅτι
ὁρκίζω σε θεὸν φωσφόρον ἀδάμαστον. τὸν τὰ ἐν
καρδίᾳ πάσης ζωῆς ἐπιστάμενον, τὸν χουοπλάστην
τοῦ γένους τῶν ἀνθρώπων, τὸν ἐξαγαγόντα ἐξ
15 ἀδήλων καὶ πυκνοῦντα τὰ νέφη καὶ ὑετίζοντα τὴν
γῆν καὶ εὐλογοῦντα τοὺς καρποὺς αὐτῆς, ὃν εὐλογεῖ
πᾶσα ἐνουράνιος δύναμις ἡ ἀγγέλων ἀρχαγγέλων.
ὁρκίζω σε μέγαν θεὸν Σαβαώθ, δι᾿ ὃν ὁ Ἰορδάνης
ποταμὸς ἀνεχώρησεν εἰς τὰ ὀπίσω καὶ ἐρυθρὰ
20 θάλασσα ἡνώδευσεν Ἰσραὴλ καὶ ἔστη ἀνόδευτος, ὅτι
ὁρκίζω σε τὸν καταδείξαντα τὰς ἑκατὸν τεσσαράκοντα
γλώσσας καὶ διαμερίσαντα τῷ ἰδίῳ προστάγματι.
ὁρκίζω σε τὸν τῶν αὐχενίων γιγάντων τοῖς
πρηστῆρσι καταφλέξαντα, ὃν ὑμνεῖ ὁ οὐρανὸς τῶν
25 οὐρανῶν, ὃν ὑμνοῦσι τὰ πτερυγώματα τῶν χερουβίμ.
ὁρκίζω σε τὸν περιθέντα ὄρη τῇ θαλάσσῃ τεῖχος ἐξ
ἄμμου καὶ ἐπιτάξαντα αὐτῇ μὴ ὑπερβῆναι καὶ
ἐπήκουσεν ἡ ἄβυσσος καὶ σὺ ἐπάκουσον πᾶν πνεῦμα
δαιμόνιον, ὅτι ὁρκίζω σε τὸν συνσείοντα τοὺς τέσσαρας

---

aus vorchristlicher Zeit stammen soll. Von den anderen magischen
Namen ist ιαβαιαη == ιαβα (= samaritanische Aussprache des Tetragrammaton) + ιαη (== יָהּ); αβρκωθ (siehe vorige Anm.); αια = יָהּ;
θωθ == Toth (aegypt. Gott); αβαρμας und αβραμαροια scheint
= αβρααμ. mit Buchstabenversetzung; ελε ελω = אֵלִי und אֱלָהּ;
αηω εου ιιβαεχ enthält in den ersten 7 Bstb. die 7 magischen Vocale
und ιιβαεχ darf emendirt werden in ιαβα + εχ᾿ (cf. jedoch Bandis-
sin I 243 über drei i).

114

30 ἀνέμους ἀπὸ τῶν ἱερῶν Αἰώνων, οὐρανοειδῆ,
θαλασσοειδῆ, νεφελοειδῆ, φωσφόρον, ἀδάμαστον.
ὁρκίζω σε τὸν ἐν τῇ καθαρᾷ Ἱερουσολύμῳ, ᾧ τὸ
ἄσβεστον πῦρ διὰ παντὸς αἰῶνος προςπαράκειται,
τῷ ὀνόματι αὐτοῦ τῷ ἁγίῳ ιαεω βαρρενυζουν.
35 λόγος· ὃν τρέμει γέννα πυρὸς καὶ φλόγες περι-
φλογίζουσι καὶ σίδηρος λακᾷ καὶ πᾶν ὄρος ἐκ
θεμελίου φοβεῖται. ὁρκίζω σε πᾶν πνεῦμα δαιμόνιον
τὸν ἐφορῶντα ἐπὶ γῆς καὶ ποιοῦντα ἔκτρομα τὰ
θεμέλια αὐτῆς καὶ ποιήσαντα τὰ πάντα ἐξ ὧν οὐκ
40 ὄντων εἰς τὸ εἶναι. ὁρκίζω δὲ σὲ τὸν παραλαμβάνοντα
τὸν ὁρκισμὸν τοῦτον χοιρίον μὴ φαγεῖν καὶ
ὑποταγήσεται σ[ο]ι πᾶν πνεῦμα καὶ δαιμόνιον ὁποῖον
ἐὰν ᾖν. ὁρκίζων δὲ φύσα ἀπὸ τῶν ἄκρων καὶ τῶν
ποδῶν ἀφαιρῶν τὸ φύσημα ἕως τοῦ προσώπου καὶ
45 ἐκκριθήσεται. φύλασσε καθαρός. ὁ γὰρ λόγος ἐστὶν
ἑβραϊκὸς καὶ φυλασσόμενος παρὰ καθαροῖς ἀνδράσιν.

Es ist also angespielt auf die Feuer- und Wolken-
säule (Ex. 13, 21; Psalm 78, 14); auf die Errettung Israels
aus der Bedrückung Pharao's; auf die über Pharao ver-
hängten 10 Plagen; auf den Lichtspendenden, den Menschen
bildenden Gott (LXX Gen. 2, 7) und Schöpfer des Alls;
auf den grossen Gott Sabaoth, der den Jordan und das
rothe Meer gespalten (Josua 3, 13—17; Exodus 14, 21. 22;
Psalm 114, 3. 5; 78, 13); auf die 140 Sprachen[1]) und auf
die Zertheilung (Gen. c. 10, 11); auf die Flügeln der Che-
rubim; auf den, der dem Meere Grenzen gesetzt (Ps. 104,
6 ff.); auf den, der die vier Winde zusammenrüttelt (Jerem.
46, 36 u. sonst). Der Geist wird dann beschworen bei dem,
der im reinen Jerusalem ist, wo ihm ein nie verlöschendes
Feuer unterhalten wird, bei seinem heiligen Namen Jaeô
Barrenuzoun. Andere biblische Anspielungen liegen ebenfalls
klar zu Tage. Interessant ist vom jüdischen Gesichtspunkte
der Satz ὃ ἔπλασεν ὁ θεός ἐν τῷ ἁγίῳ ἑαυτοῦ παραδείσῳ d. i.
der Dämon, den Gott in seinem heiligen Paradies geschaffen hat.

---

[1]) Gen. c. 10 sind 70 (nach Kirchenvätern 72) Völker genannt,
daher spricht die jüdische Tradition oft von 70 Sprachen. Warum hier
140 (2×70) erwähnt werden, ist nicht klar.

Die kosmogonische Speculation wird auch von den Tannaiten
„P a r a d i e s" (פְּרְדֵּם) genannt. Vier Gelehrte, Ben Azzai,
Ben Zoma, Acher (Elischa ben Abuja) und Akiba sind in den
P a r d e s hineingegangen, B. A. schaute und starb, B. Z. schaute
und wurde irrsinnig, Acher schaute und beschnitt die Pflanz-
ungen, Akiba ging hinein und kam heraus in Frieden.[1]

Dieses „Eingehen in's Paradies" ist wörtlich und nicht
allegorisch zu nehmen; auch Gnostiker, Ophiten, Bardesanes
und A. sprechen vom ätherischen und pneumatischen
Paradies.[2] Wie aus unserer Beschwörungsformel hervorgeht,
waren im heiligen Paradies Gottes Engel und Dämonen.
Vielleicht darf man vermuthen, dass dieses Paradies das
geistige Vorbild unserer materiellen, von Gott nicht unmittelbar
geschaffenen, sondern durch fortgesetzte Materialisationen seiner
Emanationen zu Stande gekommenen Welt ist. Unsere Welt
wäre also ein materielles Abbild des geistigen Gottes-
paradieses. Die vier Gelehrten „schauten" die „Pflanzungen"
d i e s e s Paradieses, zwei konnten den Anblick der Herrlichkeit nicht ertragen, der eine starb, der andere wurde
geistesverwirrt, Akiba kam ohne Schaden davon, Acher
aber „beschnitt die Pflanzen." Was ist hiemit gemeint? Die
beregte Tosiftastelle wendet auf Acher den Predigervers
5, 5 an: „Gestatte deinem Munde nicht, zu versündigen
dein Fleisch und sage nicht vor dem Engel, es sei ein
Irrthum, wozu soll Gott zürnen über deine Stimme und zerstören deiner Hände Werk."[3] Es scheint demnach, dass

---

[1] Tosifta Chagiga II 3 (234 Z. 7) = b. Chag. 14 b u. : j. Joma 77 b ob. :
ארבעה נכנסו לפרדס, בן עזאי הציץ ומת . . . בן זומא הציץ ונפגע . . . אחר
הציץ וקיצץ את הנטיעות עליו הכתוב [Koheleth 5, 5] אומר אל תתן את פיך
לחטיא את בשרך, ר' עקיבא נכנס בשלום ויצא בשלום.

[2] Clemens Alex. stromata V; Hieronymus c. haer. I 4 citirt bei
Grätz, Gnosticismus und Judenthum p. 58 f. Merkwürdig ist, dass Grätz
die von ihm angeführten Aeusserungen über das „Paradies" allegorisch
auf die Beschäftigung mit der Gnosis bezieht, was Angesichts der
Thatsache, dass es in einen der sieben Himmel verlegt wird, ganz
ausgeschlossen ist. Ferner meint Grätz, es sei noch keinem eingefallen,
den Ausdruck „ins Paradies eingehen" buchstäblich und materiell aufzufassen) (S. 57); doch hat es Raschi gethan, der bemerkt: „sie sind
vermittelst eines Gottesnamens in den Himmel aufgestiegen."

[3] Der Jeruschalmi l. c. hat die Anwendung dieses Verses nicht

Acher am himmlischen Paradies Kritik geübt, oder in demselben durch magische Worte Verwüstungen angerichtet hat.
Das „Beschneiden der Pflanzen" kann beides bedeuten.[1]) —
Von dem magischen Siegelringe Salomo's, welchen Aschmedai, der König der Dämonen, verschlang und dann den
wehrlos gewordenen Salomo 400 Parasangen weit schleuderte,
wird Gittin 68 b gesprochen. Unter den daselbst erzählten
Wundergeschichten findet sich jedoch keine Andeutung von
einem zum Sprechen gebrachten Jeremias[2]). Erwähnt
wird hingegen, dass Gechazi, der Diener des Propheten
Elischa, dem Götzenstier des Jerobeam einen Gottesnamen
in das Maul einschnitt, wodurch er die zwei ersten Gebote
des Dekalogs hersagte.[3]) — Hervorgehoben sei noch die
Erwähnung des „nie verlöschenden Feuers" im jerusalemischen
Tempel und die Vorschrift, sich des Genusses von Schweine-
fleisch zu enthalten. Dies letztere beweist, dass der Verfasser des
Zauberbuches, aus dem unsere Beschwörung entnommen ist,
nicht Juden als Adepten im Auge hatte. Dies folgt auch
aus der ausdrücklichen Angabe, dies sei ein λόγος ἑβραϊκός.

Ob nun dieser Exorcismus ganz, oder blos theilweise
jüdisch ist,[4]) soviel ist sicher, dass die Anspielungen auf

---

mehr richtig verstanden und ihn deshalb auf Achers spätere Lebens-
und Handlungsweise gedeutet.

[1]) Mehr als eine Muthmassung will dies nicht sein und ich nehme
jede Belehrung mit Vergnügen an. Für ganz sicher halte ich aber, dass
das „Eingehen in s Paradies" wörtlich gemeint ist. Ebenso s a h man
das „Werk des Thronwagens", wie aus Tosifta Megila IV 28 (228 Z. 1)
hervorgeht. Da heisst es: „Viele deuteten den Thronwagen, ohne ihn
je im Leben gesehen zu haben." Bei der Deutung desselben konnte
man sich gleichfalls den Tod zuziehen (Sabbath 80 b). Unsere Stelle
kann ebenso zu מרכבה מעשה wie zu בראשית מעשה gehören. Diese
mystischen Disciplinen sind noch sehr dunkel (vgl. Tos. Chagiga II
1—7; b. ib. 14 ff.; Jeruschalmi zur Stelle). Die מרכבה (erstes Capitel
des Ezechiel) durfte man öffentlich vorlesen (Tos. Meg. IV 34).

[2]) Ueber Salomo und seinen Siegelring siehe Dietrich 142. Siehe
oben Abschnitt II. n. 1. über ידעוני.

[3]) Sota 47 a 31 וכו' אפומא לה חקק שם: Andere meinen, Gechazi
habe das Götzenbild durch Umhängung eines Magnetsteines (שואבת אבן)
in der Luft schwebend gemacht.

[4]) Conybeare l. c. 92 zählt ihn zu den griechischen, nicht zu den
jüdischen.

die heilige Schrift jüdischen Ursprungs sind. Wir haben
also hier ein weiteres Beispiel dafür, was man unter den
„vielerlei Dingen aus der Bibel", welche in den Kemeas
enthalten sind, zu verstehen habe. Nicht wörtliche Citate,
einzelne Schriftstellen, sondern inhaltliche Reproductionen,
wie in den Benedictionen, welche wir zum Theil noch heute
besitzen. Es braucht wohl nicht besonders betont zu werden,
dass die biblischen Anspielungen nicht den alleinigen Inhalt
der Kemeas ausgemacht haben. Finden wir ja auch in dem
vorliegenden Zauberspruch eine merkwürdige Berufung auf
Salomo's Siegel.

Wir dürfen nach den Aussagen der Tradition und der
herangezogenen jüdisch-hellenistischen Analogien annehmen,
dass die altjüdischen Amulete die folgende Form hatten. Namen
der Person und ihrer Mutter, des Dämons oder der Krankheit, was im Grunde genommen, wie die im ersten Capitel
angeführten Belege zeigen, eins und dasselbe ist; Gottesnamen und einzelne Buchstaben desselben, sowie Attribute
Gottes; manchmal auch einzelne Schriftverse, die nicht
selten umgekehrt geschrieben waren, wie ich in den nächsten
Capiteln nachzuweisen hoffe.

5. Die mystischen Gottesnamen.

a) Wichtigkeit des Namens.

Der Name, den wir als etwas Zufälliges zu betrachten
pflegen, ist nach den Anschauungen der Alten ein wesent-
licher Bestandtheil der lebenden Wesen und leblosen Gegenstände, durch welchen ihr innerster Kern offenbart und
charakterisirt wird. Schon die heilige Schrift etymologisirt
mit besonderer Vorliebe Personen- und Ortsnamen und
findet eine innere Beziehung zwischen dem Namen und dem
Träger desselben. „Wie sein Name so ist er" heisst es von
Nabal (I Samuel 25, 25) und Noemi meint, man möge sie,
nachdem sie vom Unglück heimgesucht worden, nicht mehr
die „Angenehme", sondern „die Bittere" nennen (Ruth 1,
20). Wet mehr noch als die Schrift huldigt die Tradition
dem Princip nomen est omen, was in einer Unzahl von
Volksetymologien zum Ausdruck gekommen ist. Ein schöner

Name wurde geschätzt[1]). R. 'Meir achtete stets auf den
Namen; zu einem Manne der Kidor hiess, hatte er kein
Vertrauen, denn Deuteronomium 32, 20 heisst es : Kidor
(כי דור) sei Falscheit[2]). Der Name ist die Hauptsache, nach
Psalm 46, 9, wo שַׁמּוֹת zu lesen ist שֵׁמוֹת[3]). Vier Dinge sind
bei den Namen gesagt worden Es gibt Personen mit schönen
Namen und schönen Handlungen, mit hässlichen Namen und
hässlichen Handlungen u. s. w.[4]). Wie der Kampf zwischen
Nominalismus und Realismus hört es sich an, wenn darüber
gestritten wird, ob vom ceremonialgesetzlichen Gesichtspunkt diejenigen Speisen und Getränke eine Gattung bilden
welche denselben Namen führen oder diejenigen, welche
denselben Geschmack haben[5]). Die Tradition liebt es, mehrere
Namen zu indentificiren und auszudeuten; einer und derselben Sache oder Person mehrere Namen zu geben[6]). Durch
Veränderung des Namens wird das im Himmel beschlossene
Unglück abgewehrt[7]). Besondere Kraft besitzen diejenigen
Namen, welche als einen Bestandtheil den Gottesnamen
enthalten. Jeder Engel hat eine Tafel auf seinem Herzen
und der Name Gottes ist mit dem Namen eines jeden Engels
verbunden, wie Michael, Rafael[8]); ebenso ist Gott mit dem
Namen Israel verbunden[9]). Gott verbindet seinen Namen nur

---

[1]) Nedarim 66 b: לכלוכית שמה אמר להן [ר׳ ישמעאל שמא שמה נאה?
בר'בי יוסי] יפה קורין אותה לכלוכית שהיא מלוכלכת במומין.

[2]) Joma 83 b u.; daselbst auch über eine Frau, die wegen ihres
Namens בלה nach Ezechiel 23, 43 der Buhlerei verdächtigt wurde.
Baba Kamma 119 b ein Wortspiel קצרא שמיה וקצרא שקיל ליה; Taanith
25 a 22 מר. שמך איכו, איכו נימטו כשוריך und andere Beispiele.

[3]) Berachoth 7 b שמא גרים; Tanchuma Stettin p. 682 : לעולם יבדוק
אדם בשמות לקרוא לבנו הראוי להיות צדיק כי לפעמים השם גורם טוב או גורם
רע וכו'.

[4]) Genesis r. c. 71 g. Anf.

[5]) Aboda Zara 66 a: בתר שמא . . . בתר טעמא bei Wein.

[6]) Erubin 19 a; Sanhedrin 82 a; 95 a und sehr oft.

[7]) Rosch Haschana 16 b oben שנוי השם (שרה: שרי) neben שנוי
מעשה.

[8]) Tanchuma Buber Jithro p. 77 u.: ושמו של הקב"ה משותף עם שמו
מיכאל וגבריאל ששמו; Pesikta r. 104 b : של כל מלאך ומלאך מיכאל רפאל
מעורב בהם, (s. Friedmann Anm. ע"ב).

[9]) j. Taanith 65 d 27: שיתף הקב"ה שמו הגדול בישראל; beide Aussprüche tradirt S. b. Lakisch.

mit dem Guten, aber nicht mit dem Bösen, denn es heisst Gen. 1, 5, G o t t nannte das Licht Tag, und die Finsterniss Nacht; das Wort Gott ist nicht wiederholt.[1]). Jehuda ist ganz nach dem Tetragramm benannt, Josef's Namen wurde ein Buchstabe von dem Gottesnamen hinzugefügt[2]); in der zukünftigen Welt werden die Frommen nach dem Namen Gottes benannt werden[3]). Manche schrieben den Gottesnamen auf ihren Leib, solche durften sich dann nicht mehr ölen, auch nicht baden oder an einem unreinen Orte stehen[4]). Schreibet den Schem Hameforasch und befestiget ihn auf euerem Herzen[5]). Der Name ist im Allgemeinen sehr wichtig, aber ganz besonders der Gottesname, so in seiner Ganzheit, wie in seinen einzelnen Bestandtheilen.

Himmel und Erde sind vergänglich, aber „dein grosser Name lebt und besteht in Ewigkeit"[6]). Der „Name" musste mit Heiligkeit geschrieben werden[7]). Die der Untreue verdächtigte Frau wurde aufmerksam gemacht, nicht die Auslöschung des grossen in Heiligkeit geschriebenen Namens zu verursachen[8]) (nach der Vorschrift von Numeri c. 5). Wenn jemand einen Gottesnamen schreibt, darf er nicht einmal dem ihn begrüssenden König antworten, bevor er geendet hat[9]). Nicht blos ganze Gottesnamen, sondern auch einzelne Buchstaben desselben dürfen nicht verlöscht werden[10]).

---

[1]) Genesis rabba c. 3 Nr. 6 p. 27 b: לא שיתף הקב״ה שמו כי אם על טוב; Lekach Tob z. St. מיחד statt שיתף.

[2]) Sota 10 b unt. יהוסף; יהוד(ה); auch שמעון ib. 10 a: vgl. noch ib. 36 b.

[3]) Baba Bathra 75 b.

[4]) Sabbath 120 b; Soferim V 2, siehe Müller Seite 77. Vgl. auch Sifra 90 c unt.

[5]) Jellinek, Beth Hamidrasch VI 106 unt.; vgl. Jeremia 31, 32 und Jellinek VI 115 unt.

[6]) Berach. 32 a: מה שמך הגדיל חי וקיים לעולם ולעולמי עולמים; dieselben Worte von Gott selbst Mechilta 46 a$_{18}$ und 67 b$_{25}$.

[7]) Sifre I 42 (12 b 11 v. u.); 16 (6 a 7); 43 (13 h 7) u. sonst.

[8]) Sifre I 12 (5 a 5 v. u.).

[9]) Tosifta Berachoth VII 22 (8$_{11}$).

[10]) Sifre II 61 (87 b$_{25}$): ר' ישמעאל אומר מנין למוחק אות אחת מן השם שהוא בלא תעשה שנאמר ואבדתם את שמם לא תעשון כן לה' אלהיכם; Schebuoth 35 a b detaillirte Bestimmungen.

Moses erlaubte sich nur nach 21 Worten das Tetragrammaton
zu erwähnen[1]). Bei den Opfern wird in der heiligen Schrift
ausschliesslich der vierbuchstabige Gottesname gebraucht,
um den Sectirern (Minim) keinen Vorwand zu geben zu herr-
schen (לרדות)[2]). Das Tetragramm und alle seine Umschreibungen waren in der Bundeslade niedergelegt.[3]).

Die Wirkungen des Tetragrammaton sind die weit-
gehendsten. Gott bedarf keiner Kriegswerkzeuge, er kämpft
mit seinem Namen, wie es bei David heisst „ich komme
zu dir mit dem Namen JHWH Sabaoth" (I Samuel 17,
45) und wie auch Psalm 20, 8 gesagt wird „diese mit
Wagen und mit Pferden, wir aber mit dem Namen JHWH
unseres Gottes"[4]). Die samaritanische Chronik (ed. Juyn-
boll p. 131) erzählt, dass Moses auf Gottes Befehl Josua
den Gottesnamen mittheilte, damit dieser mit Hilfe desselben die Feinde besiege[5]). Es kommt hauptsächlich auf den
Namen an. Die Heiden meinen, ihre Götter haben deshalb
keine Kraft, weil ihnen nicht der Name des Gottes Israels
beigelegt wird; würde dies geschehen, dann wäre in ihnen
auch Nutzen. Gegen diese Ausrede der Völker ist an Genesis 4, 26 zu erinnern, wo die Heidengötter mit יהוה angerufen worden sind und trotzdem vermochten sie nichts auszurichten[6]). Den Erzvätern habe ich meinen Eigennamen nicht
kund gethan, dir, Moses, offenbare ich ihn, denn du gehst,
um Israel zu erlösen, damit es dir gelinge. Gott sagte, in
dieser Welt habe ich meinen Namen nur Einzelnen
offenbart, aber in der zukünftigen Welt werde ich meinen
Namen ganz Israel kund thun, denn so sagt Jesaia 52, 6 : „Mein

---

[1]) Sifre II 306 (132 b₂). Von האזינו (Deut. 32, 1) bis שם יהוה
(Vers 3) sind 21 Worte.

[2]) Sifre I 143 (54 a 5). Eine interessante Beobachtung.

[3]) Sota 42 b. Tosifta Sota VII 17 (308₁₂) : „Denn JHWH euer
Gott geht mit euch" (Deut. 20, 4), dies ist der Gottesname, der in der
Lade liegt.

[4]) Mechilta 38 a 24 zu Exodus 15, 3 יהוה שמו: בשמו הוא נלחם.

[5]) Grünbaum Zeitschrift d. deutschen morgenländischen Gesell-
schaft 40, 245 ; vgl. auch p. 238 n. 4.

[6]) Mechilta Seite 67 b₁₃ zu Ex. 20, 3. = Sifre II 48 (81₁₂) Jose :
אלו נקראו [אלהיה אחרים] בשמו [של ה'] כבר היה בהם צורך, והרי נקראו ב שמו
לאסוקי דאסיקי שמא לע"ז אלוה :Siehe auch Nedarim 25 a. ואין בהם צורך.

Volk möge meinen Namen kennen"[1]). Der Mystiker Pinchas ben Jair (um 200) meint, das Gebet der Israeliten werde in dieser Welt deshalb nicht erhört, weil sie den Schem Hameforasch nicht kennen; in der zukünftigen Welt wird aber Gott ihnen seinen Namen kund thun, wie Jesaia 52, 6 verkündet, da wird Gott ihr Gebet s o f o r t erhören[2]). Die Bewirkung der sofortigen Erhörung des Gebetes vermittelst der Kenntniss des mystischen Gottesnamens erinnert stark an magische Anschauungen, nach welchen ebenfalls in Folge der Anwendung eines zauberkräftigen Namens das erwünschte Ziel allsogleich erreicht wird. Auf der Waffe, welche Gott Israel am Sinai gegeben, war der „grosse Name" eingezeichnet und so lange es diese Waffe in der Hand hatte, hatte nicht einmal der Todesengel Macht über es[3]). Auf Mose's Stab, mit dem er das Meer spaltete und andere Wunder verrichtete, war der Schem Hameforasch eingezeichnet[4]). Die brausenden Wogen des Meeres werden mit einem Stab, auf dem Gottesnamen eingezeichnet sind, beschwichtigt[5]). Der „Tehom" wird durch Einwerfen eines Scherbens mit einem Schem gebannt und überfluthet die Erde nicht[6]). Mit einer Kette und einem Siegelringe, auf denen ein Gottesname eingegraben war, wurde Asmodai, der Fürst der Dämonen, gebändigt[7]). Der Prophet Jesaia sprach

---

[1]) Tanchuma Buber Waera (p. 21). Bemerkenswerth ist der Ausdruck כל מי שהוא :Pesikta r. 148a .(vgl) לא פרסמתי להם אם ספורש הוא druck מפרש שמו של הקב"ה חייב מית ה). Aehnlich Tanchuma Stettin p. 184 unt.

[2]) Schocher Tob c. 91 Ende (Buber p. 400).

[3]) Tanchuma Waera p. 25; Schocher Tob zu 91, 2 (p. 399 Buber), wo statt שם המפורש : שם הגדול gebraucht wird. שמו הגדול Sifre II 306; 346 (bis) und sehr oft. Kommt auch in der Bibel vor. Autor des Spruches ist Simon b. Jochai. Vgl. auch Exodus r. c. 16 Seite 141a₈: רבי סימאי אומר פורפירא הלבישן ושם המפורש חקוק עליו וכו' und Einhorn z. St. Dass Moses den Aegypter mit einem Gottesnamen getödtet hat, haben wir oben Abschn. II c. 3 gesehen.

[4]) Pesikta Buber 140a unt. אמר שם המפורש (um 150) ור' נחמיה .Hier wird יהוה צבאות יהוה צבאות חקוק עליו, ה' צבאות שמו, ראה אותו [הים] וברח Schem Hameforasch genannt, also auch Sabaoth gehört zu den Wunder wirkenden Namen (vgl. III 4 über Aoth Abaoth).

[5]) B. B. 73a

[6]) Makkoth 11a unt.

[7]) Gittin 68a u.

einen „Schem" und wurde zu seiner Rettung vor Manasse
von einer Ceder verschlungen[1]). Durch einen auf das Maul
eingezeichneten Schem wurde der Götztenstier Jerobeams
zum Sprechen gebracht[2]). Der menschliche Körper, Vieh und
Geräthe werden durch Einzeichnung von Gottesnamen geschützt[3]). Der König Jehojakim soll einen Gottesnamen oder
einen Götzennamen auf sein Membrum eingezeichnet haben,
offenbar zu Zauberzwecken[4]). Der Phallus ist in der Magie
von grosser Bedeutung[5]). Das Geschenk, das Abraham den
Söhnen der Kebsweiber machte, bestand in der Anvertrauung
des „unreinen Namens"[6]).

Die bedeutendste Aussage über den Gottesnamen
dürfte die folgende sein, welche R a b , den ersten und
grössten babylonischen Amora, zum Autor hat: Bezalel
wusste diejenigen Buchstaben zusammenzufügen, mittelst
welcher Himmel und Erde geschaffen worden sind[7]). Wohl
heisst es hier Buchstaben schlechthin, nach den herrschenden Anschauungen dürfte es aber kaum zweifelhaft sein,
dass das entscheidende Wort „des Namens" (של שם) eben
aus dem Grunde fehlen kann, weil es — entscheidend ist.
Uebrigens bedeutet אותיות auch allein, wie wir IV. 4 nachgewiesen haben, G o t t e s n a m e n , demnach wird hier lediglich von Zusammenfügung von Gottesnamen die Rede sein.
Da Rab seine Studien im heiligen Lande machte und in
Babylonien stets die palästinische Tradition vertrat, ist seine

---

[1]) Jebamoth 49 b.
[2]) Sota 47 a, oben p. 116 n. 3.
[3]) Oben p. 119 n. 4. Ueber Vieh und Geräthe siehe Friedmann
Mechilta 71 b n. ב"י.
[4]) Sanhedrin 103 b u.
[5]) Daremberg-Saglio II 988.
[6]) Sanhedrin 91 a unt.
[7]) Berachoth 55 a: אמר רב יהודה אמר רב יודע היה בצלאל לצרף
אותיות שנבראו בהן שמים וארץ, denn es heisst Proverb. 3, 19. 20: Gott
habe die Welt durch W e i s h e i t begründet, durch sein W i s s e n haben
sich die Gewässer (Tehomoth) gespalten und von Bezalel heisst es Exod.
35, 31 Gott habe ihn erfüllt mit W e i s h e i t, Vernunft und W i s s e n.
Chagiga 12 a sagt Rab, die Welt sei geschaffen בחכמה ובתבונה ובדעת וכו'.
Dies widerspricht der ersteren Behauptung nicht, denn das Werkzeug
konnte ja trotzdem die Buchstabenaneinanderreihung bilden.

Aussage für die Anschauungen über die Gottesnamen in Palästina um 200 charakteristisch.

Die angeführten Belege zeigen deutlich, welche Wichtigkeit den Namen im Allgemeinen und den Gottesnamen[1]) im Besonderen zugeeignet wurde. Eine sehr praktische Bedeutung hatten die N a m e n in der Magie. Wenn der Magier den richtigen Namen im richtigen Zeitpunkt anzurufen wusste, hatte er gewonnenes Spiel, denn dem Namen konnten Götter und Dämonen nicht widerstehen; wenn sie gerufen wurden, mussten sie erscheinen. Für die Zauberer also, gleichviel ob jüdische oder heidnische, war die Kenntniss des Eigennamens des israelitischen Gottes von praktischem Nutzen; sie waren gewiss bestrebt, das G e h e i m n i s s zu erfahren. Wenn also in Zaubertexten griechische Umschreibungen des Tetragramms angetroffen werden, so verdienen diese eine ernste Prüfung. Diese Erwägung führt uns zu einigen Bemerkungen über Benennung, Aussprache und Aequivalente des vierbuchstabigen Gottesnamens.

b) B e n e n n u n g e n d e s T e t r a g r a m m s.

Eine Vergleichung der B e n e n n u n g e n des göttlichen Eigennamens in hebräischen und ausserhebräischen Quellen ist nicht ohne Interesse. Sehr alt ist die Bezeichnung הַשֵּׁם d e r N a m e schlechthin. Ebenso findet man τὸ ὄνομα. An zahlreichen Stellen wird der Gottesname mit den zwei ersten Buchstaben bezeichnet: יו"ד ה"י[2]). Die Namen der Buchstaben werden ausgeschrieben, denn יה ist auch Gottesname Dieser Benennung scheint das griechische Ia zu entsprechen. „Nicht wie diese Welt ist die zukünftige Welt. In dieser Welt wird geschrieben יו"ד ה"י und gelesen אל"ף דל"ת; in der zukünftigen Welt hingegen wird gelesen und geschrieben יו"ד ה"י d. h. man wird יהוה nicht mehr אדנ"י, sondern nach seinen Buchstaben aussprechen[3]). Indirekt ist also hier eine Be-

---

[1]) Siehe Zunz, Synagogale Poesie 145 f.

[2]) Tosifta Berachoth VII 20 (17₈) = Sifra 85 d unt.: הפותח ביוד; הי וחותם ביוד הי וכו'; Sabbath 63 b הי"ד הי auf dem Golddiadem des Hohepriesters. Sifre I 14 (5 b 15): מה אלה ביו"ד הי אף שבועה ביו"ד הי (auf derselben Seite noch zwei Mal).

[3]) Pesachim 50 a unten: העולם הזה נכתב ביו"ד הי ונקרא באל"ף דל"ת אבל לעולם הבא כולו אחד נקרא ביו"ד הי ונכתב ביו"ד הי.

zeichnung gebraucht, welche griechisch ἄῤῥητον lautet: ἄῤῥητον δὲ δὴ καὶ ἀειδῆ αὐτὸν νομίζοντες (Dio Cassius lib. 37 c. 16 ed. Dindorf I 211); ὄνομα κρυπτὸν καὶ ἄῤῥητον (Wessely, Zauberpapyrus im Index sub ὄνομα und sonst). Noch ähnlicher der hebräischen Bezeichnung ist τὸ ἅγιον ὄνομα ὃ οὐ λέγεται (Zeile 20 der oben abgedruckten Bleiinschrift von Hadrumetum) und τὸ κρυπτὸν ὄνομα καὶ ἄῤῥητον ἐν ἀνϑρώποις (Dietrich Abraxas 195 Zeile 7). Hierher gehört auch die Bezeichnung: καὶ τὸ ὄνομα τὸ ἐν Ἱεροσολύμαις .... ὄνομα ἄφϑεγκτον μεγάλου ϑεοῦ (ib. 203$_{19}$, vgl. 203$_{23}$ und 204$_{8}$). Heidnisch gefärbt ist dieselbe Bezeichnung in der folgenden Form: οὗ τὸ ὄνομα οὐδὲ ϑεοί δύνανται φϑέγγεσϑαι (ib. 198$_{6}$). Möglich ist aber auch, dass diese letzteren Aussagen von der Unaussprechbarkeit sich auf die 12, 42 und 72 buchstabigen Gottesnamen beziehen. Oft kommt in den Zauberpapyri auch der Ausdruck ϑεὸς ἄφϑεγκτος vor (Wessely im Index sub ἄφϑεγκτος).

Ueber שם המפורש weiss man nicht mehr aus und ein — vor lauter Erklärungen. Diese Bezeichnung kommt oft vor, z. B. Sifre I 39 (12a 3 ter); Mischna Joma VI 2; Chagiga 16 a 14 v. u.; Joma 69 b und sonst. Im Targum zu Hohelied 3, 17 wird erwähnt „der grosse Namen מְפָרַשׁ בשבעין שמהן" der in die Waffen der Israeliten eingezeichnet war. Koheleth 3, 11 „Alles that er gut in seiner Zeit" paraphrasirt das Targum unter Anderem: „Auch den grossen Namen, der geschrieben und מְפָרַשׁ war auf dem Grundstein[1]), hat Gott vor Israel geheim gehalten, denn, wenn dieser Name dem Menschen übergeben worden wäre, hätte er sich esselben bedient[2]) und durch ihn erfahren, was am Ende der Tage bis in die Ewigkeit geschehen wird". Das jerusalemische Targum glossirt Exodus 32, 25 mit den Worten: „sie haben die goldene Krone, in welche der שְׁמָא מְפָרְשָׁא vom Berge Choreb her eingravirt war, vom Haupte gerissen"; Targ. Jonathan sagt dasselbe, statt דהוה שמא מפרשא חקיק עליהין heisst es aber דהוה שמא רבא ויקרא חקיק ומְפָרַשׁ ביה. Zu Leviticus 24, 11 wird im Sifra z. Stelle

---

[1]). אבן שתיא hebräisch אבן שתי. Auf vielen geschnittenen Steinen finden sich, wie bekannt, jüdische Gottesnamen, überhaupt auf den gnostischen Abraxasgemmen.

[2]) הוה משמש ביה. Ein Beleg für unsere obige Behauptung, dass שמש „theurgisch gebrauchen" bedeutet.

(104 c 12) bemerkt זה שם המפורש ששמע מסיני „dies ist der Schem Hameforasch, den er am Sinai gehört hat". Targ. Jonathan sagt dasselbe mit den folgenden Worten: שמא רבא ויקירא דמתפרש דשמע בסיני. Levi sagt (Pesikta p. 148·a): „wer den Namen Gottes ausspiicht, ist nach Lev. 24, 16 des Todes schuldig"[1]. Diese Stellen zeigen, dass מפרש in verschiedenen Bedeutungen gebraucht wird. Im Targum zu Hl. 3, 17; Koh. 3, 11; Jonathan zu Exodus 32, 25 und Leviticus 24, 11 kann es nur bedeuten, der bekannt gegebene Name, während es in Levi's Ausspruch mit „aussprechen" übersetzt werden muss. In letzterem Sinne wird dieser Stamm auch in der beregten Sifrastelle gebraucht in den folgenden Worten: אמר מה ששמעת בפירוש „sage das was du gehört hast [das Tetragramm], in der Aussprache". Sicher scheint mir, dass שם המפורש aus dem aramäischen Sprachgebrauch zu erklären ist. Es dürfte weder den „ausgesprochenen", noch den „ausgezeichneten" und am allerwenigsten đen „verborgenen" (Grünbaum) Namen bezeichnen. Doch will ich die Frage nach der ursprünglichen Bedeutung des Schem Hameforasch auf sich beruhen lassen und mache blos einige Bemerkungen. Vielleicht bedeutet dieser Name manchmal, wie z. B. im Targum Hl. 3, 17 und Koh. 3, 11, nicht das Tetragramm. sondern den aus 12, 42 oder 72 Buchstaben zusammengesetzten Namen. Haja Gaon und Raschi halten den 42-er Namen für den שם המפורש[2]. In dem schon mehrmals genannten Buche Moses' über den heiligen Namen heisst es: τέλει τέ μοι, κύριε, τὸν μέγαν κύριον ἄφθεγκτον χαρακτῆρα, ἵνα αὐτὸν ἔχω καὶ ἀκίνδυνος καὶ ἀνίκητος καὶ ἀκαταμάχητος παραμένω[3]. Wer also im Besitze der Buchstaben des Namens ist, wird unbezwinglich, was ganz wie die citirte Targumstelle klingt. Welches griechische Aequivalent der Benennung שם המפורש entspricht, weiss ich nicht zu sagen. Man könnte an ὄνομα

---

1) כל מי שמפרש שמו של הקב׳ה חייב מיתה.

2) Löw, Gesammelte Schriften I 204 n. 6 und 205 n. 7 (Raschi Sanh. 60 a und Erubin 18 b).

3) Dietrich, Abraxas 204₈

κρυπτόν denken[1]), allein dies wäre nur eine sachliche, aber keine wörtliche Wiedergabe, denn in's Hebräische ubersetzt, lautet dieser Name הגסתר השם, was sich nur bei den Samaritanern[2]), aber nicht bei den J u d e n zur Zeit der Tradition findet. In Pap. Lond XLVI 47 findet sich σαμασφρηθ, was Schwab Vocabulaire de 1 Angelologie sub voce, wohl mit einem Fragezeichen versehen, mit המפרש שם identificirt. Wenn dies überhaupt richtig ist, ist eher an eine Umschreibung von שמא פרישא zu denken.

Die jetzt übliche Benennung „der vierbuchstabige Name" lautet hebräisch שם בן ארבע אותיות; sie findet sich meines Wissens im Talmud nur zwei Mal: Kidduschin 71 a und Sanhedrin 60 a. Die griechische Uebertragung dieses Namens ist τὸ τετράγραμμον ὄνομα τὸ μυστικόν. (Clemens Stromata ed. Dindorf III p. 25$_{27}$, siehe Deissmann p. 2). Bewerkenswerth ist, dass diese wenig significante[3]) Bezeichnung in den Zauberpapyri nicht angetroffen wird, während die 7 magischen Vocale mit dem ähnlich geprägten τὸ ἑπταγράμματον ὄνομα[4]) benannt sind.

Sehr häufig wird Gott mit dem Epitheton αορατος „der Unsichtbare" versehen. Den Ant hropomorphismus „und sie schauten Gott und assen und tranken" (Exodus 24, 11), haben schon die Targume hinweggedeutet, indem sie umschreiben: Sie sahen die Herrlichkeit Gottes und freuten sich über ihr Opfer als hätten sie gegessen und getrunken[5]); LXX übersetzt καὶ εἶδον τὸν τόπον οὗ εἰστήκει · ὁ θεὸς τοῦ Ἰσραήλ (V. 10); καί ὤφθησαν ἐν τῷ τόπῳ τοῦ θεοῦ, καὶ ἔφαγον καὶ ἔπιον (V. 11). Die heilige Schrift sagt wohl, kein Mensch könne Gott sehen und am Leben bleiben (Exodus 33, 20;

---

[1]) Pap. Paris Zeile 1609: ἱερὰ καὶ μεγάλα καὶ κρυπτὰ ὀνόματα. Context jüdisch, vgl. Z. 1628 und Wessely Index sub ὄνομα.

[2]) Z D M G 23, 632.

[3]) Baba Bathra 166 b$_5$ (= Soferim II 3) ist mit שם בן ארבע אותיות nicht der Gottesname bezeichnet; Joma 38 b$_8$ תיבה של די'אותיות, vgl. Mischna Joma III Ende מעשה הכתב und die Bemerkung Raschis.

[4]) Dietrich 195$_{18}$: vgl. auch 194$_1$: ferner 175$_{13}$ καὶ τὰς ἑπτὰ φωνάς; 173$_8$ τὸ μέγα ὄνομα ταῖς ἑπτὰ φώναις.

[5]) Siehe Schefftel. Biure Onkelos z. St.: Numeri rabba c. 15 Nr. 24.

vgl. Richter 6, 22, 23 und 13, 22), dass aber Gott u n-
s i c h t b a r sei, findet sich in ihr nicht.

Die Lehre von der absoluten Unsichtbarkeit Gottes,
zu der kleine Ansätze in der Tradition vorhanden[1]) sind,
haben, wie mir scheint, die Gnostiker propagirt und zum
Bewusstsein gebracht. Clemens spricht über die schon
erwähnte Schriftstelle Exod. 24, 11 und gebraucht bei dieser
Gelegenheit zwei Mal das Wort ἀόρατος[2]). Von den acht Aeonen
eines gnostischen Schöpfungssystems (Ur-Ogdoas) heisst
die 3. Ἄρρητος, die 4. Ἀόρατος und die 7. Ἀνονόμαστος[3]). Wie
3. und 7., ist auch ἀόρατος e i n e r B e z e i c h n u n g d e s
T e t r a g r a m m a t o n e n t n o m m e n. Pap. Paris 959—60
findet sich unter jüdischen Attributen Gottes ἀόρατος ιαηλ „der
unsichtbare יָהּ‎ + אֵל‎"; Pap. Brit. Museum XLVI 124: ἀόρατον
Θεόν[4]). Der „Unsichtbare" ist ein so bezeichnendes Epitheton
des Gottes Israels geworden, dass die altgriechischen Ono-
mastika ια (= יָהּ‎) als Bestandtheil von Eigennamen gewöhnlich mit ἀόρατος übersetzen, wie ich Revue des Etudes
Juives XXXII 156 f. nachgewiesen habe. Es wird ausdrücklich gesagt: ἐβραϊκῶς τὸ ΙΑΩ ἀόρατον σημαίνει[5]). יהוה‎ bedeute
demnach den „Unsichtbaren". Da die Juden im schärfsten
Gegensatze zur heidnischen Welt gar keine Bilder duldeten,
sind auch die Heiden schon früh zu der Ueberzeugung gelangt,
dass die Juden einen „unsichtbaren" Gott verehren, was
Tacitus (Historiae V 5) trefflich zum Ausdruck gebracht
hat mit den Worten: „Judaei mente sola unumque numen
intelligunt; profanos, qui deum imagines mortalibus
materiis in species hominum effingant etc. Igitur nulla
simulacra urbibus suis, nedum templis, sistunt; non regibus
haec adulatio, non Caesaribus honor". Für den technischen
Ausdruck ἀόρατος gibt es kein hebräisches Aequivalent, weil

---

[1]) Z. B. Sukka 45 b; Jebamoth 49 b unten; Lev. rabba c. 1 g. E.
Propheten und Fromme sehen Gott durch Glas (אספקלריא‎ s. Levy I 129
und Krauss, Griechische und lateinische Lehnwörter II s. v.)

[2]) Bei Hilgenfeld. Ketzergeschichte 299; auch in dem Citat aus
Hippolytus II Phil. IX 20: ὄντα ἀόρατον.

[3]) l. c. 368.

[4]) Siehe noch Pap. Par. 1149 und Abraxas 176₁₃.

[5]) Tzetzes Chiliad. citirt bei Gesenius, Thesaurus II 577 a.

derselbe im bewussten Gegensatze zur heidnischen Anschauung von Hellenisten geprägt worden.

c) Das Tetragrammaton und die aegyptischen Zauberpapyri.

Ueber Bennenung und Aussprache des Tetragramms ist schon vielfach verhandelt worden, ohne das allgemein angenommene Resultate erzielt worden wären[1]. Aus den jüdischen Quellen, so reichlich sie auch fliessen, wäre eigentlich blos das einzige Datum der Nichtaussprache zu holen. Da die Aussprache nur den würdigeren Schülern gelehrt wurde, gerieth sie in nachtalmudischer Zeit im Laufe der Jahrhunderte in Vergessenheit, so dass eine Ueberlieferung schon lange nicht mehr existirt. Man ist also lediglich auf die Angaben der Kirchenväter angewiesen, welche in unserer Zeit aus den griechischen Zauberpapyri eine erfreuliche Bereicherung erfahren haben[2]. Es ist nun die Frage, ob die ausserjüdische Aussprache des Tetragrammaton und die verschiedenen Variationen desselben thatsächlich auf jüdischer Tradition beruhen? Wird dies für die vollen Umschreibungen bejaht, dann ist eine weitere Frage, ob die kurzen Umschreibungen, welche aus zwei oder drei Buchstaben bestehen, ebenfalls auf jüdische Vorbilder zurückgehen, oder vielleicht blos Abkürzungen des ursprünglichen Gottesnamens sind?

Die erste Frage hat F. Dietrich entschieden mit Nein beantwortet. Er sagt (Zeitschrift für die alttestamentliche Wissenschaft III 298) „der unsagbare Name ist von den Juden auch

---

[1] Wir nennen blos die folgenden Abhandlungen: Geiger A., Urschrift 263 ff.; L. Löw, Die Aussprache des vierbuchstabigen Gottesnamens (Gesammelte Schriften I. Band 187—212 = Beilage zu Ben Chananja Nr. 35 col. 85—92 Jhg. 1866); Grünbaum, Ueber Schem Hammephorasch als Nachbildung eines aramäischen Ausdrucks etc. (Z D M G 39, 543 ff. 40, 234 ff.); siehe dieselbe Zeitschrift 16 400 und 31, 225 (Grünbaum): 32, 505 (Nestle); 33, 297 (Fürst); 35, 162 (Nager): Sidon und Bacher, Revue des Etudes Juives XVII. Ferner Driver, Recent Theories on the Origin and Nature of the Tetragrammaton (Studia Biblica I p. 1 ff.). In dieser lichtvollen Uebersicht ist p. 16 n. 1 statt בעתתה zu lesen בשעתה und in dem Citat aus dem Cusari statt כי: וכו׳.

[2] Deissmann, Bibelstudien. Marburg 1995, I Griechische Transskriptionen des Tetragrammaton S. 3—20.

n i e gesagt worden etc., die K.-V. w o l l e n ihn geben,
k ö n n e n aber nicht". Es ist allerdings wahr, dass die Aussprache des vierbuchstabigen Gottesnamens für eine Todsünde
erklärt wurde[1]). Dieses Verbot beweist aber zur Genüge,
dass die Aussprache des Gottesnamens nicht in Vergessenheit gerathen war, wofür auch andere Belege vorhanden
sind[2]). Die Aussage, die Priester hätten nach dem Tode
Simon's des Frommen sich enthalten beim Segen den N a -
m e n zu sprechen[3]), will m. E. nicht sagen, dass von diesem
Zeitpunkte angefangen der Gottesname überhaupt nicht mehr
ausgesprochen worden ist — dies stünde mit den Vorschriften der Tannaiten im Widerspruche — sondern blos, dass
dies in der Zeit nach seinem Tode ein oder mehrere Jahre
hindurch der Fall war. Nicht nur den Tannaiten des zweiten
Jahrhunderts, sondern auch Späteren war die Aussprache des
Tetragramms bekannt[4]), wie wir noch sehen werden. Allerdings wurde er geheim gehalten, trotz dieses Umstandes ist aber
die Möglichkeit, die Kenntniss des Schem Hameforasch sei
in ausserjüdische Kreise gedrungen, nicht in Abrede zu stellen.
Es gab nämlich ein Gebiet, wo sich Juden, Christen und
Heiden begegneten, — die Zauberei.

Dass jüdische und heidnische Zauberei sich gegenseitig beeinflussten, bedarf Angesichts der Zauberpapyri
keines besonderen Beweises. Es genügt ein Hinweis auf
diese und auf Abschnitt III dieser Schrift. Der Perser,
der das Tetragramm ausspricht und mit demselben seinen Sohn
tödtet (j. Joma 40 d unten), ist sicherlich ein Magier, der mit
diesem Namen Zauber trieb. Da die Magie sozusagen intercon-
fessionell und international war, steht es ausser Zweifel, dass die
in den Zauberformeln gebrauchten jüdischen Gottesnamen von

---

[1]) Mischna Sanhedrin X 1: Tosifta ibidem XII 9 (433₃₅ Zuckerm.);
Sifre Zutta im Jalkut I Nr. 711: b. Aboda Zara 18 a₁; Schocher Tob
c. 91 Ende (ob. p. 121 n. 2).

[2]) Siehe Geiger, Urschrift 264 f.

[3]) Tosifta Sota XIII 8 (319₂₄): ונמנעי חבריו מלברך בשם (vgl. b.
Joma 39 b).

[4]) Venetianer hat (Magyar Zsidó Szemle VIII 490 ff.) schon Psalm
44, 21—23 auf die Unkenntniss der Aussprache des Tetragramms beziehen
wollen.

den Juden herstammen, selbst in den Fällen. wo die Formel selbst sicher heidnisch ist. Aus den Zauberpapyri lassen sich fast alle Transkriptionen des Tetragrammaton, welche die Kirchenväter geben, belegen[1]). Es wäre also unbegreiflich, wie Heiden und Christen in der Wiedergabe des jüdischen Gottesnamens übereinstimmen können, wenn keine gemeinsame Quelle angenommen wird. Ohne Frage kann diese Quelle nur das Judenthum sein. Nach einer Zusammenstellung F. Dietrichs (Z. A. W. III 298) findet sich für יהוה bei Clemens Ιαουε[2]), bei Epiphanius und Theodoret Ιαβε, welches die samaritanische Aussprache darstelle. Deissmann (p. 10) citirt aus verschiedenen Zauberpapyri ιαωουηι, ιαωουηε ιαωουεη, ιαωουε, von denen manche mehrmals angetroffen werden. Es ist klar, dass in den erwähnten Wortformen die sieben Vocale αεηιουα, welche in der Magie eine gross Rolle spielen, in eine solche Ordnung gebracht worden sind, dass sie an Ιαουε anklingen. Besonders beachtenswerth ist das an die Spitze gestellte Jota und das ans Ende gestellte Epsylon; ferner ist ω deshalb an die dritte Stelle gesetzt, damit die ersten drei Vocale an Ιαω anklingen. In ιαωουηι dürfte das letzte ι für ε verschrieben sein, da dieser Vocal fehlt. Für diese Vermuthung spricht die Zusammenstellung von αδαιναι κυριε ιαωουηε, welches auf hebräisches אדני אלהים יהוה hinweist. Demnach wäre gesprochen worden Ja+we, denn ου ist ו, wie in ουαλεσμωθ des Origenes = וְאֵלֶּה שְׁמוֹת u. sonst. Aus der Mischna ist Sanhedrin 56 a (= Sifra 104 c Weiss) heranzuziehen, wo als Umschreibung יוסה gebraucht wird[3]). Es sollte die volle Aussprache von den Zeugen in dem Processe eines Gotteslästerers gefordert worden; dies wird, um den Gottesnamen nicht zu nennen, mit יוסה ausgedrückt. Bis auf ס finden wir hier die Buchstaben des Tetragramms. Es ist hieraus mit Sicherheit zu entnehmen, dass die zweite

---

[1]) Deissmann l. c.

[2]) Deissm. p. 4 n. 2

[3]) Die Schreibung יוסי dürfte unter der Einwirkung des Personennamens „Josê" entstanden sein. D. Oppenheim hat in Kobak's Jeschurun (deutsche Abtheilung) 4, 81 ff. יוסי mit Jupiter indentificiren wollen; was Kohut Jewish Quarterly Review III 552—54 vorträgt, ist ebenfalls ganz falsch.

Silbe mit Segol ausgesprochen wurde: יְהֶה = יוֹסֶה. Zwar hat
F. Dietrich (Z. A. W. IV 27) auch für die Schreibung
יוסה (mit ה) die Aussprache Josê gefordert: „Denn im Futur
wie im Particip der Verba לֹא (לֹה) herrscht seit dem biblischen Chaldaismus, nach dem sich noch spät gerichtet wurde,
die Orthographie mit א ּ (ה ּ) etc." Er hat aber dabei
ausser Acht gelassen, dass das fragliche Wort in der Mischna
kein aramäisches, sondern ein neuhebräisches ist. Die erste
Silbe ist, wie Dietrich und Andere aus den griechischen
Umschreibungen und aus grammatischen Gründen schliessen,
mit Pathach zu vocalisiren: Ja. Unser יוֹסֶה deutet auf die
Aussprache Jo hin. Es ist nämlich anzunehmen, dass in der
andeutenden Umschreibung „Jose" beide Vocale des Tetragramms beibehalten sind, wie in אלהי ישראל = איפופי ישראל,
wo E p o p e dieselben Vocale hat, wie E l o h e.[1]) Bei dem
mystischen Feste der Bachweide umkreiste man am sieben-
ten Tage des Hüttenfestes den Altar sieben Mal und sprach
zum Abschied יופי לך מזבח, was mit „Schönheit dir Altar" erklärt
wird (Mischna Sukka 45a). Vielleicht ist dieses יופי eine ähnliche Umschreibung des Tetragramms wie יוסה und der ganze
Satz bedeutet: „JHWH dir Altar." Auf diese Vermuthung
führen mich die folgenden Worte der Zauberpapyri: ιαω αστω
ωφη (Pap. Paris Zeile 1896); ωπη (ib. 2746); in Zusammensetzungen: ωπακερβηθ, ωπαθατναξ (mehrmals, siehe Wessely
Index). Dieses Jophe mag auch in יופיאל stecken, das sich
in dem von Gaster herausgegebenen Zaubertext „The Sword
of Moses" II 34 vorfindet, das mit ιαφηλ (Pap. Paris, Zeile
86) identisch zu sein scheint. Zu ιαφηλ kann noch gestellt
werden ιαπως in dem Satze σὺ εἶ ιαβας σὺ εἶ ιαπως (Pap. Lond.
XLIV. 104 bei Wessely I 129). Das vorangehende ιαβα, das
die samaritanische Aussprache des Tetragramms ist, zeigt,
dass ιαπως ebenfalls jüdisch ist. Wir hätten also auch in
diesen Umschreibungen Belege für die Aussprache Jo, nämlich J o p h e und J o p a neben J a p h e l und J a p o s.

---

1) j. Nedarim 42 c_{12}. Vgl. Bacher. Revue des Etudes Juives XXXV
116 und Krauss, Griechische und lateinische Lehnwörter II s. v. Ich
halte die im Text gegebene, von Jastrow stammende Erklärung für die
einzig richtige. Schwab, Vocabulaire de l Angelologie: ὤπωποι (?)

Grammatisch könnte ich freilich יהוה nicht rechtfertigen. Die
meisten Zeugen sprechen für die Aussprache Jah+we; es
ist meines Erachtens übertriebener Skepticismus, wenn man
diesen Zeugen nicht trauen will.

Andere Zeugnisse für die Aussprache des Schem
Hameforasch sind in der jüdischen Litteratur nicht vorhanden. Dass sie jedoch den Rabbinern im Anfange des
5. Jahrhunderts zu Bethlehem abhanden gekommen wäre,
wie Dietrich (Z. A. W. III 282) behauptet, ist nicht wahrscheinlich. Kidduschin 71 b wird nämlich erzählt, Raba
(Mitte des 4. Jahrh.) habe die Aussprache des Tetragramms öffentlich bekannt machen wollen; R. Mana
(4. Jh.) sagt, die Samaritaner sprechen das Tetragrammaton beim Schwur aus[1]). Noch um's Jahr 1000
sagt Haja Gaon Schuloberhaupt in Pumpeditha: שם הקודש
מצוי בישיבה (Müller, Einleitung in die Responsen der babylonischen Geonen p. 205 n. י"ח). Freilich meint er den 42
buchstabigen Gottesnamen (Müller p. 222), es ist jedoch
wahrscheinlich, dass den Mitgliedern des Lehrhauses auch
die Aussprache des Tetragrammaton, welche viel leichter
zu tradiren war und dem 42 Namen an Wunderkraft nach-
stand, bekannt war. Es ist mithin sicher, dass die Aussprache
Hieronymus deshalb nicht mitgetheilt wurde, weil dies nicht
erlaubt war. „Anfangs überlieferte man das Tetragramm
jedem, seitdem die Unfrommen,"[2]) überhand nahmen, überlieferte man sie nur den Frommen. Nicht nur Priestern,
sondern jedem würdigen Schüler wurde es ein oder zwei
Mal in der Woche überliefert, sagt R. Jochanan (gest. 279)[3]).

---

1) Zur Mischna Sanh. X, 2 ההוגה את השם באותיותיו bemerkt R
Mana j. Sanh. 28 b[4] : כגון אילין כותאי דמשתבעין; b. Sanh. 101 a תנא ובגבולין
ובלשון אנה, wo mit אנ(ע)נה (murmeln) magisch aussprechen gemeint
sein dürfte. Levy I 17 b übersetzt ובגבולין „in den umliegenden (d. h. sa-
maritanischen) Gegenden", während es heissen müsste „am Lande (d.
h. ausserhalb des Heiligthums)". Vielleicht bedeutet דמשתבעין auch „zu
magischen Zwecken schwören" oder gar „beschwören", wenn ת getilgt
wird.

2) j. Joma 40 d u.: בראשונה היה נמסר לכל אדם, משרבו הפרוצים לא
היה נמסר אלא לכשרים.

3) Kidduschin 71 b: שם בן ארבע אותיות חכמים מוסרין אותו לתלמידיהן
פעם אחת בשבוע ואמרי לה פעמים. Siehe weiter unt. p. 138 f.

Ein Arzt in Sephoris wollte es R. Pinchas bar Chama
lehren, er lehnte es aber ab, weil er „Zehnten" nimmt,
wer aber das Tetragramm kennt, darf von niemand etwas annehmen[1]). Die Zauberpapyri bieten ebenfalls einen Beweis
für die fortdauernde Kenntniss der Aussprache des Gottesnamens. Es ist nicht unmöglich, dass die Priester des
Oniastempels den Aegyptern diese Kenntniss vermittelt
haben.

Aus den Zauberpapyri fällt ein helles Licht auf den
Begriff „V e r g e s e l l s c h a f t u n g d e s G o t t e s n a m e n s",
den, wie wir sehen werden, manche missverstanden haben.
Der Synkretismus ist der hervorstechendste Charakterzug der
Magie. Die Hauptrolle fällt natürlich den Göttern und Geistern
zu. In der aegyptischen Magie, von welcher die jüdische
abhängt, kam es hauptsächlich auf die Anrufung des richtigen Gottesnamens zur richtigen Zeit an. Schon aus diesem
Grunde wurden zu gleicher Zeit mehrere Götter angerufen,
da man im gegebenen Falle nicht sicher sein konnte, welcher
der „richtige" ist. Ferner glaubte man, mehrere Götter besitzen eine grössere Macht, was also der Eine allein nicht auszurichten vermag, das kann den vereinten Kräften mehrerer
gelingen. Die verschiedensten Nationalgötter sind daher in
Beschwörungen v e r e i n t worden. Wir führen einige Belege
an, in denen j ü d i s c h e und h e i d n i s c h e Gottesnamen
neben einander erscheinen. Pap. Paris 3025 sind genannt:
1. Jabaiae, 2. Abraoth, 3. Aia, 4. Thoth, 5. Ele, 6. Elo etc.,
von diesen ist 1 = Jaba + Jae (= samar. יהוה + יה);
3 = אהיה odor יה; 5 und 6 = אֵלָה (aramäisch) oder אלה
(syrisch) und Thoth ist ein aegyptischer Gott[2]); daselbst Zeile
92 folgen nach Adonai Eloai Sabaoth etwa 40 Zeilen unver-
ständliche magische Worte, unter denen mehrere heidnische
Götternamen sind. Nach einer Beschwörung bei Jao, Sabaoth und
Adonai folgen wieder mehrere Zeilen unverständlicher Worte,
nach denen „die Idolen der Todten" erwähnt werden (1484—95);

---

[1]) Jer. l. c. Die Aerzte waren halbe Magier, sie kannten also
auch die Aussprache des Tetragramms.

[2]) Diese Stelle haben wir schon oben Seite 113 erklärt. Vgl. Zeile 320:
ελω, ελωαιος; Z. 204: αραμει (= ארמי?), nachher ιαω.

Zeile 1376: Aoth, Abaoth, Basum (== בשום == aram. Name?)[1]) Isak, Sabaoth, Jao, Jakop (sic); 4015: Jaeo (== יַה) Phta (aegypt. Gott). Oft wird der jüdische Gottesname mit einem anderen Worte zusammengesetzt. Pap. Paris: ενισαβαωθ[2]) (14, ενιμιχαηλ 16); βαρβαραδωναι (385); αδωναι βαρβαρ ιαω (1552); ειουταβαωθ (1413) == ειου + ταβαωθ;[3]) κενταβαωθ (2754); χαρχαραδωναι (2772); ιαβεζεβυθ (1798 und 2000 == Jabe (יהוה) + Zebuth[4]); φωταλωα (1116) == φωτ + אלוה. Es kommen eine ziemliche Anzahl auf Êl endende Engelnamen vor: Gabriêl, Misael, Michael, Uriel, Raphael, Suriel (== סוריאל), Thuriel (== צוריאל), Istrael (== Israel[5]). Andere Namen mit der Endung El (ηλ) bezeichnen Götter. Wir führen einige an: ὁ κύριος βουηλ. φθαρθαρθαηλ[6]) (Pap. Par. 982); „dein Name ist Barbariel, Barbaraïel, Gott Barbarael, Bel, Buel" (1030); Enrôchesuel (1138); Thephichuônel (1160); Peratônel; Tachiel (3214); Afriel (3217). Mit Jaô zusammengesetzer Name: Tiniao (3015, vorher Phta und nachher Pheôch). Man hat sogar, wie es scheint, die Buchstaben zweier Gottesnamen unter einander gemischt, was die spätere Kabbala oft thut. In der oben besprochenen hebräischen Dämonenbeschwörung

---

[1]) Vgl. Dietrich 1821₁: Das sind die ersten Engel αραγα [== araba = ערבה ?] αδωναι βασημμ Ιαω. Die letzten zwei Worte = בשם יהוה. 1734: „Diese Namen: Achapa, Adonaie, Basma, Charako, Jakob, Jaoê Pharpharêi (vgl. ib. 1802).

[2]) Fehlt bei Wessely im Index; ebenso fehlt σαβαωθ Zeile 390. Zeile 1235 kommt vor ενα Jao Sabaoth, was uns auf den Gedanken führen könnte, Ena sei אני(ד). Die Mischna Sukka 45 a אני והו הושיעה נא „Ani und Ho hilf" bestärkt uns in dieser Meinung, denn sowie הו eine Abkürzung von יהוה, ist אני eine Abkürzung von אדני. Dass הו ein Ersatz für das Tetragramm ist, wird Sabbath 104 a ausdrücklich gesagt: היו זה שמו של הקב״ה. Schwab (Vocabulaire s. v. אני) vermerkt nur nachtalmudische Stellen, in denen אני ebenfalls Gottesname ist. Ich stelle die Entscheidung über diese Vermuthung dem Leser anheim.

[3]) ז = צ, wie צור = Tyros; Tabaoth ist also = Sabaoth; Papyr. Lond. 62 ebenfalls ταβαωθ. ειου kann aber auch wie ιου eine Umschreibung von יהוה sein (Revue d. E. J. XXXII 157.)

[4]) Ueber ζεβυθ = צבאית siehe Deissmann a. a. O. p. 15.

[5]) Mit Ausnahme von Raphael und Suriel kommen die genannten Engelnamen Pap. Par. 1814 ff. vor und einzeln auch sonst.

[6]) Phta ist aegyptischer Gott und drei Mal wiederholt. μελχα-μελχουαηλ (315) ist wahrscheinlich = מֶלֶךְ אֵל.

lautet ein Wort inmitten von Gottesnamen συαβρασιλωθ[1]), das σαβαωθ+υρσιλ oder συ+αβαωθ+σιλ sein dürfte[2]). Ich lege auf die vorgetragenen Vermuthungen kein besonderes Gewicht und will blos festgestellt haben, dass heidniche Götternamen mit den jüdischen Gottesnamen v e r e i n t oder durch die Endung El für den jüdischen Gott ausgegeben werden. Wir erinnern uns der oben angeführten Agada, nach welcher die Heiden behaupten, ihre Götter wären ebenso gewaltig wie der jüdische Gott, wenn sie dessen Namen führten.

Auf Grund der skizzirten Anschauung können wir in das Verständniss der folgenden Aussprüche der jüdischen Tradition tiefer eindringen, als es bislang der Fall war. Als Israel das goldene Kalb verfertigen liess, da sagte Gott zu Mose, Israel „warf sich nieder vor dem Kalb und opferte ihm und sie sprachen: Diese sind deine Götter, welche dich aus Aegypten heraufgeführt haben" (Exodus 32, 8). Manche meinen nun, Israel habe nicht dem Götzenkalb allein geopfert, sondern Gott in Verbindung mit demselben. Ebenso haben sie die Herausführung aus Aegypten nicht ausschliesslich dem goldenen Kalb, sondern auch Gott zugeeignet. „Wenn Israel den N a m e n des Heiligen, gelobt sei er, mit dem Götzen nicht verbunden hätte, wäre es von der Welt vernichtet worden. Simon ben Gamliel sagt: Ist denn nicht jeder, der den Namen Gottes mit einem Götzen verbindet, der Vernichtung schuldig? heisst es ja „wer den Göttern opfert, werde vertilgt, nur dem Ewigen allein" (Exodus 22, 19). Wie denn ist zu verstehen die Aussage der Schrift (Deut. 11, 16) „Ihr habet anderen Göttern gedient und euch vor ihnen niedergeworfen"? Dies lehrt, Israel habe sich mehrere Götzenstiere verfertigt"[3]). Exodus 32, 8 heiss

---

[1]) Dietrich 139; Pap. Par. 3032. ιαθα dürfte aus ιαβα verschrieben sein; αλληλου vielleicht הללו; ιακουθ vielleicht ιακουβ == Jakob, wofür auch ιακουβιαι vorkommt.

[2]) Bei Kabbalisten wird יהוה. אדני oft geschrieben: יאהדונהי.

[3]) Sifre II 43 (81 b): אחרים אומרים אלו לא שתפו ישראל שמו של הקב׳ה בעבודה זרה היו כלים מן העולם רשב׳נ אומר והלא כל המשתתף שם שמים בע׳ז הרי הוא חייב כלייה שנאמר זובח לאלהים יחרם בלתי לה׳ לבדו. Dasselbe Mechilta zu Ex. 22, 19 (p. 94 b unt.) mit sachlich unwesentlichen Abweichungen; ferner Simon b. Jochai statt Simon b. G.-Sanhedrin 63 a: (Ex. 32. 8) אחרים אומרים אלמלא וי׳ו שבהעלוך נתחייבו רשעיהם שנאיהם] של ישראל כלייה אמר לו (?) ר׳ש בן יחי והלא כך המשתתף שם

es „diese sind deine Götter" und nicht wie Nehemia 9, 19
„dieser ist dein Gott" hieraus folgt, dass die Israeliten
Gott mit dem goldenen Götzen verbanden und sprachen:
Gott und das Kalb haben uns aus Aegypten erlöst[1]). Auf
die Endsilbe des Namens Israel scheinen schon Deut. 28,
10 und andere Schriftstellen anzuspielen. Aber in den
Bannkreis magischer Ideen stellt diese Thatsache erst R.
Jannai. Er sagt: „Gott habe seinen grossen Namen mit
Israel verbunden. Ein Gleichniss. Ein König hatte einen
Schlüssel zu einem kleinen Schmuckkästchen, da dachte er,
wenn ich den Schlüssel so lasse, wie er ist, könnte er in
Verlust gerathen; ich werde ihm also eine Kette machen,
wenn er verloren geht, wird die Kette zeigen, wo er ist.
So dachte auch Gott: wenn ich Israel lasse, so wie es ist,
wird es von den Völkern aufgesogen werden; ich verbinde
also meinen grossen Namen mit ihnen, da werden sie leben"[2]).
Simon ben Lakisch, der den angeführten Ausspruch tradirt,
sagt in seinem eigenen Namen: Jeder Engel habe eine
Tafel auf seinem Herzen und der Name Gottes sei mit dem
Namen des Engels verbunden: Michael, Gabriel, Raphael[3]).
Engel und Götter werden in den Zauberpapyri, wie die angeführten Belege zeigen, mit dem Worte El (= Gott) als Endsilbe versehen. Dies Verfahren nennt die jüdische Tradition
שׁתּף. Die Kraft des Namens wird erhöht, denn mit dem
Namen wird auf den Benannten auch die Kraft desjenigen,

שׂמים ודבר אחר נעקר מן העולם שנאמר זובח לאלהים וכו'. Der Hauptsatz
כל המשתתף auch Sukka 45b gegen den schon besprochenen Satz der
Mischna: יופי לך מזבח citirt, was unsere Interpretation יופי = Jope =
יחוה zu unterstützen scheint, denn sonst ist da kein משתתף. Die ursprüngliche Version ist die der Mechilta und des Sifre, denn Sanh. l. c. sagt
auch Jochanan שבהעלוך וכו' אלמלא וי"ו. Levy IV 618 übersetzt
המשתתף שם שמים ודבר אחר „Jem., der Gott (Gottes Namen) mit einem
andern Wesen gleichstellt (ihnen beiden gleiche Verehruug zollt)".
Ganz schief, denn hier ist nicht davon die Rede, da שתוף nur dann
stattfindet, wenn Gott und Götze bei derselben Handlung genannt werden.
[1]) Exodus r. c. 42 (140 b Wilna): ואמרי (l. עמו) עמהם אותו שתפו
אלוה והעגל פדה אותנ.
[2]) j. Taonith 65 d 27: שמו הגדול בישראל וכו' כך אמר הב"ה שיתף
הקב"ה אם מניח אני את ישראל במות שהם נבלעין הן בין האומות אלא הרי אני
משתתף שמי הגדול בהם והן חיים.
[3]) Pesikta 108 b: הקב"ה משותף בשמו של מלאך מיכאל וכו' ושמו של.

dem der Name entlehnt ist, übertragen. Diese Anschauung hat zu den Verbindungen verschiedener Gottesnamen bei den Heiden und in der Magie geführt. Zur Vergesellschaftung rechnet also die jüdische Tradition auch die Verbindung heidnischer Götter mit dem israelitischen Gotte. Ganz mystisch klingt der Ausspruch des Eleazar Hakappar: Wer den Gottesnamen mit seinem Schmerze verbindet, dessen Nahrung werde verdoppelt, wie es Job 22, 25 heisst: „wenn der Allmächtige in deinen Leiden ist, wirst du doppeltes Silber haben"[1]).

d) Der 12, 42 und 72 buchstabige Gottesnamen und die Zauberpapyri.

„Anfangs tradirte man den zwölfbuchstabigen Gottesnamen jedermann, seitdem sich aber die Unsittlichen mehrten, wurde er nur den Sittsamen unter den Priestern tradirt und diese Sittsamen liessen ihn einfliessen in die Melodie ihrer priesterlichen Brüder. R. Tarfon sagte: Ich stieg einmal auf den Duchan (Estrade) nach dem Bruder meiner Mutter und neigte mein Ohr gegen den Hohenpriester, da hörte ich, wie er den Namen einfliessen liess in die Melodie seiner Priester-Brüder[2])." In dieser ältesten Stelle über die vielbuchstabigen Gottesnamen ist blos der aus 12 Buchstaben bestehende genannt, der in der Tradition, soweit mir bekannt, nicht mehr erwähnt wird. Wenn Tarfon mit dem „Namen", wie der Zusammenhang indicirt, den 12 buchstabigen meint, hätten wir in unserer Stelle eine Angabe für das Alter dieses Namens: die letzte Zeit des Tempelbestandes. Da ferner Tarfon von diesem Namen nicht wie von etwas Neuem spricht, müsste man die Existenz desselben mindestens um ein Jahrhundert hinauf datiren. Doch scheint Tarfon nach der Version des

---

1) Berachoth 63 a: כל המשתתף שם שמים בצערו כופלין לו פרנסתו‎ שנאמר וכו'‎. Raschi erklärt: der das Böse mit Gottes Lob aufnimmt oder der betet.

2) Zwei Baraithas in Kidduschin 71 a: תיר בראשונה שם בן שתים‎ עשרה אותיות היו מוסרים אותו לכל אדם משרבו הפרוצים היו מוסרים אותו‎ לצנועים שבכהונה והצנועים שבכהונה מבליעים אותו בנעימת אחיהם הכהנים‎ תניא אמר רבי טרפון פעם אחת עליתי אחר אחי אמי לדוכן והטיתי אזני אצל‎ כהן גדול ושמעתי שהבליע שם בנעימת אחיו הכהנים.

138

jerusalemischen Talmuds (Joma 40 d unt.) blos vom vierbuchstabigen und nicht vom zwölfbuchstabigen Gottesnamen
zu sprechen. Da ist nämlich der Zusammenhang der
folgende: Zehn Mal erwähnte der Hohepriester d e n N a m e n
am Versöhnungstage . . . die Nahestehenden fielen auf das
Gesicht, die Fernstehenden sprachen: Gebenedeit sei sein
herrlicher Name in Ewigkeit. Aber weder diese, noch die
anderen rührten sich von dort, bis ihnen der Name nicht
wieder verborgen ward . . . . Anfangs sprach der Hohepriester mit lauter Stimme, seitdem die Unsittlichen sich
vermehrten mit gedrückter Stimme. R. Tarfon sagte: Ich
stand unter meinen Priester-Brüdern in der Reihe und
neigte mein Ohr gegen den Hohenpriester, da hörte ich,
wie er den Namen einfliessen liess in die Melodie der
Priester. Anfangs tradirte man den Namen jedermann,
nachdem die Unsittlichen sich vermehrten, tradirte man
ihn nur den Sittsamen. Da hier von dem Tetragramm aus-
gegangen wird — השם kann nach einfacher Erklärung anderes
nicht bedeuten — muss sich auch die Nachricht Tarfons auf
das Tetragramm beziehen.

Auf alle Fälle ist der 12 buchstabige Name älter als
der von 42, denn dieser wird erst von Rab (gest. 247) erwähnt, und zwar unmittelbar nach der mitgetheilten Tradition des b. Talmuds: „Den 42 bstb. Namen tradirt man nur
einem Jünger, der sittsam und bescheiden ist, in der Mitte
seiner Jahre steht, nicht zornig ist und sich nicht berauscht
und nicht starrsinnig bei seiner Ansicht beharrt. Wer ihn
kennt und auf ihn Acht gibt, wer ihn in Reinheit
behütet, der ist geliebt im Himmel und angenehm auf
Erden und seine Furcht liegt auf den Menschen
und er erbt zwei Welten, diese Welt und die zukünftige
Welt"[1]). Alle diese Forderungen werden deshalb gestellt,
damit der Kenner des heiligen Namens denselben nicht
missbrauche. Der Jünger, dem der Name anvertraut wird,

אמר רב יהודה אמר רב שם בן ארבעים ושתים אותיות אין מוסרין (1
אותו אלא למי שצנוע ועניו ועומד בחצי ימיו ואינו כועס ואינו משתכר ואינו
מעמיד על מדוחיו וכו'. Siehe auch Lekach Tob zu Exodus 3. 15 p. 10 a
ed. Buber. Im Talmud und Midrasch ist von diesem Namen sonst nicht
die Rede.

sei sittsam, damit er von demselben keine magische Anwendung zur Befriedigung unsittlicher Leidenschaften mache; er sei nicht zornig und nicht starrsinnig, damit er den Namen nicht zur Befriedigung seiner Rachsucht magisch missbrauche, wie schon Raschi zum letzteren Worte richtig bemerkt. Der N a m e könnte zu Unzucht und Mord, den zwei Hauptverbrechen der Zauberkunst, missbraucht werden.

Der 72 buchstabige Name wird in den Talmuden überhaupt nicht erwähnt[1]), dagegen mehrmals im Midrasch, aber nur in einem und demselben Ausspruch: „R. Abin sagte, Gott habe Israel mit seinem Namen erlöst (aus Aegypten), denn der Name Gottes bestehe aus 72 Lettern"[2]). Wenn auch der in Rede stehende Name zum ersten Male in diesem Ausspruche erwähnt wird und dieser Amora nicht vor der ersten Hälfte des vierten Jahrhunderts gelebt hat, so ist aus diesem Umstande noch nicht zu schliessen, dass der 72 Name vor dieser Zeit unbekannt war, denn Abin will als eigene Meinung nicht das angeben, aus wie viel Buchstaben der Gottesname besteht, sondern nur das, dass die Erlösung aus Aegypten mit diesem Namen vollzogen wurde.

---

[1]) Exodus 14, 19—21 zählt jeder Vers 72 Buchstaben. Wenn der 1. Bstb. von Vers 19, der letzte von V. 20 und dann wieder der 1. von V. 21 genommen wird, erhält man והו das in der Mischna Sukka 45 a genannt wird. Nach diesem Verfahren erhält man 72 bstb. Namen (siehe Schwab, Vocabulaire de l'Angelologie p. 30 f.; 64 Z. 11: p. 60 unten). Ob aber das in der Mischna gebrauchte והו in dieser Weise entstanden ist, wie Raschi z. St. meint, ist mehr als fraglich.

[2]) Genesis rabba c. 44 Nr. 19 (182 b Wilna): רבי אבין אמר בשמו‎ = Lev. r. c. 23 g. Anf. (64 b unt.) גאל ששמו של הקב״ה שבעים ושתים אותיות‎ = Numeri r. c. 1 Nr. 11 (196 a) = Pesikta r. p. 76 b Friedmann = Pesikta Buber 52 b, wo א״ר יודן‎ (statt א״ר אבין‎) aus dem vorausgehenden Ausspruch des Juda II sich hierher verirrt hat. Friedmann l. c. sagt irrthümlicher Weise, dass auch Gen. r. 44 Judan als Autor genannt sei. Siehe auch Lekach Tob zu Ex. 14, 21 (83 a Buber). Schir r. zu 2, 2 (fol. 27 a): ששמו של הקב״ה ע״ב שמות הן‎ „Der Name Gottes bestehe aus 72 N a m e n", womit die in der vorigen Anmerkung erwähnte Combination der Buchstaben der Verse Ex. 14, 19—21 gemeint sein dürfte, wenn die Leseart שמות‎ statt אותיות‎ ursprünglich und nicht unter dem Einfluss eben dieser Combination entstanden ist. Vgl noch Jellinek, Beth Hamidrasch III 32 Z. 10: Gott werde in der zukünftigen Welt den Schem Hameforasch, mit dem der neue Himmel und die neue Erde geschaffen werden, den Frommen offenbaren.

„Der Gottesname bestehe aus 72 Lettern" ist blos die Begründung, woraus zu schliessen ist, dass diese Thatsache den Hörern bekannt war. Vor Abin's Spruch findet sich nämlich ein anderer, nach welchem Gott versprochen habe, Israel zu erlösen mit zwei Buchstaben, nämlich ד Genesis 15, 14, und er erlöste sie mit 72 Buchstaben, soviel habe nämlich Deut. 4, 34 von לבא bis גדלים, wie Juda II. (nach 250) bemerkt hatte[1]). Wenn auch die zwei Amoräer, von welchen die eben angeführten zwei Agadas stammen, den 72 bst. Namen nicht nennen, so scheint doch die Spielerei mit dieser Buchstabenzahl die Existenz eines solchen magischen Gottesnamens vorauszusetzen. Man darf also behaupten, dass der 72 Name spätestens in der ersten Hälfte des dritten Jahrhunderts schon vorhanden war[2]). Sowohl die uns überlieferten Angaben als auch innere Gründe sprechen dafür, dass der älteste mystische Gottesname der 12 buchstabige ist, aus welchem in natürlicher Entwickelung der 42 und 72 Bstb. enthaltende Name hervorgegangen ist. Vielleicht übte auch der Ausdruck der „grosse Name" (I Könige 8, 42; II Chronik 6, 32; Jeremia 44, 26; Ezechiel 36, 23) einen Einfluss auf die Ausbildung der vielbuchstabigen Namen. Thatsächlich wird ein solcher mit dem „grossen Namen" gemeint in Sanhedrin 60 a.

Wie aber diese vielbuchstabigen Namen beschaffen waren, sagt die Tradition nicht, die Mystiker konnten also ihrer reichen Phantasie die Zügel schiessen lassen. Maimuni, der grosse Philosoph, aber nicht grosse Historiker, hat gemeint, es handle sich bei diesen Namen um metaphysische Dinge[3]), und nicht um Buchstabengruppen, die keinen Sinn ergeben. Da aber die mystischen Gottesnamen magischen

---

[1]) Genesis r. l. c. und Parallelstellen. Aboth d. R. Nathan 1. Version c. 14 (57a Schechter) heisst es: Gott bestrafe die Feinde Israels mit 72 Buchstaben. Siehe auch Schechter, Agadath Schir Haschirim S. 4. Z. 15: mit 70 Bstb. erlöste (Gott) Israel.

[2]) Die nachtalmudischen Angaben beschäftigen uns nicht, siehe jedoch über dieselben Müller, Einleitung in die Responsen der Geonen p. 205 n. חי (Hai) und 222 unt.; ferner Jellinek, Philosophie und Kabbala I 25, 34 (Abulafia über 12, 42 und 72 Name); Schwab l. c.

[3]) More Nebuchim I 62, Uebersetzung von Munk 276; siehe auch Löw, Gesammelte Schriften II 13 f.

Charakter tragen, wird man im Wesen der Sache den
Mystikern Recht geben müssen, denn die 12, 42 und 72
Buchstaben sind aus der Denkweise der Alten, die von
magischen Anschauungen durchtränkt waren, zu reconstruiren,
und nicht nach den Speculationen der Philosophen. Aus
diesem Grunde können wir auch der von verschiedenen
Seiten gebilligten Erklärung Bacher's[1]) nicht zustimmen. Er
meint, der 12 Name sei entstanden aus den Buchstaben der
hebräischen Benennungen der drei schöpferischen Potenzen
„Weisheit, Einsicht und Erkenntniss"[2]) und der 42 Name
aus den Buchstaben der zehn schöpferischen Potenzen „Weisheit, Einsicht, Erkenntniss, Kraft, Macht, Strenge, Gerechtig-
keit, Recht, Liebe, Erbarmen"[3]), zu denen noch die vier
Buchstaben des Tetragramms hinzugenommen werden müssen.
Es ist nicht einzusehen, warum man dieses Geheimniss
so ängstlich gehütet hätte. Die Metaphysik war nie eine
Geheimwissenschaft, wie die Magie. Dieselben Einwendungen
sind zu erheben gegen alle modernen Versuche, den Schleier
der geheimen Gottesnamen zu lüften, weshalb wir sie übergehen wollen[4]). Auf die richtige Fährte führen uns die
Zauberpapyri.

Die sieben Vocale (αεηιουω) spielten bei den Mystikern
die bedeutendste Rolle; man hielt sie für geeigneter als die
Consonanten zur Bezeichnung des die Welt beseelenden Göttlichen[5]). Daher stammt ihr häufiger Gebrauch in der Magie. Die
Vocale dieses siebenbuchstabigen Gottesnamens (ἑπταγράμματον
ὄνομα) werden nebst der einfachen Reihenfolge in den verschiedensten Combinationen in Anwendung gebracht. Einige

---

1) Agada der babylonischen Amoräer 17—20.

2) חכמה תבונה דעת.

3) חכמה תבונה דעת כח גבורה גערה צדק משפט חסד רחמים) = 38
Buchstaben.

4) Aus dem mir freundlichst zur Verfügung gestellten Hand-
exemplar der „Agada der babylonischen Amoräer" des Herrn Prof.
Bacher könnte ich mehrere Lösungsversuche, ältere und neuere, anführen. Ueber 72 Namen siehe Monatsschrift 40, 132 und eine ganz
falsche Erklärung desselben bei Kohut Aruch I 133 b.

5) Vgl. Baudissin, Studien zur semitischen Religionsgeschichte
I 243—50

Beispiele werden von diesen Spielereien ein wenn auch
blasses Bild geben[1]).

1. a e e ê ê ê i i i i o o o o o u u u u u ô ô ô ô ô ô ô[2])

2. a e ê i o u ô
   e ê i o u ô
     ê i o u ô
       i o u ô
         o u ô
           u ô
             ô
          ô u o i ê e a
           u o i ê e a
             o i e e a
               i ê e a
                 ê e a
                   e a
                     a [3])

3. ô   a
  u u   e e
 i i i i   ê ê ê
o o o o o   i i i i
ê ê ê ê ê   ê ê ê ê ê
e e e e e e   e e e e e e
a a a a a a a   a a a a a a a [4])

4. a e ê i o u ô
   e ê i o u ô a
     ê i o u ô a e
       i o u ô a e ê
         o u ô a e ê i
           u ô a e ê i o
             ô a e ê i o u[5]).

---

[1]) Magische Vocale (τὰ φωνάεντα) verzeichnet Wessely, Griechische Zauberpapyrus p. 20, col. 3. Aus technischen Gründen drucken
wir statt griechischer Lettern lateinische (η = ê; ω = ô). Wir
schöpfen das Material aus den schon mehrmals genannten zwei Edi-
tionen Wessely's (= I und II) und aus Dietrich's schon ebenfalls ge-
nannter Papyrusausgabe des „achten Buches Mosis über den heiligen
Namen" (Abraxas 168 ff. = D.).

[2]) D Seite 178 Zeile 3; Wessely I Zeile 1005 (wo wir blos eine
Zahl angeben, meinen wir diesen Pariser Papyrus: τὸ ἅγιον ὄνομα);
dasselbe ohne Abtheilung W. I 82 Britisch Museum, wo es mit κατὰ
τῶν φρικτῶν ὀνομάτων· eingeleitet wird; und sonst.

[3]) D 185 Z. 118: ἀναγραμματιζόμενον μέγα καὶ θαυμαστόν
„grosse und wunderbare Buchstabenversetzung." Ohne den letzten
Vocal sind dies 27 Buchstaben, wie ausdrücklich angegeben wird·
Hebräisch heisst ἀναγραμματίζειν ‏צירוף אותיות‎.

[4]) Wessely I 84 Brit. Mus.

[5]) D. 201.

In den angeführten Belegen herrscht eine Ordnung, die ganz durchsichtig ist. Oft wird diese Art der Buchstabenversetzung mit 3 oder 4 Vocalen durchgeführt, z. B. mit Ιαω oder anderen Vocalgruppen. In den allermeisten Fällen ist aber das Princip der Aneinanderreihung der Vocale für uns undurchsichtig. Wessely I. Seite 31 stehen in der Mitte 7 lange Zeilen von Buchstaben, links in 21 Zeilen 72 Buchstaben, von denen nur einige Consonanten sind, rechts in 23 Zeilen 90 Vocale. D. 198, 13 hat 5 a + 6 e + 6 ê + 5 i + 5 o + 6 u + 8 ô unter einander gemischt = 41 Vocale — ein veritables Beispiel von kabbalistischer Aneinanderreihung (צירוף). D. 208, 8 hat 75 Vocale neben einander ohne durchsichtiges Princip; es wird der „grosse Name" genannt; ib. Zeile 19 findet man 42, Z. 20 82 (35 + 28 + 19) Vocale u. s. w. Hie und da könnte man vermittelst kleiner Correkturen einige Ordnung in das wüste Buchstabengemisch bringen, wir glauben aber dies auf sich beruhen lassen zu sollen.

Was die Vocale den Hellenisten, das bedeuteten die Buchstaben des Tetragramms den Juden. Wie die Juden von dem 12, 42 und 72 buchstabigen Namen sprechen, so reden auch die hellenistischen Griechen und Juden von Namen, die aus mehreren Buchstaben zusammengesetzt sind. Es werden ausser den 7 magischen Vocalen[1]) genannt Namen von 8 (782), von 9 (D. 182, 22: Jaldabaeim, ει = 1 γράμμα); von 12 (2142), von 14 (Anmerkung), von 18 (3214), von 20 (2634: εἴκοσα γράμματον), von 24 (1322), von 25 (3213), von 27 (D. 184, 96), von 37 (1988; D. 182, 17; 184, 79: ̕γρ λζ), von 49 (= 7✕7; D. 183, 62) Buchstaben. Sehr beliebt war der aus 100 Bstb. bestehende Name (= τὸ ρ γρ = τὸ ἑκατονγράμματον ὄνομα, Zeile 242, 248, 258, 1222—25, wo aber blos 78 Bstb. sich finden). An einer Stelle (1217), w o die goldene Platte, das nie verlöschende Feuer und Jerusalem erwähnt werden, wird ebenfalls

---

1) Belege sind schon gegeben worden; vgl. ἐστιν καὶ ἡ τοῦ ἑπταγράμματος ὑπόδειξις (D. 195, 3). Daselbst 194, 5—12: ἐναπόκειται γὰρ αὐτῇ τὸ κύριον ὄνομα, ὃ ἐστι Ὀγδοάς, θεὸς ὁ τὰ πάντα ἐπιτάσσων καὶ διοικῶν. πρόκειται δὲ καὶ ἕτερα ὀνόματα δ'. τόδε θ' γραμμάτων καὶ τόδε ιδ' γραμμάτων καὶ τὸ τῶν κζ' γραμμάτων καὶ τὸ τοῦδε ὀνόματος.

vom 100-buchstabigen Namen gesprochen. Es ist auch von
365 Namen des grossen Gottes (Wessely Index sub τξε) die
Rede, was auf die Bedeutung, welche die Zahl 365 in der
jüdischen Tradition hat, ein interessantes Licht wirft.

Wir wollen mit den gegebenen Belegen nur feststellen,
dass die Magie, gleichviel ob gnostische oder nicht gnostische,
sich als Hauptmittel vielbuchstabiger Anagramme aus den
7 Vocalen und mancher Consonanten bedient hat, welche
sie für wunderwirkende Gottesnamen hielt. Der 12, 42 und
72 buchstabige Schem Hameforasch hat nach den angeführten
Aussagen der jüdischen Tradition ebenfalls magische Kraft.
Es liegen also hier dieselben Anschauungen vor, und wir
haben gar keinen Grund, in den jüdisch-magischen Namen
anders als in den Zaubertexten construirte zu suchen. Im
Priestersegen (Numeri 6, 24—26) kommt das Tetragrammaton
drei Mal vor, diese sollen nach Midrasch Nechonja[1]) den
12-buchstabigen Namen bilden. Nach Raziel 24 a sind es
die 12 Zusammensetzungen der Buchstaben הויה[2]). Wenn man
יהוה zur Grundlage eines Dreiecks nimmt, so dass die oberste
Zeile aus 12 (= 3 Tetragramme) und die unterste aus 4
(= ein Tetragramm) Buchstaben besteht, erhält man die
folgende Figur:

```
יהוה יהוה יהוה
הוה יהוה יהוה
וה יהוה יהוה
ה יהוה יהוה
יהוה יהוה
הוה יהוה
וה יהוה
ה יהוה
יהוה
```

Dieses Dreieck entsteht, wenn jede folgende Zeile um
einen Buchstaben vermindert wird. Es kann auch so gebildet
werden, dass die oberste Zeile aus יהוה besteht, und jede folgende Zeile (bis 9. Zeile) um einen Buchstaben vermehrt wird[3]).
Natürlich können diese Lettern auch in einer Zeile und in

---

[1]) Zunz, Synagogale Poesie 146 n. e.
[2]) Zunz daselbst.
[3]) Siehe die oben mitgetheilten magischen Vocalfiguren.

einer anderen, nicht so durchsichtigen Reihenfolge geschrieben sein. In diesem Dreieck sind alle vier mystischen Gottesnamen enthalten. Die letzte Zeile hat 4, die erste 12, die ersten 4 Zeilen (12 + 11 + 10 + 9) 42, das Ganze 72 Buchstaben (4 + 5 + 6 etc. + 12 = 72). In einer magischen Anrufung (Dietrich, Abraxas S. 200, Z. 8) heisst es: ἐπικαλοῦμαι σε ωευο etc. (75 Vocale) τὸ μέγα ὄνομα[1]). Der vielbuchstabige Gottesname wird Sanhedrin 60 a ebenfalls der „grosse Name" genannt, wie schon oben bemerkt worden. In dem von Gaster herausgegebenen magischen Text „The sword of Moses" (חרבא דמשה), das, wie Gaster richtig wahrgenommen hat, mit den Zauberpapyri viel Aehnlichkeit hat, findet sich Seite XII Zeile 18—23 ein aus 214 Buchstaben bestehendes Anagramm[2]). Vielleicht darf hierin der 3 Mal gesetzte 72-bstb. Name vermuthet werden (3×72 = 216)[3]) Ohne mich über das Alter des fraglichen Werkchens äussern zu wollen, glaube ich seine Anagramme aus יהוה für unsere Vermuthung über die oft genannten mystischen Gottesnamen als Unterstützung heranziehen zu dürfen.

Diese Ansicht von den vielbuchstabigen mystischen Gottesnamen stand bei mir längst fest, als ich bei Gaster (The sword of Moses p. 10) zu meiner Freude den folgenden Satz las: „When comparing the ancient tradition with the new texts in the Papyri, and in the mystical texts of Hebrew literature, there can no longer be any doubt that the Name of forty-two, or more or less, elements could not have been originally anything else but w o r d s consisting of that n u m b e r   o f   l e t t e r s, wich were substituted in the public pronunciation for the Ineffable Name consisting of one w o r d   and only f o u r   l e t t e r s — the Tetragrammaton". Den Grund für die Einführung des vielbuchstabigen Schem

---

[1]) Andere Beispiele daselbst 178−179; 182, 6. 9. 17; 183, 62 184; 185; 188; 189 u. sonst. Es sei bemerkt, dass dieser Zauberpapyrus den Namen Moses in seinem Titel führt und thatsächich von jüdischen Anschauungen durchtränkt ist (vgl. besonders S. 198 Zeile 6 ff.).

[2]) Blos zum Schluss heisst es אל אל, sonst kommen nur א, ה, ו, י, vor.

[3]) Aus Exodus 14, 19—21 hat man auch, wie wir schon wissen einen dreifachen 72 Namen combinirt.

Hameforasch im Heiligthum — wenn Raschi's Auffassung
überhaupt richtig ist — wird man ebenfalls in magisch-
mystischen Anschauungen zu suchen haben.

6. Einfluss und Abwehr magischer Anschauungen.

Die vorzüglichsten Mittel des Zauberns sind, wie wir
schon gesehen haben, das gesprochene und geschriebene
Wort. Wenn man bedenkt, dass der Magier seine Wunderthaten seit alters her mit den heiligen Worten und Schriften
der Religion bewirken wollte[1]), wird man es nicht auffallend
finden, dass ähnliche Anschauungen auch innerhalb des
Judenthums Platz zu greifen suchten, gegen welche eine
energische Abwehr noth that.

Die Nacht ist die Zeit der Dämonen; der menschliche
Körper ist daher in der Früh unrein, weshalb manche jeden
Morgen ein Bad nahmen[2]). Wer sich also vor Hahnenschrei
auf den Weg macht, verschuldet sein Leben[3]). Von dem
aber, der das Schema auf seinem Lager liest, halten
sich die Dämonen fern[4]). Wenn jemand Angst hat, lese er
das Schema[5]). Zwei Juden gingen durch das Stadtthor, da
sagten zwei Astrologen, die sie sahen: diese zwei Menschen
werden nicht mehr zurückkehren, denn sie werden von einer
Schlange gebissen werden. Doch geschah ihnen nichts. Als
R. Jochanan und R. Jannai den zwei Astrologen die un-
versehrte Heimkehr der zwei Arbeiter meldeten, fragten die
Astrologen die Arbeiter, was habt ihr heute gethan? worauf
diese erklärten: nichts Anderes als sonst, wir lasen des

---

1) Dietrich, Abraxas 136 f. gibt einige Belege aus alter und
neuer Zeit.

2) Tosifta Jadajim Ende 684₆ : אומרים טובלי שחרין קובלני עליכם
פרושים שאתם מזכירים את השם מן הגוף שיש בו טומאה.

3) Joma 21 a; s. Aboth III, 4 וכו׳ הנעור בלילה und andere Stellen,
die zum Theil schon citirt worden. Auch Mittag war die Zeit der Dämonen (Pesachim 111 b und Targ. Jonathan zu Deut. 32, 24: קטב
מרירי). Die Mittagszeit hielten auch Griechen und Römer für gefährlich.

4) Berachoth 5 a 19 : אמר רבי יצחק כל הקורא ק ש על מטתו מזיקין
בדילין מיניה nach Job 5, 7, wo רשף = מזיקין nach Deut. 32, 24.

5) Megilla 3 a unt. Angst galt als Vorläuferin der Besessenheit.

Morgens das Schema und das Achtzehngebet.
Da sagten die Astrologen: ihr seid Juden, die Astrologie
hat für euch keine Geltung[1]). In der gesetzlichen Bestimmung,
es genügt auch, wenn das Schema mit Ausnahme des ersten
Verses ohne Andacht recitirt werde, wird man keinen Einfluss magischer Anschauungen erblicken dürfen, sondern eine
Concession an das Volk[2]).

Einige Verbote werden jedoch erst dann verständlich,
wenn wir sie als Abwehr magischer Anschauungen auffassen.
Einen Spruch zu wiederholen ist zauberische Sitte, um den
Spruch kräftiger zu machen. Die Baraitha erklärt daher, es
sei hässlich, das Schema zu lesen und zu wiederholen[3]).
Viel weniger darf jedes Wort wiederholt werden, ebensowenig wie in der Tefilla מודים מודים[4]), womit natürlich die
derartige Recitation des ganzen Gebetstückes gemeint ist. Sehr
beliebt ist im Zauber die Umkehrung des Spruches nach seinen
Worten oder Buchstaben, wie z. B. ablana analba,
woraus das allbekannte magische von uns schon erwähnte Wort
ablanathanaiba entstanden ist[5]). Man glaubte durch „Umkehrung" die Umkehr der Dämonen und des Zaubers bewirken
zu können. Dieses magische Mittel war den Juden nicht unbekannt, wie schon oben (S. 85) nachgewiesen worden. Beim
Stossen des Gewürzes für das Heiligthum wurde gesprochen:
dünn gut, gut dünn[6]). Eliezer aus Modiim (um 100)
kehrte das Wort פחז (Genesis 49, 3) um und deutete es als

---

1) Tanchuma Stettin p. 563: אין דברי האצטרולוגין מתקיימים בכם שאתם
יהודים; vgl. Sabbath 156 a b: אין מזל לישראל. Die Erzählung des Midrasch unterscheidet sich von anderen ähnlichen in dem Punkte, dass
die Schutzkraft der Recitation des Schema zugeschrieben wird.

2) Löw, Gesammelte Schriften IV 268 über Formalismus beim Gebet.

3) Berachoth 33 b unt. הקורא את שמע וכופלה הרי זה מגונה.

4) Ibidem und Mischna Megilla 25 a.

5) Die Zauberpapyri bieten sehr viele Beispiele.

6) Karethoth 6 b: כשהוא שוחק אומר הדק היטב היטב הדק. Sicherlich sprach diese Worte nicht der Priesteraufseher, wie interpretirt
wird, sondern derjenige, der gestossen hat (שוחק). Jochanan sagte,
das Sprechen schade dem Weine und nütze dem Gewürz (ib.). In Lunz
Jahrbuch Jerusalem II wird auf eine ähnliche Gepflogenheit der heutigen
Beduinen aufmerksam gemacht.

Notarikon d. h. als Abkürzung nach den Anfangsbuchstaben[1]).
Das erste Wort des Dekalogs אנכי wird gedeutet: יהיבה כתיבה
נאמנין[2]). Der Ortsname סרח (Josua 19, 50) wird mit חרס
(Richter 1, 35) gleichgesetzt und gedeutet Baba B. 122 b.
Man nimmt anagrammatisch מאד für אדם[3]). Auf einer gnostischen Gemme findet sich ONKΛIAΛIX, dass das umgekehrte
כי לאל קנא sein soll[4]). Alle Anzeichen sprechen dafür, dass
diese Art von anagrammatischer Verwendung einzelner Worte
und Sprüche vorzüglich bei den Gnostikern beliebt war[5]).
In dem Alphabet des R. Akiba werden die Namen der
einzelnen Buchstaben in der Weise gedeutet, dass die einzelnen
Lettern, mit welchen der betreffende Buchstabe geschrieben
ist, als Abbreviaturen von Wörtern gefasst werden, so dass
sie einen ganzen Moralspruch bilden. Die Wörter des Spruches
werden dann umgekehrt, ohne dass der Spruch hiedurch
seinen ursprünglichen Sinn verliert. Einige Beispiele: אלף =
אפרח לשון פה, פה ... פיך למד פיך; אמת למד פיך; oder: פה, פה
אמונתי לישראל פקדתי. פקדתי לישראל אמונתי; oder: לשון אפתח.
Ebenso werden umgekehrt gedeutet ד', ג', ב'[6]). Wenn die
Gelehrten umgekehrte Schriftworte' deuteten, wird man es
begreiflich finden, dass es auch solche gab, die einer umgekehrten Lesung grössere Kraft zueigneten als der gewöhn-
lichen. Es war also nothwendig auszusprechen, dass man mit
dem Lesen des Schema, des Hallel, der Tefilla und der

---

[1]) Sabbath 55 b: הפוך את התיבה זעועתה הרתעתה פרחה; Raba
deutet daselbst ebenfalls das umgekehrte Wort.

[2]) Sabbath 105a₁₂ אנכי למפרע. Sifra 112 c wird die umgekehrte
Reihenfolge der Erzväter in Lev. 26, 42 gedeutet: ולמה נאמרו אבות
אחורנית וכו'. Sabbath 104a Z. 14 v. unt. wird ת als Abkürzung von אמת
genommen, entweder weil es als Hauptconsonant angesehen oder als
letzter Consonant למפרע gedeutet worden.

[3]) Genesis rabba c. 9 g. E. הוא מאד הוא אדם זינון אותיות דדין.

[4]) Schwab, Vocabulaire de l'Angelologie, Paris 1897, p. 303.

[5]) Zahlreiche Beispiele auf gnostischen Gemmen und in den
Zauberpapyri.

[6]) Jellinek, Beth Hamidrasch III 12 ff. Schon in der sabbathli-
chen Mussaf-Tefilla findet sich ein Stück, das nach dem umgekehrten Alphabet componirt ist: תכנת שבת וכו'. Siehe über die Buch-
stabendeutungen des Othioth d. R. Akiba und über א"ת ב"ש die interessanten Ausführungen Gaster's, Monatsschrift 37, 220 ff.

Esterrolle von rückwärts nach vorne seiner Pflicht nicht genüge[1]). Dass sich an das Schemalesen magische Anschauungen anzusetzen drohten, dürfte auch aus dem Verbote, dass man beim Lesen nicht das Haupt in den Schoss lege, ausser wenn man unter dem Kleide einen Gürtel hat[2]), hervorgehen. Nur wenn man an die Bedeutung des Phallus im Aberglauben denkt, wird man den Einfall, beim Schemalesen das Haupt in den Schoss legen zu wollen, richtig würdigen[3]).

Die altjüdischen Gebete stehen wohl an Schwung den Psalmen nach, aber nicht an Reinheit des Glaubens und der Gesinnung. Dennoch soll „die Mischna ziemlich nahe daran sein, dem Gebete eine gewisse magische Kraft beizulegen; denn nur unter dieser Voraussetzung konnte sie lehren, dass ein Irrthum im Ausdruck ein ungünstiges Prognostikon für den Betenden" und der Gemeinde sei[4]). Eher dürfte man eine solche Anschauung dem Mystiker Chanina ben Dosa zuschreiben, der sofort nach seinem Gebete zu sagen wusste, welcher Kranke am Leben bleiben und welcher sterben werde. Als er befragt wurde, woher er dies wisse, da sagte er: Wenn mein Gebet mir im Munde geläufig ist, so ist es angenommen, wo nicht, so ist es nicht angenommen[5]). Jedoch

---

[1]) Tosifta Berachoth II 3 (3₁₉); הקורא את שמע למפרע לא יצא וכן ; בהלל וכן בתפילה וכן במגילה; Megilla II 1 (223₁₀); Mischna II 4 und sonst. Die Details interessiren uns hier nicht. Die Sota-Rolle (Numeri c. 6.) ist ebenfalls unbrauchbar, wenn sie למפרע geschrieben ist (Sota 17 b). Durch eine solche Megilla hoffte man die Wahrheit sicherer herauszubringen.

[2]) Tosifta Berachoth II 15 (4₂₆)

[3]) Das Verbot beim Schema mit den Augen zu winken, die Lippen zusammenzukneifen, mit den Fingern zu zeigen (b. Joma 19 b₂₂; j. Berach. 5 a u.) dürfte sich trotz der Begründung „Nicht mich riefst du Jakob" (Jesaia 43, 22) lediglich auf die Zeichensprache ohne magischen Beigeschmack beziehen. Rab konnte durch ein Zeichen den Unterschied zwischen ב und פ ausdrücken (ib.): dass man in talmudischer Zeit und noch im 11. Jahrhundert sämmtliche Accente mit den Fingern zum Ausdruck bringen konnte, ist bekannt.

[4]) Löw, Gesammelte Schriften IV 270; Mischna Ber. V. 3—5.

[5]) Mischna ibidem; s. auch Talmud Berach. 34 b. Die Mischna führt diese Erzählung mit אמרו עליו ein, womit nach Joel, Aberglaube 57, de sagenhafte Charakter angedeutet werden soll, was aber in der oft genug

schon vor Löw ist bemerkt worden, dass die Mischna blos
Andacht und Innigkeit des Gebetes anempfehlen will[1]). Die
nun einmal vorhandenen volksthümlichen Anschauungen
werden geläutert und für die reinere Auffassung des Monotheismus fruchtbar gemacht. Unter diesem Gesichtswinkel
dürften einige Sätze, die nachstehend aufgeführt werden,
in neuem Lichte erscheinen. Erst ordne dein Gebet, dann
bete[2]); wer ein vollkommenes Gebet betet, wird erhört[3]);
wenn die Gemeinde betet, darf man h i n t e r der Synagoge
nicht vorbei gehen[4]). Unter den Wünschen und Sprüchen
Jose's Sabbath 118 b klingt manche ganz essäisch, so auch
diejenige, dass er seinen Antheil unter denjenigen haben
möge, welche ihr Gebet in der Dämmerung verrichten[5]).
Jochanan, dessen Person von magischen Legenden umgeben
ist, stellt die These auf, man soll in der Dämmerung beten.
Da man in Palästina denen f l u c h t e, die ihr Gebet in
dieser Zeit verrichteten, darf man annehmen, man habe aus
dieser Gepflogenheit das Magische herausgefühlt[6]). Es musste
ausdrücklich verboten werden, dass man Tefillin in die
Hand nehme oder eine Tora in den Schoss lege und so
bete[7]). „Wer in gefärbten Kleidern nicht vorbeten will, darf

vorkommenden Einführungsformel עליו אמרו nicht enthalten ist. Als Ch.
b. Dosa starb, hörten die Männer der That (Wunder = מעשה אנשי) auf
(Tos. Sota XV 5 p. 321₂₂). Tosifta Ber. III 3 (5₂₆); ר' עקיבא אומר אם
שגורה תפלתו בפיו סימן יפה לו ואם לאו סימן רע לי.

[1]) Joel l. c. n. 3, der diesen Gedanken schon in einer Bemerkung
des Jeruschalmi z. St. gefunden hat.
[2]) Rosch Haschana 35 a: יסדיר אדם תפלתו ואח"כ א"ר אלעזר לעולם
יתפלל.
[3]) Ibidem 18a ob. זה התפלל תפלה שלימה נענה.
[4]) Berachoth 8 b: אסור לעבור אחורי בית הכנסת וכו', der Weg soll
nicht gekreuzt werden; Raschi meint: es hat den Anschein, als wollte
der Betreffende die Synagogenthür meiden.
[5]) Nach j. Berach. 7 b ist dieser Zeitpunkt günstig עת מצויו של
יום = עת מצוא.
[6]) Berach. 29 b; Sabb. 118 b. — Wie ist Klagelied 3, 44: „Du
bargst Dich in Gewölk, damit kein Gebet durchdringe" zu verstehen? —
Was ist תפלה עיון? (Sabbath 118 b. Tosaf. s. v.: 127a unt. und an
vielen Stellen).
[7]) Sukka 41 b u.: לא יאחז אדם תפלין בידו וספר תורה בחיקו ויתפלל
Berachoth 23 b₄ בזרוע תורה וספר. Raschi interpretirt: weil man aus
Furcht sie fallen zu lassen, nicht mit Andacht betet. Allein es wird

es auch in weissen nicht; wer in Sandalen nicht vorbeten will, darf es auch barfuss nicht; wer seine Phylakterien rund macht, der setzt sich einer Gefahr aus und genügt seiner Pflicht nicht; legt er sie auf seine Stirne oder auf seine H a n d f l ä c h e, so ist dies Art der sich an den Buchstaben der Bibel Anklammerden (קראים)[1]); hat er sie mit Gold belegt und auf die Aermel seines Kleides gegeben so ist dies die Art der Aussenstehenden"[2]). Goldplättchen mit apotropäischen Darstellungen trugen die Heiden auf ihren Kleidern aufgenäht, Amulete mit Vorliebe im Armbande[3]). Wir werden also in der Art der „Aussenstehenden"[4]) h e i d - n i s c h e Art sehen müssen, worauf schon das Lehnwort ἀγκάλη (der gekrümmte Arm) hinweist. Es liegt demnach nahe, auch darin, dass ein Phylakterion in die Hand genommen wird, eine Zauberhandlung zu sehen, wie es bei Dämonenbeschwörern üblich war. Tefillin konnten nämlich auch Amulete sein, die beiden konnten von einander blos durch den Knoten des Riemens unterschieden werden, wie die Mischna ausdrücklich sagt[5]). Der Gebrauch von weissen Kleidern reflektirt ebenfalls magische Anschauungen, wie nicht minder das Ablegen der Sandalen. Beim Zaubern trachtete man nach Möglichkeit wenig Kleider auf seinem Leibe zu haben,

---

auch verboten, mit den Phylakterien und der Tora in der Hand zu schlafen. Die Absicht kann also nur die sein, sich dieser heiligen Gegenstände als Amulet zu bedienen, was die Talmudlehrer als Profanisation betrachten.

[1]) Jeruschalmi liest מינות = Judenchristenthum. Raschi interpretirt die LA. קראים, indem er bemerkt: sie verachten die Deutung der Rabbinen und erklären בין עיניך und על ידך in buchstäblichem Sinne.

[2]) Mischna Megilla 24b. Die letzten zwei Sätze lauten im Original: נתנה את [התפלה] על מצחו או על פס ידו הרי זה דרך הקראים, ציפן זהב ונתנן על בית אונקלי שלו הרי זה דרך החיצונ ם.

[3]) PW. I 1985.

[4]) חיצונים: vgl. den Ausdruck ספרים חיצונים (Mischna Sanhedrin XI 1); ferner עדיין בן זומא מבחוץ (Chagiga 15a ob.) Siehe über die aussenstehenden Bücher Joel. Blicke in die Religionsgeschichte I 57 ff. und über מבחוץ Grätz, Gnostizismus und Judenthum p. 56 n. 47. Beide Worte dürften lediglich das Heidnische bezeichnen.

[5]) Erubin X 1; vgl. b. Talmud 96b. Im heiligen Lande wurden die Phylakterien nicht nur beim Gebet angelegt, sondern den ganzen Tag getragen.

denn die Kleider brechen den Zauber. Der Exorcismus wird
noch heutzutage so ausgeführt, dass der Patient blos ein
Hemd auf sich hat und keinen Gürtel. Die Tannaiten ver-
urtheilen diese magischen Anschauungen, woraus wir ihre
ehemalige Existenz erfahren. Hohelied 8, 3 wird vom Targum auf Tefillin und Mezuza bezogen, welche Israel vor den
Mazzikin (Dämonen) schützen[1]). Die Heiden waren in den
Glauben an Zauberei derart versunken, dass sie auch die
Mezuza als Zaubermittel betrachteten. Aus diesem Grunde
hatte man keinen Muth am Thor einer babylonisch-jüdischen
Stadt eine solche anzubringen[2]). Nach reiner jüdischer Auffassung dienten Tefillin, Zizith und Mezuza als Schutzmittel
gegen die Sünde[3]). Nicht Zauberei, sondern die göttlichen
Gebote schützen Israel[4]). Mit den Worten der Tora darf
man sich nicht heilen, aber sich mit ihnen zu schützen ist
erlaubt[5]).

7. Das böse Auge[6]).

Die Vorstellung, der Blick mancher Personen, Familien
oder Stämme bewirke Schaden an Leben und Gut, war bei
den classischen Völkern stark verbreitet. Nicht nur das
Volk glaubte an die magische Kraft des Auges, sondern
auch „Gebildete", ja, ein Philosoph machte sogar den Versuch,
diese Vorstellung aus seinem Natursystem zu rechtfertigen[7]).
Dieser Aberglaube ist bis auf den heutigen Tag unter den
meisten Völkern heimisch[8]); der Ungar hat einen eigenen

---

[1]) Vgl. Mechilta 12a 17: מזוזה שהיא חמורה, שיש בה עשרה שמות
מיוחדין.

[2]) Joma 11a10 Raschi.

[3]) Menachoth 43b und sonst.

[4]) Sabbath 130a: מה יונה זו כנפיה מגינות עליה אף ישראל מצוות
מגינות עליהן; Sota 21a: מצוה בעדנא דעסק בה מגנא ומצלא.

[5]) Schebuoth 15b: אסור להתרפאות בדברי תורה וכו' להגן שאני.

[6]) עֵין הָרָע, nicht עַין הָרָע, wie allgemein gesprochen und vocalisirt wird.

[7]) Siehe besonders Daremberg-Saglio II 983 ff. sub fascinum.

[8]) l. c.; ferner Winer Bibl. Realwörterbuch[3] II 720 und Wuttke
Volksaberglaube, 1. Aufl. § 120. „Besonders sind es alte, zaubernde
Frauen und Juden, deren Blick selbst auf das Vieh unheilvolle Kraft
ausübt." Im südlichen Italien heisst das böse Auge malocchio; hebr.
עֵין הרע, aram. עֵינָא בישא.

Ausdruck hierfür: mit dem Auge schlagen, mit dem Auge
bezaubern. Diese verhängnissvolle Macht ist eine solche
Eigenschaft des Auges, die ohne, ja gegen den Willen
der betreffenden Person ihre Wirkung ausübt.

Wir haben schon gesehen, dass Frauen mit hässlichen
Augen und Personen mit zusammengewachsenen Augenbrauen für fascinirend gehalten wurden. Dass der mit
mystischer Glorie umgebene Mischnalehrer Simon ben Jochai
und der gefeierte Talmudlehrer Jochanan mit ihrem Blicke
Menschen in Knochenhaufen verwandelten und Aehnliches
haben wir ebenfalls schon gehört[1]). Die „Meonenim" (Deut.
18. 10) sind nach der Tradition[2]) Gaukler (oder Zeitwähler):
an Gaukler scheinen auch die zwei aramäischen Uebersetzungen, Jeruschalmi und Pseudo-Jonathan, zu denken[3])
und nicht an Personen, die mit ihrem Blicke bezaubern.
Ob der Aderlasser (Kidduschin 82 a) mit „scheelen" oder
bösen Augen blickt, ist nicht zu entscheiden.

In der Mischna kommt das böse Auge im magischen
Sinne nicht vor[4]), woraus jedoch nicht geschlossen werden darf,
dass dieser Aberglaube im heiligen Lande vor dem dritten
Jahrhundert überhaupt unbekannt war, denn Eliezer meint,
Chanania, Mischael und Azaria seien nach ihrer Rettung
aus dem Feuerofen von den vielen Augen, die sich auf sie
als Wundermänner richteten, getödtet worden[5]). Sicher aber
ist, dass den Juden Babylonien als die Heimat dieses
Aberglaubens galt[6]). Rab und Chijja, der ältere, meinen,
von 100 Menschen sterben 99 an dem „Auge" und nur einer
durch den Himmel, während Chanina und Samuel für die
allgemeine Todesursache die Kälte halten. Diese Controverse

[1]) cf. oben S. 50 f. Rationalistische Erklärung bei Joel, Aberglaube 74 f.
[2]) Siehe oben p. 17 n. 1.
[3]) Gegen Winer l. c. Peschita übersetzt עינא מאחד, was ebenfalls
Gaukler bedeutet = עינים אוחז; cf. Meturgeman sub. חרר.
[4]) Joel 63.
[5]) Sanh. 93 a: ר"א אומר בעין מתו ר' יהושע אומר ברוק טבעו. Dieselbe
Controverse daselbst zwischen Rab und Samuel. Siehe auch weiter über
Juda I.
[6]) Lenormant an mehreren Stellen; über die Verbreitung bei den
Persern Kohut, Angelologie 58.

erklärt der pal. Talmud aus der Heimat der Controver-
santen: Rab lebte in Babylon, „wo das böse Auge oft vorkommt", während Chanina in Sepphoris lebte, „wo die
Kälte oft vorkommt"[1]. Die allgemeine Anschauung von der
Gefährlichkeit des bösen Blickes macht es begreiflich, dass
vorzüglich die babylonischen Juden ihre Geräthe und wahrscheinlich noch mehr den Inhalt derselben durch apotropäische
Inschriften vor Behexung zu schützen suchten[2].

Man hüte sich vor dem bösen Auge[3]. Grosse Volks-
mengen fordern dasselbe heraus; daher rieth Josua (18, 15)
den Söhnen Josef's, sich im Walde zu verbergen, damit das
böse Auge ihnen nichts anhaben könne[4]. Jakob sagte zu
seinen Söhnen, als sie nach Aegypten gingen: gehet nicht
alle durch ein Thor, wegen des Auges[5]. Männer, die
durch Stellung oder sonstige Eigenschaften hervorragen, sind
dem bösen Blick ausgesetzt. Als das Volk forderte, Juda I.
solle von der Schulbank auf den Katheder kommen, sagte
sein Vater; der Patriarch Simon ben Gamliel: „Eine Taube
habe ich unter euch und die wollet ihr vernichten vor mir"
d. h. wenn Juda I. aus der Mitte der Zuhörer zu den
Vortragenden erhoben wird, kann ihm das böse Auge schaden[6].
Das Schulhaupt Chisda meinte, wenn das erste Kind ein
Mädchen ist, so ist dies ein gutes Vorzeichen für die folgenden
Söhne[7]; das böse Auge wird nämlich nicht gereizt. Den
Nachkommen Josef's schadet jedoch der böse Blick nicht.
Jochanan, der ein sehr schöner Mann war, setzte sich in
das Thor des rituellen Frauenbades, damit diese so schöne

---

[1] j. Sabbath 14c 48; cf. b. Baba Mezia 107b ob.

[2] Vgl. Schwab. Les coupes magiques et l hydromancie dans l'an-
tiquité orientale: derselbe, Coupes á inscriptions magiques: Wohlstein.
Dämonenbeschwörungen aus nachtalmudischer Zeit inschriftlich auf
Thongefässen des Königlichen Museums in Berlin (Berlin 1894); Stübe,
Jüdisch-babylonische Zaubertexte (Halle 1895). Ueber die Gottesnamen
auf Hausgeräthen und auf dem Bette ist schon oben gesprochen worden.

[3] Baba Bathra 1. 18a: עצה טובה קא משמע לן דאיבעי ליה לאיניש
לאיזדהורי מעינא בישא.

[4] ibidem: שלא תשליט בכם עין רע.

[5] Genesis r. c. 91 (339a).

[6] Baba Mezia 84b u.

[7] B B. 141a בת תחלה סימן יפה לבנים

Kinder, wie er sei, hätten. Als man ihn fragte, ob er keine
Furcht vor dem bösen Auge hätte, erwiderte er: Ich stamme
von dem Samen Josef's ab, dem der böse Blick nicht
schadet[1]). Wer im Begriffe ist, in eine Stadt hineinzugehen
und vor dem bösen Blick Angst hat, der stecke den rechten
Daumen in die linke Hand und den linken Daumen in
die rechte Hand und spreche: ich N. Sohn der N. stamme
von dem Samen Josef's, dem das böse Auge nichts thun
kann[2]). Der Spruch ist jüdisch, die schützende Gebärde
jedoch heidnisch. Vor der Einwirkung des bösen Auges
schützte man sich gewöhnlich durch einen indecenten Gegenstand. Wenn man sich in unmittelbarer Gefahr glaubte,
machte man mit dem Daumen eine bis auf den heutigen
Tag existirende, wenn auch nicht mehr verstandene obscöne
Gebärde[3]). Die Talmudlehrer dürften den Sinn der von ihnen
empfohlenen Gebärde nicht mehr gekannt haben. Wer
vor dem eigenen bösen Auge Furcht hat, der sehe auf die
linke Seite seiner Nase[4]). Das Pferd schützte man vor dem
bösen Blick durch einen Fuchsschwanz, der zwischen seine
Augen gehängt wurde[5]). Eine ähnliche Bestimmung werden

---

[1]) Berachoth 20 a u. (= B. Mezia 84 a; vgl. Sota 36 b und B.
B. 118 b) nach Genesis 49, 22: עֲלֵי עָיִן sprosst über das Auge; Abahu
sagt, lies עוֹלֵי עִין; J. b. Chanina meint, wie die Fische, vom Wasser
bedeckt, dem bösen Blick nicht ausgesetzt sind, so ist auch der Same
Josef's gefeit, der Gen. 48, 16 mit den Fischen verglichen wird. Der
Satz lautet aramäisch: זרעיה דיוסף לא שלטא ביה עינא בישא; hebräisch:
זרעי של יוסף אין עין הרע שולטת בהן.
[2]) Berachoth 55 b.
[3]) Daremberg-Saglio II 988 a: „Tous les moyens que l'on avait
imaginés pour se garantir du mauvais oeil (praefascinandis rebus) avai-
ent été inspiré uniformément par la même idée: obliger le regard fas-
cinateur à se détourner, en lui opposant un objet indécent (ἄτοπον,
turpe) ou ridicule (γελοῖον ridiculum)". „Lorsqu'on se croyait en danger
immédiat, on pouvait se defendre en faisant promptement le geste qui
est aujourd'hui connu en Italie et dans d'autres contrées sous le nom
de la figue; il consiste à fermer la main droite, le pouce étant in-
séré entre l'index et le médius et a l'étendre vers la personne par qui
on se sent menacé etc." Wenn man diese und ähnliche Anschauungen
vor Augen hält, versteht man manche dunkle Talmudstelle.
[4]) Berachoth daselbst.
[5]) Tosifta Sabb IV 5 (115,14) = b. Sabbath 53 a לא יצא הסום
בזנב שיעל ולא בזהורית שבין עיניו. Der „glänzende Faden" hat sicherlich

die Schellen gehabt haben, welche den Pferden z w i s c h e n
d i e A u g e n gehängt wurden[1]). Möglich ist, dass durch den
Klang des Erzes die Dämonen vertrieben werden sollten.

Das böse Auge konnte auch leblosen Gegenständen
schaden. Rab verbietet, dass man sich in das Feld des
Nächsten stelle, wenn die Saat auf den Halmen steht[2]). Ein
gefundenes Kleid darf man zum Nutzen des Kleides über
ein Bett (Sopha) ausbreiten; hat man aber Gäste, darf man
dies nicht thun, denn „es wird verbrannt durch das Auge
der Gäste oder es kann gestohlen werden[3]). Die Vorstellung
vom bösen Auge bildet die Grundlage jener Behauptung, dass
der Segen nur in solche Dinge komme, die dem Auge verborgen sind, die das Auge nicht beherrscht[4]).

8. Z a u b e r d i n g e und S c h u t z m i t t e l.

Wir wollen nunmehr sämmtliche Dinge, natürliche und
künstliche, lebende und leblose, die sowohl bei der Bezauberung, als auch bei der Abwehr derselben gebraucht wurden,
mit Ausschluss der Heilmittel, die eine besondere Behandlung verdienen und ein Special-Studium erfordern, in möglichster Kürze vorführen.

Kinder wurden bezaubert, indem man ihnen die Augen
mit Oel rieb oder mit Schminke füllte[5]). Das Ueberschreiten
von Speisen, die auf der Erde zerstreut umherliegen, ist
gefährlich[6]). Wer geschälten Knoblauch, Zwiebel oder Eier,
über die die Nacht dahingegangen, isst; wer gemischten Wein,
über den die Nacht dahingegangen, trinkt; wer im Friedhof
übernachtet; wer seine Nägel schneidet und auf der Strasse
ausstreut; wer sich zur Ader lässt und hernach den Coitus

---

denselben Zweck und ist nichts Anderes als der Ersatz des Fuchs-
schwanzes (gegen Aruch und Raschi: לנוי Z i e r a t).

[1]) Pesachim 53a als Erklärung von Zacharia 14, 20.

[2]) Baba Mezia 107a; B. Bath. 2b. Raschi: שלא יזיקנו בעין רעה.

[3]) B. M. 30a 12.

[4]) Taanith 8b: אמר ינאי אין הברכה מצויה אלא בדבר הסמוי מן העין
. . . תנא דבי ר"י אין הברכה מצויה אלא בדבר שאין העין שולט בו beide beziehen sich auf Deut. 28, 8.

[5]) Sabbath 10b.

[6]) Erubin 64b u. אין מעבירין על האוכלין; vgl. j. Aboda Zara 40a
16 v. u.; b. B. Mezia 23a u. sonst.

ausübt: der verschuldet sein Leben und trägt die Ver-
antwortung dafür[1]). Jochanan sagte: gefährlicher ist ein
Becher mit lauem Getränk als der Becher des Zau-
berers, aber nur aus einem ehernen, nicht irdenem Gefäss,
ferner nur, wenn es nicht heiss ist und wenn kein Gewürz
darin ist[2]). Zauberei wurde bewirkt durch Einritzen eines
Gottes- oder Götzennamens auf das Membrum[3]); auf das
Maul eines Götzen[4]). Heidnische Geräthe mit einem Sonnen-
Mond- oder Drakonbilde mussten vernichtet werden[5]); die
Opfergeräthe des Heiligthums nachzuahmen ist verboten[6]).

Einen Hund oder ein Schwein oder eine Schlange soll
man zwischen zwei Menschen nicht durchgehen lassen[7]).
Das Zaubern besteht im Binden, das Entzaubern im Lösen[8]).
Der Rabe und die Taube waren mantische, also magische
Vögel. Wenn wir diese zwei Anschauungen vor Augen halten,
erscheint uns der folgende Ausspruch Raba's im rechten
Lichte: Gesetzesleugner (Epikuräer) werden solche
genannt, wie z. B. die Familie des Arztes Beniamin, die da
sagen, was nützen uns die Rabbinen, nie haben sie uns
einen Raben gelöst (erlaubt) und eine Taube gebunden (verboten)[9]). Leute, die einen Scherben verwenden, das Ungeziefer

---

1) Simon b. Jochai Nidda 17 a oben. Der b. Talmud erklärt:
Obgleich der Knoblauch etc. in einem Korbe verbunden lag, ruht doch
der „böse Geist über demselben," ist aber die Wurzel darauf geblieben,
dann ist keine Gefahr. Der Wein ist nur dann gefährlich, wenn er in
einem ehernen Gefäss lag, was auffallend ist, denn sonst ist Erz zauberbrechend und dämonenvertreibend. Die Nägel könnte eine schwangere
Frau übertreten und abortiren. Es wird dann über die Folgen des nach
dem Aderlass, bei Tag etc. ausgeübten Coitus gesprochen.
2) B. Mezia 25 b u. (= Chullin 84 b): כסא דחרשין ולא כסא דפשרין;
gemeint ist irgend eine Lösung. Vgl. Tanchuma Wajescheb כום פשור
bei Levy IV 151 a.
3) Sanh. 103 b. (Vgl. ob. 122).
4) A. Z. 47 a (schon oben 122 angeführt).
5) Mischna A. Z. III 3; siehe j. ib. 42 c. unt. und d.
6) b. A. Z. 43 a b. Von den Gottesnamen auf den Henkeln und
von קתיה (Sanh. 81 b) war schon die Rede (Seite 52 Anm. 1).
7) Pesachim 111 a.
8) Sabb. 81 b u. (אסר) und Sanh. 67 b u. (פשר).
9) Sanh. 99 b unten: מאי אהני לן רבנן, מעולם לא שרו לן עורבא ולא
אסרו לן יונה. Die Aerzte waren mit der Magie vermöge ihres Berufes ver-

auf ihren Kleidern tödten und das Grünzeug aus dem Bündel
des Gärtners essen, ohne es vorher zu lösen, sind vor
Zauberkünsten nicht geschützt[1]). Das „Knotenlösen“, von
welchem Daniel 5, 12. 16 die·Rede ist, wird man als eine
magische Kunst auffassen dürfen, zumal zuvor von Traum-
deutung gesprochen wird. Es gab Mittel, um Bräutigam und
Braut in der prima nox zu „binden“[2]). Genannt wird ein
„Wurzel-Becher“, durch welchen dem Manne die Fähigkeit
zu zeugen und der Frau die Fähigkeit zu gebären genommen
wurde[3]).

Von den in der Magie verwendeten Mitteln sind die
meisten S c h u t z m i t t e l, die zur Abwehr oder zum Brechen
des Zaubers dienen. In erster Reihe ist das W a s s e r zu
nennen, das jeden Zauber löst[4]). Zeiri kaufte in Alexandria
einen Esel. Als er ihn tränken wollte, löste sich der Zauber
und der Esel verwandelte sich in ein Brückenbrett. Da
sagte man zu Zeiri: wenn du nicht Zeiri wärest, würden
wir dir nichts zurückgeben. Kauft denn hier jemand etwas,
ohne es früher mit Wasser geprüft zu haben?[5]). Wenn

---

traut. Dieser Ausspruch wiederspiegelt die Sprache und Denkweise der
Magier.

1) Sabbath 81 a ob.; Chullin 105 b. Abaji glaubte Anfangs, man
esse deshalb nicht unmittelbar aus dem Bündel des Gärtners, weil es wie
Fresserei aussehe, bis er belehrt wurde, dass der wahre Grund die Furcht
vor Zauberei sei (משום דקשה לכשפים). Er theilt daselbst mehrere derartige „Aufklärungen“ mit.

2) Pseudo-Jonathan und jerusalemisches Targum zu Deut. 24, 6
Diese Deutung beruht darauf, dass im vorhergehenden Vers von einer
neuen Frau, die der Mann soeben heimgeführt hat, die Rede ist und weil
die Motivirung lautet: כי נפש הוא חבל „er bindet eine Seele“ d. h. es
wird kein Kind gezeugt. Vgl. auch den Commentar קטרת הסמים zu Targum
Jonathan.

3) Tosifta Jebamoth VIII 4 (249₂₉): ... לשתות כום עיקרין שלא
יוליד שלא תלד.

4) Ueber die Bedeutung des Wassers im classischen Aberglauben
siehe PW. I 44.

5) Sanh. 67b 10 v. u. Levy I 131b übersetzt nach Aruch פשר קם
אנימלא דאיסקניתא „so verrann es (floss ab), und er blieb auf dem Brett
einer kleinen Brücke stehen“. Wir übersetzten nach Raschi's richtiger
scheinenden Interpretation. Behextes Wasser wird zu Skorpionen; ein
Weib wird durch Wasser in einen Esel verzaubert, auf dem Jannai reitet,
bis ein anderes Weib es entzaubert (daselbst).

jemand von einer Schlange gebissen wurde, lief er zum
Wasser. Wenn der Mensch früher zum Wasser gelangte,
starb die Schlange, im umgekehrten Falle der Mensch. Chanina
ben Dosa wurde, während er betete, von einer Schlange
gebissen; er fühlte es gar nicht und die Schlange starb.
Jizchak b. Eleazar meint, Gott habe unter den Fusssohlen
Chanina's eine Quelle entstehen lassen[1]). Der Wundermann
Huna vollführte Heilungen und vertrieb Dämonen mit
Wasser[2]).

„Unter den Metallen tritt am meisten das E i s e n
hervor. Es bricht in hervorragendem Masse Zauber. Gespenster
fürchten sich vor ihm"[3]). Eine ähnliche Bedeutung hatte
das Eisen auch bei den alten Juden, wie aus den nachstehenden Beispielen erhellt. „Wenn man die bösen Geister
sehen will, nehme man die Nachgeburt einer erstgeborenen
schwarzen Katze, die die Tochter einer erstgeborenen
schwarzen Katze ist, verbrenne diese und zerreibe sie und
gebe aus der Asche in's Auge, dann sieht man die bösen
Geister. Die Asche gebe man in ein eisernes Rohr, versiegele es mit einem ehernen Rohr, sonst könnten die Dämonen
es stehlen. Man verschliesse den Mund[4]), damit man nicht
beschädigt werde. R. Bibi bar Abaji that so und wurde
beschädigt, die Rabbinen beteten für ihn, da wurde er
geheilt"[5]). Siegel und Rohr müssen also aus Eisen sein,
weil dies Metall die Dämonen abwehrt. Raschi verweist
richtig auf Chullin 105 b, wo gesagt wird, zu verbundenen
und versiegelten Dingen haben die Dämonen keinen Zutritt.
Der von einem tollen Hunde Gebissene musste das Wasser
ein volles Jahr aus einem ehernen oder goldenen Rohr

---

[1]) j. Berachoth 9a 20 v. u.; Tauchuma Schemoth (p. 169 Stettin):
משל לאחר שנשבו ערוד והיה רץ לתת רגליו לתוך המים. Das Wasser „schwemmt
den bösen Zauber weg, z. B. bei Heilung von Schlangenbissen Plin.
XXVIII 32" (PW I 44).

[2]) Taanith 20b unten. Ovid. fast. VI 157: et aquae medicamen
habebant.

[3]) PW. I 50.

[4]) ולהתום פומיה glaube ich auf den Menschen und nicht auf das
Rohr beziehen zu müssen. Ein Dämon könnte in den offenen Mund ein-
fahren.

[5]) Berachoth 6a.

trinken, damit er von Seiten der Dämonen nicht in Gefahr
komme[1]). Die Mücke, welche Titus, wie ein Dämon, d u r c h
d i e N a s e in's Gehirn eindrang, stellte das Bohren ein, als
sie die Stimme des Hammers hörte[2]). In diese Sage scheinen
magische Anschauungen hineinzuspielen. Erz bricht nämlich
ebenfalls den Zauber und sein Klang vertreibt die Dämonen[3]).
Das Weib Raba's machte ihm, wenn er seine Nothdurft verrichtete und in Folge des unreinen Ortes der Gefahr der
Dämonen ausgesetzt war, ein Geräusch durch das Schütteln
einer Nuss in einem kupfernen (W a s s e r -) Becken[4]). Rabba
b. R. Huna klingelte beim Coitus mit den Schellen[5]). Raschi
meint, um die Hausleute zu vertreiben, wogegen Tosafoth
mit Recht einwenden, ein solches Verfahren sei nicht sittsam.
Das Klingeln sollte, wie es uns scheint, die Dämonen verscheuchen. Das Vertreiben von Ungeziefer bei derselben
Gelegenheit, wovon daselbst die Rede ist, scheint ebenfalls
mit abergläubischen Vorstellungen zusammenzuhängen.

Edelsteine sind heilkräftig. Abraham hatte einen Edelstein am Halse hängen; jeder Kranke, der ihn sah, wurde
geheilt[6]).

Das Ei des Heupferdes nützt gegen Ohrenschmerzen,
der Zahn eines l e b e n d e n Fuchses gegen Schlafsucht, eines
t o d t e n gegen Schlaflosigkeit, der Nagel eines Ga'gens
gegen eine Wunde. Die Chachamim verbieten jedoch dies,
weil es „amoritischer Brauch" ist[7]).

Von der Pflanzenwelt heisst es, jedes Kraut hat seinen

[1]) Joma 84a. Vgl. Taanith 20b 10 v. u. גוהרקא דדהבא, das vielleicht mit magischen Anschauungen zusammenhängt.

[2]) Gittin 56b u. Schmiede gehören zu den „klugen" Leuten (Wuttke[1]
190).

[3]) PW. I 51.

[4]) Berachoth 62a Mitte. Siehe noch Levy IV 392 קרקש.

[5]) Nidda 17a b.

[6]) Tosifta Sabbath V 17 (343₂₇); B. B. 16b.

[7]) Mischna Sabb. VI 9: יוצאין בביצת החרגול ובשן של שועל ומסמר
מן הצלוב משום רפואה. Die im Text gegebene Specialisirung nach dem
Talmud. Der Fuchszahn und besonders der Nagel vom Galgen leben noch
heute im Aberglauben. Siehe über diese Stelle Joel 59. Fuchsschwanz ist
Ende des vorigen Cap. erwähnt worden.

Planeten im Himmel, der es wachsen heisst[1]). Dass man sie
zu Heilmitteln verwendete, ist selbstverständlich, es lässt
sich aber schwer bestimmen, wo die Medicin aufhört und
die Magie beginnt. Das folgende Heilmittel zeigt, welchen
Bäumen besondere Schutzkraft zugeschrieben wurde. Gegen
Blutandrang des Kopfes nehme Ceder, Weide (populus
Euphratica), feuchte Myrte, Olive, salix Aegyptia (chilfa)
Schilf des Meeres und Kraut und weiche sie zusammen und
nehme 300 Becher auf die eine und 300 Becher auf die
andere Seite des Kopfes[2]).

Zwei H a a r e aus dem Schwanze des Pferdes oder der
Kuh dienten als Zaubermittel; ebenso zwei von den harten
Borsten eines Schweines ja schon eine Borste genügte. Manche
machen einen Unterschied zwischen Borsten des Höckers
und anderer Stellen[3]).

Der menschliche Koth und Urin wurde den Götzen
dargebracht[4]). Da sie im Cultus Verwendung fanden, durften
sie in der Magie, die eigentlich auch eine Cultübung ist,
auch nicht fehlen. Beide brechen Zauber. Jesus war nach
jüdischer (und heidnischer) Anschauung ein Goët; vielleicht
wird er deshalb in der Gittin 57 a angegebenen Weise bestraft, damit der Zauber gebrochen werde[5]). Bei Galenos nimmt
dieses Mittel eine hervorragende Stelle ein; fehlt auch in
der talmudischen Medicin nicht[6]). Der Harn spielt im Aber-

[1]) Gen. r. c. 10 (Joel 95).

[2]) Gittin 68 b u. Zu אזר vgl. Pesikta 35 a. b. Gitt. 68—70 ist die
Hauptstelle für die Medicin des Talmuds. In einem Heilmittel wird erwähnt, man schlachte die Henne mit einem weissen Zuz d. h. mit einem
neuen, dessen dem Metall innewohnende Zauberkraft noch nicht abge-
griffen worden. Eine 7 Farben zeigende Skorpionenhaut soll als Augen-
heilmittel im Schatten getrocknet werden. Der Grund ist, damit die
Sonne die Zauberkraft nicht breche. In dieser Weise können noch andere
medicinische Vorschriften aus magischen Anschauungen begriffen werden.

[3]) Tosifta Sabb. IX 1. 2 (121,20); j. Sabb. 11 b,28. Vgl. auch die
Wb. sub ברקא.

[4]) Aboda Zara 50 b unten.

[5]) Vgl. auch Erubin 21 b,22 : Wer die Worte der Rabbinen verspottet,
wird bestraft בצואה רותחת.

[6]) A. Z. 28 b (daselbst mehrere Heilmittel); j. Sabb. 14 d,30 Kinderkoth.

11

glauben aller Völker eine bedeutende Rolle; er bricht jeden
Zauber. 40 Tage alter Urin, ein kleines Fläschchen getrunken,
heilt Wespenstich; ein Viertel Log Skorpionenstich; ein
halber Log nützt gegen über Nacht unbedeckt gebliebenes
Wasser, das man getrunken hat; ein ganzer Log sogar gegen
Bezauberung[1]). Die alten Völker beharnten alles, was sie
für zaubergefährlich hielten. Simon ben Jochai sagt: Es
giebt vier Dinge, die Gott hasst und ich nicht liebe: Wenn
man plötzlich in sein Haus eintritt; beim Uriniren den penis
mit der Hand hält; nackt vor seinem Bette urinirt
und vor einem lebenden Wesen den Coitus ausführt[2]). Alle
diese Dinge sind mit der Magie verzwickt. „Nie habe ich in
den vier Ellen des Gebetes urinirt"[3]), das könnte die Kraft
desselben abschwächen. Das Schema darf Angesichts des
Urins nicht gelesen werden; ist aber Wasser, wie wenig
immer, hineingegossen worden, ist es gestattet[4]). Das sperma
virile galt den Heiden als heilkräftig. Acha wollte so etwas,
das man ihm von einem Götzenhause brachte, gegen Fieber
nicht trinken, Jona nahm es[5]).

Der menschliche Speichel ist vorzüglich heilkräftig.
Augenschmerzen wurden durch Spucken in's Auge geheilt.
Als ein Mann von seinem Weibe forderte, dass sie R. Meir
in's Gesicht spucke, simulirte der berühmte Lehrer Augenschmerzen, damit die Frau dem Wunsche ihres Mannes
entsprechen könne und so der Hausfriede hergestellt werde[6]).
Am kräftigsten war der Speichel eines Menschen, der noch
nichts gegessen hatte[7]). In der Nacht befallen den Menschen

---

1) Sabbath 109 b. Daselbst verschiedene Medicamente.

2) Nidda 16 b unt. Den Zauber soll man nackt ausführen, denn
die Kleider könnten ihn brechen.

3) Megilla 27 b.

4) Tosifta Berachoth II 16 (5₂): b. Talmud 25 b. Vgl. Ber. 51 a
14 v. u.

5) j. Sabb. 14 d₄₉ (= j. A. Z. 40 d): וברותיה דדוחי. Alle Versuche
hinwegzuinterpretiren sind mit Hinblick auf die heidnischen Anschauungen abzuweisen.

6) Debarim r. c. 5. Nr. 15 (222 a Wilna) und Parallelstellen. Dies
heisst: לוחש לעין „dem Auge flüstern".

7) j. Sabbath 14 d₂₂: זרוק תפל אסור ליתן על גבי חעין בשבת; b.
Sabb. 108 b₁₂ v. u. dasselbe.

die bösen Geister. Mit der Hand soll man deshalb in der
Früh, bevor man sie gewaschen hat, das Auge nicht berühren[1]),
denn man könnte blind werden. Der Speichel hingegen, der
dämonenvertreibende und zauberbrechende Kraft besitzt, wird
geschwächt, wenn er in Folge des Imbisses mit Speisen in
Berührung gekommen ist[2]). So heisst es auch in einer Baraitha[3]), „das Morgenbrot rette von den Dämonen". Eine
Frau, vor der ein Römer Granatäpfel ass, so dass ihr der
Mund wässerte, wurde krank, da sie den Speichel immer
herunterschluckte. Sie wurde geheilt, indem der Römer noch
einmal ihren Mund wässern machte und sie den Speichel
ausspucken hiess[4]). Vom Ausspucken bei Besprechung der
Wunde[5]) war schon die Rede. Griechen und Römer glaubten,
Ausspucken schütze vor Verzauberung. Mit Kohlkeim an-
gesetzten Wein[6]) trinke man unvermischt, voll, nehme ihn
an mit der rechten und trinke ihn mit der linken Hand,
spreche nachher nicht und unterbreche das Trinken nicht,
gebe ihn nur demjenigen zurück, von dem man ihn empfangen
hat, m a n s p u c k e n a c h h e r a u s.

Niesen. Seitdem Himmel und Erde erschaffen wurden,
blieb kein Mensch am Leben, wenn er geniest hatte,
bis Jakob durch sein Gebet dieses Unheil abwendete.
Darum danke man Gott in solchem Falle, dass man von Tod
zu Leben verwandelt wurde[7]). Wenn jemand n i e s t, sagt man
zu ihm : g u t e s L e b e n, denn Niesen brachte bis zur Zeit

---

[1]) Sabb. 108b unt. ‏מפני שרוח רעה שורה‏, Raschi: ‏יד לעין תקצץ וכו'‏,
‏על היד‏.

[2]) Raschi a. a. O. bemerkt zu ‏רוק תפל‏ : ‏לפי שהוא חזק ומרפא‏; die
Frage ist aber, warum der „nüchterne Speichel" stark ist? Sabb. 121b u.:
‏רוק דורסו לפי חומי [בשבת]‏. Ob das nicht mit Zauberkraft in Verbindung
steht?

[3]) B. Mezia 107b: ‏פת שחרית מצלת מן המזיקין‏.

[4]) Kethuboth 61b ob.

[5]) Tosifta Sanh. XII 10 (433₂₈)· b. Sanh. 101a.

[6]) Berachoth 51a: ‏אספרגוס‏ = ἀσπάραγος (cf. Löw bei Krauss.
Gr. u. lat. Lehnwörter II 94).

[7]) Jalkut zu Job 41, 20 aus Pirke d. R. Eliezer.

11

Jakobs den Tod[1]); niest er aber beim Essen, so sage man
nicht: Heilung, denn es ist gefährlich[2]). Niesen beim Gebet[3])
und in der Krankheit[4]) ist eine gute Vorbedeutung. Auch
die Blähungen werden, wie bei Griechen und Römern, gedeutet.

Als Schutzmittel dienten den Kindern gewöhnlicher
Menschen K n o t e n, Fürstensöhnen S c h e l l e n[5]). Die Knoten
band man an den Hals, die Schellen auf die Kleider. Beide
schützten unfehlbar vor bösem Blick, weshalb man sie auch
am Sabbath tragen durfte. Auch Heiden trugen Glöckchen
(tintinnabulum) an den Kleidern zur Abwehr des magischen
Auges[6]), man wird sie also auch bei den Juden als solche
ansehen müssen und nicht für einfache Schmuckgegenstände
ausgeben dürfen,. wie Raschi. Ein Amora sagt, die Mischna
meine Pflanzenknoten[7]). Abaji theilt im Namen seiner Pflegemutter mit: Drei Knoten gebieten der Krankheit Halt, fünf
heilen, sieben nützen sogar gegen Zauberei. Er meint sicherlich den Krapp, wenn derselbe soviel Knoten hat[8]). Diese Kraft
haben diese Bündel aber nur, wenn sie Sonne, Mond oder
Regen nicht gesehen haben; wenn sie ferner nicht Eisenklang,
Hennestimme oder Schrittegeräusch gehört haben. Alle diese
benehmen nämlich dem Mittel die zauberische Kraft. Richtiger
erklärt ein anderer Amora die Mischna, indem er K e s c h a-
r i m als wirkliche Knoten fasst: Wenn das Kind nach
seinem Vater ein krankhaft heisses Sehnen empfindet, nimmt
der Vater den Riemen seines rechten Schuhes und bindet
ihn an den linken Sehuh des Kindes. Umgekehrt ist es

---

1) Jelamdenu zu Gen. c. 27 (Levy IV 638a): חיים טובים.

2) j. Berach. 10d21: (= ἡσυς) אסור למימר ייס.

3) Ber. 24b יפה סימן; j. Ber. 6d unt. hingegen סימן רע.

4) Ber. 57b.

5) Mischna Sabbath 66b: חבנים יוצאין בקשרים ובני מלכים בזוגין וכל
אדם אלא שדברו חכמים בהווה.

6) Daremberg-Saglio I 1562a, Anm. 12.

7) l. e. קשורי פואה = Krappbündel, cf. Löw, Aram. Pflanzennamen
S. 311.

8) Siehe j. Sabb. 8b oben: der Krapp ist sehr gut, wenn er 5, 7
oder 9 Knoten hat.

gefährlich. Eine Regel lautet: Bei jedem Kinde ist die linke Seite gemeint[1]). Ausgesetzte Säuglinge wurden ebenfalls durch Knoten geschützt[2]). Das Stirnband (Totefeth) soll nach R. Josef eine Art Knoten sein, das vor dem bösen Blick schützt[3]).

9. Etymologischer Aberglaube.

Einige Beispiele zeigen, dass der Aberglaube seine Wurzel in der Mehrdeutigkeit eines Wortes hat. „Wenn ein Baum seine Früchte fallen lässt, soll man ihn mit Farbe färben und mit Steinen beladen"[4]). Der b. Talmud meint, der Baum werde deshalb mit Steinen beladen, damit er abmagere und so seine Früchte behalte. Wahrscheinlich liegt aber dieser Verordnung eine abergläubische Vorstellung zu Grunde. Plinius XVIII 86 berichtet nämlich: legt man einen Stein unter einen Granatapfelbaum, so brechen die Aepfel nicht auf[5]). Das Bestreichen mit rother Farbe soll nach der Erklärung des Talmuds das Mitleid der Leute erregen und sie zu einem Gebet für den kranken Baum veranlassen. Allein auch der dem Heiligthum gehörende Baum war mit rother Farbe gefärbt[6]). Einen vollgiltigen Beweis für die abergläubische Grundlage beider Verordnungen bietet die folgende Tosiftastelle: „Man darf den Baum mit Farbe färben und mit Steinen belegen ohne Besorgniss wegen des Erlassjahres und der Sitten des Emori"[7]). Wenn die pal. Urbewohner keinen solchen Aberglauben gehegt hätten, wäre diese Beruhigung ganz überdüssig. Fragen wir nun

---

1) Sabb. 66b.

2) Kidduschin 73b₂ (siehe oben S. 90 Anm. 2).

3) Sabbath 57b. Die in der Mischna Sabb. VI 1 erwähnten Schmucksachen dürften ursprünglich magische Schutzmittel gewesen sein. Ueber den Frauenschmuck „Jerusalem aus Gold" siehe ib. 59a unten.

4) Sabbath 67a 9 v. u.: Chullin 77b u.; j. Schebiith 35b 23 v. u. j. Maaser Scheni 55d Mitte: אילן שמשיר (שהיא מנבל) פירותיו סוקרו בסקרא; וטוענו באבנים. Im Jeruschalmi lautet der Schluss: ומבההין איתו.

5) PW. I 50₂₄.

6) Tosifta Maaser Scheni V 13 (96₄): j. M. Sch. 55d.

7) Schebiith I 10 (62₁): סוקרין וכו' ואינו הושש לא משום שביעית ולא משום דרכי האמורי.

nach dem Grunde dieses Aberglaubens, so finden wir ihn
in den zwei Bedeutungen des Wortes סקר. Es bedeutet nämlich nicht nur f ä r b e n, sondern auch mit dem A u g e f i -
x i r e n. Der Schlangenbeschwörer f a s c i n i r t die Schlange[1]).
Die Alten glaubten nun, dass der Baum, der seine Früchte
abwirft, vom bösen Blick (סקר) beschädigt sei. Man heilt
also den Schaden nach der von uns schon charakterisirten
Anschauung mit demselben Mittel (סקר = färben), mit dem
er angerichtet worden. Man ging dann noch einen Schritt
weiter und schützte den Baum von vornherein durch das
F ä r b e n gegen den b ö s e n B l i c k[2]).

Eine ähnliche Anschauung zeigt sich in der Sitte, die
Gefahr des bösen Auges durch ein Stirnband (Totefeth) abzuwenden. Der Schaden kommt vom Auge und wird durch
ein Mittel, das zwischen die Augen aufgehängt wird, un-
wirksam gemacht[3]). Das Pferd wird gegen das böse A u g e
geschützt durch einen Fuchsschwanz oder einen glänzenden
Streifen zwischen seinen A u g e n[4]). Wir können hieraus
feststellen, dass gegen die Beschädigung des A u g e s r ö t h -
l i c h e s A m u l e t z w i s c h e n d e n A u g e n n ü t z t.

Die abergläubischen Traumdeutungen, zu denen der
Talmud viele Belege giebt, sind männiglich bekannt. Irgend-
welchen Sinn haben die hierhergehörigen Regeln ursprünglich ganz sicher gehabt, wenn wir auch den Schlüssel zu
ihnen nicht mehr haben. Dies constatirt Tylor in seinem
Werke „Anfänge der Cultur" Seite 121 und fährt dann fo r t
„Manche Regeln müssen auf Gerathewohl angenommen sein,
um die Reihe der Omina zu vervollständigen oder allerhand
Zufälligkeiten begegnen. Warum sollte man, wenn man im

---

[1]) Lev. r. c. 22 (bei Levy III 582 b): סקר בההוא חויא ; Gen. r. c.
10: קם למסקר בההוא חויא d. h. nicht, wie Levy meint, „genau betrachten",
sondern fasciniren, wofür סקר terminus technicus ist. Das Targum
giebt שזף (Job. 20, 9 und 28, [bei Mandelkern 30] 7 mit סקר wieder.

[2]) Die Spitzmaus ist ein Heilmittel für ihren Biss, daher kommt e s,
dass die todte Spitzmaus als ein Amulet für das Vieh verwendet wurde
(PW. I 36₄₉).

[3]) Sabb. 57 b. Vgl. Ex. 13, 16; Deut. 6, 8; 11, 18.

[4]) Sabb. 53 a. Raschi bemerkt: Fuchsschwanz gegen Fascination,
Glanzstreifen als Verzierung (auch Aruch sub זהר).

Traume Fleisch brät, ein Verläumder sein?". Ich weiss
wohl nicht, woher dieses Beispiel genommen ist, glaube aber
doch behaupten zu dürfen, dass es auf einen etymologischen
Aberglauben zurückzuführen ist. Im Aramäischen, Syrischen
und Arabischen lautet nämlich der Ausdruck für Verläumden
„sein Fleisch essen".

Ueber die Mandragora als erotische Pflanze haben wir
schon Seite 52 Anm. 2 gesprochen. Dieselbe heisst hebräisch
דוּדָאִים (Genesis 30, 14—16; Hohelied 7, 14), was mit דודים
zusammenhängt. Ob nun die Pflanze ihren Namen von
diesem Aberglauben erhalten oder durch ihren Namen diesen
Aberglauben veranlasst hat, steht dahin; sicher ist auf alle
Fälle der etymologische Zusammenhang.

Druckfehler-Verzeichniss.

Seite	Zeile	statt	lies
11	4	100,000	10,000
12	10	dem	den
13	Ende Anm. 2	zurückschreckt	zurückschrickt
18	17	5, 3	3, 5
25	6	mittelt	mittelst
30	6 v. unten	bezeichnet	bezeichnet
31	13 v. unten	Jndaeis	Judaeis
55	11	auszusprechen	anzusprechen
61	3 v. unten	I	I 102
64	8 v. unten	;	:
66	22	5	4 und dem entsprechend die folgenden Nummern.
66	29	Kedrou	Kedron
76	1	Besessen	Besessene
82	Anm. 2	73	63
84	Anm. 1	68	112
85	12 nach Ein Mal	füge hinzu: und zwar von rückwärts
86	Anm. 1	weshalb ם und y (in	weshalb ם und ם (auch y in
86	Anm. 2	füge hinzu Pesikta Buber 154 b.
90	Anm. 2	πιττάκιον	πιττάκιον
90	Anm. 2	63	109
97	23	ἔτεχεν	ἔτεχεν
98	15	οὐρανῳ	οὐρανῷ
99	1	ζτεχεν	ἔτεχεν
99	5	αὐτοὺς	αὐτοὺς
104	10	τῶ	τῷ
108	Anm. 1	ῥάβ. τῆ	ῥάβ. τῆ
123	n. 2	3	2
126	15	Bewerkenswerth	Bemerkenswerth
127	10	Ἄρ.	Ἄρ.
128	5	Bennenung	Benennung
130	15	αεηιουα	ω [statt 2. α]
130	15	gross	grosse
132	25	setze Anführungszeichen an's Ende des Satzes.
147	2 v. u.	II	II 160.
155	7 v. u.	ponce	pouce
159	20	Rohr	Siegel.